TU HIJ@ PUEDE SER MILLONARI@

JUAN LUIS ORDAZ DÍAZ

TU HIJ@ PUEDE SER MILLONARI@

CÓMO FORMAR LOS TRES PILARES FINANCIEROS PARA LOGRARLO.

HarperCollinsMéxico

Publicado por HarperCollins México.
Insurgentes Sur No. 730, 2º piso, Colonia del Valle.
03100, Ciudad de México.

Tu hij@ puede ser millonari@

Cuidado de la edición: Mariana Nuñez.
Diseño de portada: Liz Batta
Fotografía de portada: © Osipets79 | Dreamstime.com
Diseño y formación de interiores: Ana Paula Dávila.

ISBN: 978-1-4002-4545-1

Primera edición: diciembre de 2022.

CONTENIDO

AGRADECIMIENTOS

Gracias a ti, querida lectora, querido lector que en este preciso momento estás dedicando tu tiempo a leer estas líneas, y por tener curiosidad de leer este libro, el cual realicé con mucha pasión para que en él encuentres herramientas que te serán de mucha utilidad.

Con este libro agradezco a mis padres Luisa y Félix†, quienes, a pesar de sus pocos conocimientos académicos, me dieron herramientas muy valiosas para vivir la vida que hoy vivo, en la que disfruto aprender y también enseñar. Aprender porque es crecer; y esto me ha permitido ser más rico en habilidades, conocimientos, y actitudes, que me han llevado a ser más feliz. Enseñar porque es trascender, es dejar algo de mí en más personas. A mi hermano Beto, mi compañero de toda la vida, con quien disfruto mucho jugar.

Este libro es realidad gracias al gran apoyo de muchas personas, en especial de mi esposa María Luisa, quien le ha dado más sentido a mi vida. Desde que nos conocimos en la universidad, ha sido mi consejera, confidente y apoyo en los momentos difíciles y me ha dado mayor motivación para lograr diferentes metas, juntos tenemos un hermoso proyecto, nuestro matrimonio. De mis dos pequeños y grandes maestros, Julieta María y Luis Ricardo, quienes me enseñan a reencontrarme con el niño que fui, a vivir el presente, a expresar mis emociones y a saber que amar es mucho más profundo de lo que se puede decir con palabras.

A lo largo de mi vida han existido muchas personas que me han dado pequeños o grandes empujones para realizar ciertas acciones positivas; como Aurelio Gómez y Erick Garay, quienes me incitaron a escribir un libro. También, agradezco a Daniel Moreno Alanís por guiarme y apoyarme durante la realización de esta obra.

Carmen Villaseñor, Areli Montes, Miriam Armenta y Erick Garay dedicaron mucho de su tiempo para leer las secciones del libro y darme retroalimentación, con ellos platicaba las diferentes ideas que se me iban ocurriendo, me sugirieron cómo plantear cada uno de los capítulos y a corregir el sentido de mis palabras a fin de explicarme mejor.

Las personas tendemos a comprender mejor las situaciones en las que nos encontramos cuando escuchamos ejemplos de historias similares a las nuestras. Por ello, estoy muy agradecido con quienes compartieron sus anécdotas conmigo y me permitieron plasmarlas en este libro, lo cual me ayudó a presentar de una forma más sencilla y amena todos esos conceptos que a veces se me dificulta transmitir: mi tío Juan Ordaz Ramírez†, Federico Rubli Kaiser, Juan Pablo Arroyo, Gianco Abundiz, Jorge Alberto Lozano Herrera, Gerardo Aparicio, Liliana Granados, Irma Acosta, Giovanni Rueda, Ricardo García-Conde, Jorge Mora y Marco Velázquez y con quienes aceptaron que se publicaran sus anécdotas y vivencias, aunque prefirieron el anonimato.

Extiendo mi agradecimiento a quienes leyeron algunas secciones y me dieron contribuciones muy valiosas: Dulce Martínez (*Miss* Dulce), Elmer Solano, Mario Romero Cantú, Adolfo Albo, Arlette Dolores, Francisco Ordoñez, Ander Echaniz, Fabiola Armendáriz, Mary Millán, Juan Carlos Ocampo, Paola Murillo, Ángeles López, Benjamín Ayala y Renata González.

Así como a Andrés Albo, Clemente Ruiz, Alberto Gómez Alcalá, y Alberto Sarmiento, quienes durante todo el proceso en que realicé el libro me alentaron a avanzar y a publicarlo.

Gracias a quienes han sido maestros muy importantes para mí, ya sea dentro de las aulas, a través de sus libros, o mediante su ejemplo, en la materia que hoy es parte de mi actividad laboral, las finanzas personales: Juan Pablo Arroyo, Clemente Ruiz, Gerardo Esquivel, Sofía Macías, Regina Reyes-Heroles, Silvia Singer, Gianco Abundiz, Alfonso Marcelo y Daniel Urías.

Y por supuesto a Edgar Krauss y a HarperCollins México por confiar en este proyecto, y porque con el trabajo que desarrollan día con día tocan muchas vidas.

INTRODUCCIÓN

Si tu hij@ quiere aprender *ballet*, le puedes llevar a una academia donde alguien le enseñe esa disciplina artística; para aprender a jugar futbol, algún amigo versado en ese deporte se puede encargar de darle las lecciones; para saber leer o aprender matemáticas, un nuevo idioma, a pintar, a dibujar, a cocinar, a tocar un instrumento, o bien, a conducir un auto si es mayor de edad, puedes encontrar maestros, ya sea en escuelas o fuera de ellas, que sepan enseñarle. Prácticamente, para cualquier competencia encontrarás maestros.

Sin embargo, para que aprenda a usar el dinero no existen escuelas en donde alguien le enseñe a administrarlo adecuadamente, y que al mismo tiempo practique con ella o él y le explique cómo se ahorra; que le lleve a tiendas y le enseñe cómo se debe comprar; que le ilustre acerca de cómo usar y obtener el mayor beneficio posible de los productos y servicios financieros, o bien, que le enseñe cómo multiplicar el dinero que tiene, así como a tomar decisiones adecuadas para mejorar su bienestar económico. Esa tarea te corresponde a ti —mamá, papá— y solo a ti.

Si las bases de un edificio no son adecuadas, este se construirá mal y se podrá caer. Los padres son los constructores que ponen las bases de la educación financiera de sus hijos y, con ello, trazan en gran medida su futuro. En casi todos sus sueños, el dinero jugará un papel muy importante y los cimientos que pongan en ellos al respecto serán determinantes para que los alcancen.

Ciertamente, tampoco hay escuelas donde tú puedas aprender cómo enseñar a tu hij@, pero precisamente este libro pretende darte esas herramientas sin importar tu situación económica, edad o conocimientos financieros. A la vez que le enseñas, podrás aprender junto con ella o él de forma divertida y, de verdad, aun cuando la situación económica sea desfavorable; si logras proporcionarle bases sólidas a temprana edad, tu hij@ puede ser millonari@ en su etapa adulta.

Algo acerca de mí

Soy oriundo de Minatitlán, Veracruz, una ciudad petrolera al sur de México. Provengo de una familia de escasos recursos económicos integrada por mamá, papá y hermano. Mi padre estudió únicamente la primaria y la mayoría de sus trabajos fueron siempre de baja remuneración. Sus últimos años en actividades laborales los desempeñó como obrero en la refinería de mi ciudad. Mi madre trabajaba vendiendo pan o haciendo comida. Mi hermano y yo, desde muy pequeños, apoyábamos en diversas actividades para sumar más ingresos en el hogar.

Una meta desde niño

Uno de los principales recuerdos que tengo de mi niñez es cuando llovía, ya que nuestra casa era en gran parte de lámina galvanizada (un material que conforme va pasando el tiempo, se oxida) y algunas de las láminas que cubrían el techo estaban deterioradas, por lo que además del gran ruido que se producía, también se filtraba el agua y por ello teníamos que colocar recipientes en los pisos y mover las camas para evitar mojarnos cuando llovía de noche. Nuestra casa era muy pequeña (alrededor de 50 metros cuadrados) y una tabla era la división entre el área donde dormíamos y el área donde comíamos.

Desde muy pequeño imaginaba vivir en una casa más grande y con un techo diferente, donde pudiéramos dormir sin que la lluvia nos despertara y empecé a plantearme la meta de comprarles una casa a mis padres. Era una meta alta para un niño de seis años.

Para poder alcanzar las metas es importante tener constancia, la fortaleza del sueño, la inspiración y, por supuesto, el dinero.

En alguna ocasión escuché decir a Hugo Sánchez, reconocido como el mejor futbolista mexicano de todos los tiempos, que si nos planteamos metas altas es probable que lleguemos más lejos. Los niños se proponen este tipo de metas: sueñan con ser pintores, astronautas, futbolistas, bailarines, etcétera. Para poder alcanzarlas es importante tener constancia, la fortaleza del sueño, la inspiración y, por supuesto, el dinero. Si los padres cuentan con ciertas herramientas, podrán ayudar a sus hijos a lograr sus sueños.

Toda mi formación académica la realicé en escuelas públicas, desde preescolar hasta el doctorado. Para mi formación financiera fue muy importante trabajar desde pequeño, y si bien desde niño lo hacía (vendiendo pan, abarrotes, paletas y helados, entre otros), fue mientras estaba en el bachillerato (a los dieciséis años) cuando ya tuve un empleo formal en la refinería donde mi papá trabajó años atrás, con algunos de los que fueron sus compañeros y también como obrero: limpiando el interior de algunos contenedores de productos químicos, recogiendo desechos de los productos que se refinaban, haciendo labores de albañilería, cargando sacos de cemento o tablones de madera, limpiando baños, entre otras actividades que no me demandaban mucho desgaste mental, pero sí físico sobre todo por mi edad y mi estatura.

Poco antes de que empezara en ese trabajo, mi padre enfermó al igual que mi hermano, y mi mamá y yo éramos los encargados de sostener el hogar. Ese empleo nos ayudó muchísimo. Antes de tenerlo, nuestro ingreso provenía en su mayoría de la comida que mi mamá vendía en la escuela primaria Artículo 123, de lunes a viernes, y de la venta de ropa usada que realizábamos los fines de semana en un tianguis. Nos sentíamos muy felices cuando nos quedaba una ganancia de 40 pesos por la comida vendida. De la venta de ropa había días en que nos regresábamos tristes por haber tenido que pagar el costo del camión, haber llevado varios bultos cargando y no haber logrado vender una sola prenda; pero había días muy felices (sobre todo los días de quincena) cuando habíamos vendido hasta una docena de prendas.

No sabrás administrar mucho si no sabes administrar poco.

Empezar a ganar dinero desde muy pequeño fue muy importante para mí, pues fue así como aprendí a administrarlo de adulto. No sabrás administrar mucho si no sabes administrar poco.

En busca de un sueño

Así como un auto nos lleva de un lugar a otro, el dinero sirve para conseguir bienes y servicios que nos ayudan a mejorar nuestra calidad de vida. Yo sabía que para poder cumplir el sueño de comprar una casa a mis padres era importante tener mucho dinero y, para ello, requería tener un buen trabajo, y para tener un buen trabajo necesitaba del mayor nivel académico posible. La Universidad Nacional Autónoma de México (UNAM), una institución de enorme prestigio, era mi aspiración para cumplir ese sueño. Presenté mi examen para estudiar Economía y fui aceptado.

Lo que seguía era juntar dinero para cubrir los costos de mi estancia en la Ciudad de México a partir de 1998. Todo el año previo me dediqué a trabajar y de la refinería me mandaron junto con un grupo de compañeros a un campo de golf para hacer labores de jardinería. Yo lo agradecí mucho, ya que no estábamos entre el ruido y el calor de las plantas de la refinería y podíamos ver el color verde de los árboles por muchas partes. Todos los días, además de la comida que llevaba, en mi mochila ponía unos libros y a la hora de comer aprovechaba para leer lo más que podía con la finalidad de llegar bien preparado a la universidad.

A veces, cuesta dejar lo que tenemos y permitimos que ello impida alcanzar nuestros sueños.

Un día, uno de mis compañeros obreros me vio leyendo y me preguntó para qué leía. Con mucho orgullo le contesté que había entrado a la UNAM y que me iba a ir a la Ciudad de México; me preguntó: —¿Quién te va a mantener allá?— y le respondí que yo mismo. —Chamaco (así me decían todos los compañeros), piénsalo bien, va a ser muy difícil que consigas una chamba y estudies. Yo viví en México y la vida allá es complicada; las personas no tienen los mejores modos para tratar a los foráneos. Yo te recomiendo que mejor no te vayas, acá ya tienes un trabajo—. Opté por correr el riesgo.

El día que me trasladé a la Ciudad de México mi mamá fue a despedirme a la central de autobuses. Yo le dije: —No te preocupes, ma´, te voy a seguir apoyando para que sigamos viendo por mi papá y mi hermano—. Ella, con lágrimas en los ojos, solo me dijo: —Sí, mijo—.

La Ciudad de México me generaba cierto temor, pues en realidad no la conocía; había estado ahí cuando era niño, pero por muy pocos días. En las noticias había visto cosas negativas como asaltos, secuestros, marchas, etcétera. Cuando llegué traía conmigo todo lo que había podido ahorrar: 6,000 pesos (600 dólares en aquella época). ¡Seis mil pesos para cumplir el sueño de ser licenciado en Economía! Mi aspiración era tener una de las becas que otorga la universidad y, si todo salía bien, la obtendría a partir del segundo semestre en función de las calificaciones del primero, y también pensaba conseguir un trabajo.

Hice cuentas, revisé para qué me alcanzaba y en qué iba a gastar para poder vivir con mis 6,000 pesos un semestre (después, supe que eso que hice se llama presupuesto), revisé los gastos que tenía que hacer, incluyendo el costo de la pensión donde estaba y me quedaban 18 pesos (menos de dos dólares) al día para gastar en comida, transporte, entretenimiento, salud y algún otro gusto que me pudiera dar; obviamente no me alcanzaría para todo eso o, más bien, me alcanzaría para casi nada.

En aquella ocasión, el metro (transporte que me llevaba de la pensión a la universidad) costaba dos pesos, por lo que al hacer un viaje de ida y otro de regreso me sobraban 14 pesos para todo lo demás. En el mercado de San Cosme encontré un lugar donde la comida costaba 12 pesos; así que realizaba una comida al día. En la cafetería de la Facultad de Economía ponían panes para acompañar la comida que cualquier persona podía tomar; de ahí obtenía mi desayuno y mi cena. ¡Ahorraba dos pesos al día!

Ahora, en algunos cursos o pláticas de finanzas personales que imparto muchas personas argumentan que con bajos ingresos no es posible ahorrar; les pongo esto como muestra de que sí se puede. Con ello, reafirmo que las finanzas personales requieren orden, cierta disciplina y hacer algunas cuentas.

Superando la adversidad

Al terminar el primer semestre, obtuve la beca de la Asociación de Exalumnos de la Facultad de Economía, pero en abril de 1999 inició una huelga en la universidad. Desde el primer momento me dediqué a buscar trabajo en algo relacionado con lo que empezaba a estudiar, y como no tenía ninguna experiencia en ello, en cada lugar al que iba me repetían la famosa frase "Nosotros te llamamos", lo cual jamás ocurrió después de las casi 15 entrevistas a las que fui. No quería regresar a Minatitlán, pues si lo hacía, quizá ya no volvería a la Ciudad de México, así que tenía que conseguir un trabajo. Me quedaba ya muy poco dinero, casi solo lo del pasaje para regresarme, pero seguía buscando trabajo sin encontrarlo.

En una ocasión fui a una conferencia donde había muchos economistas. El moderador era el entonces presidente del Colegio Nacional de Economistas y quien había sido director de mi facultad, el doctor Juan Pablo Arroyo. Unos amigos me recomendaron hablar con él para pedirle trabajo.

> Siempre es fundamental la enseñanza y la orientación de personas con mayor experiencia y conocimiento que nosotros para lograr objetivos importantes.

Al finalizar la conferencia, él estaba conversando con un funcionario muy importante de la Secretaría de Hacienda y Crédito Público. Me armé de valor, me acerqué a ellos e interrumpí su plática. Le comenté mi situación, él no me contestó y solo me miraba como diciendo: "¿Qué no ves que estoy ocupado?" o quizá "¿No ves con quién estoy?". Después de que terminé de exponerle mi caso, él le pidió a un señor que se acercara, en ese momento me empecé a preparar mentalmente para que me sacaran a empujones de ahí, pensando que era su guardaespaldas, y escuché muy atento lo que el Dr. Arroyo le dijo al señor: —A partir del lunes, Juan empieza a trabajar con nosotros; ponte de acuerdo con él—. ¡Yo no lo podía creer! Hasta ganas de llorar de alegría me dieron después de escuchar eso. Esa noche dormí con una enorme sonrisa.

En los semestres posteriores continué trabajando con el Dr. Arroyo, quien además de seguir apoyándome con trabajo, me apoyó con su orientación, sus conocimientos en materia de Economía y su gran ejemplo. Siempre es fundamental la enseñanza y la orientación de personas con mayor experiencia y conocimiento que nosotros para lograr objetivos importantes. Es lo que los padres hacen con los hijos: guiarlos y apoyarlos para lograr sus objetivos.

Reid Hoffman y Ben Casnocha, en su libro *El mejor negocio eres tú*, comentan que ninguna historia de logros debería ser aislada de su contexto social más amplio. No es posible disociar a un individuo del entorno en el que se encuentra inmerso. Nos encontramos en un entramado de ciudades, empresas, sociedades, redes de personas y familias que a lo largo de la vida nos forman, nos apoyan o nos pueden llegar a lastimar. En general, los padres son el primer eslabón en esa cadena.

Ahorrar e invertir para alcanzar una meta

Pude seguir apoyando a mi familia, como se lo había prometido a mi mamá. Sabía que era importante tener una fuente de ingresos recurrentes y cuidar que el dinero ganado no se nos diluyera, sino al contrario, se multiplicara. Junto con mi mamá, planeamos que yo compraría en la Ciudad de México cosas que ella vendería en Minatitlán. Así que, los fines de semana yo hacía algunas compras por las calles del Centro Histórico de la Ciudad de México y le mandaba la mercancía en unos camiones que salían de la calle de Apartado hacia mi ciudad. Al concluir la licenciatura, mi mamá ya tenía una mercería en la calle principal de Minatitlán, lo cual me llenaba de mucho orgullo.

En el 2010, logré comprar una casa para mis padres. ¡Hicimos una pequeña celebración a la que fueron amigos y familiares el día en que nos la entregaron! En realidad, fueron dos casas en el mismo terreno —la principal de dos pisos— y en ninguna de las dos entraba agua cuando llovía. ¡Qué maravilla! Tiempo después adquirí otros bienes inmuebles, pues aprendí que son buenos instrumentos de inversión y ahora lo recomiendo constantemente.

> Los impulsos que dan los padres a sus hijos pueden ser determinantes para lo que logren de adultos.

Una vez que logré ese objetivo, tan importante para mí, mis proyectos y metas siguieron creciendo. Posteriormente, estudié el doctorado en

Economía. La influencia del Dr. Clemente Ruiz, mi asesor de tesis, fue motivación fundamental para que lo hiciera. Muchas veces requerimos de pequeños o grandes empujones que nos lleven a tomar mejores decisiones acerca de salud, dinero y felicidad, como comenta Richard Thaler, Premio Nobel de Economía en 2017, en el *best seller* mundial *Nudge* (*Un pequeño empujón*), en cuya imagen de portada aparece un pequeño elefante siendo empujado por su madre para que avance. Los impulsos que dan los padres a sus hijos pueden ser determinantes para lo que logren de adultos.

Educación académica y financiera para poder escalar

De acuerdo con el *Informe Movilidad Social en México 2019* del Centro de Estudios Espinosa Yglesias, en nuestro país, 74 de cada 100 mexicanos que nacen en la base de la escalera social no logran superar la condición de pobreza. Afortunadamente, yo no formé parte de esa estadística.

Hoy, dirijo el primer programa de Educación Financiera que se inició en México y uno de los más importantes de este país y de los más relevantes en América Latina: el Programa Citibanamex de Educación Financiera. También coordino el Comité de Educación Financiera de la Asociación de Bancos de México, donde las instituciones bancarias realizan iniciativas que ayudan a mejorar la educación financiera de México. Soy, además, profesor de la Facultad de Economía de la UNAM.

Me considero más feliz de lo que era antes, cuando vivía con la incertidumbre de que si me enfermaba de dónde iba a obtener dinero. Estoy casado con una gran mujer y tengo un par de pequeños grandes maestros (mis dos hijos) que me enseñan la importancia de reír y vivir el presente. Ahora, ya no formo parte de los primeros deciles de la distribución de ingreso en nuestro país, pues junto con mi esposa, María Luisa, tengo la fortuna de dar directamente empleo a 15 personas en nuestra escuela que ella dirige. Además, me dedico a compartir mi experiencia y mis conocimientos para que más personas mejoren su situación financiera y, con ello, su nivel de vida.

Ahora, sé que mi situación cambió debido a que pude sentar ciertas bases para formar los tres pilares de los que te hablo a lo largo de este libro, y aun lo sigo haciendo. Para ello, fue fundamental haber recibido dos tipos de educación: la académica y la financiera. La primera, en las escuelas en las que me he capacitado, desde mi formación preescolar hasta el doctorado; la segunda, de forma práctica al usar dinero desde niño y, posteriormente, con la práctica diaria en el tema que es parte de mi actividad laboral.

Si bien Robert Kiyosaki, uno de los principales exponentes en materia de finanzas personales a nivel mundial, le da poco valor a la educación académica en la generación de altos ingresos en las personas, la evidencia indica que sí es muy relevante. En 2008, publiqué una investigación para la Comisión Económica para América Latina y El Caribe de las Naciones Unidas (CEPAL), en donde muestro que el retorno a la educación en México está entre 10 y 13 por ciento, es decir, tener un año más de escolaridad lleva en promedio a los mexicanos a tener un ingreso 10 por ciento más alto por el resto de sus vidas.

En 2012, Armando Chacón y Pablo Peña, en su libro *Cómo cambiar historias*, hacen una actualización de ese ejercicio y encuentran resultados que coinciden con los míos y revelan que los ingresos de una persona que terminó la licenciatura son en promedio dos veces más que los de una persona que solo concluyó la secundaria. También, señalan que en diferentes países donde se han realizado estudios similares, una y otra vez, el impacto es consistente: en todo el mundo un año adicional de educación está asociado con un mayor ingreso.

Una primera recomendación para ti (mamá, papá) es impulsar ambos tipos de educación en tus hijos (académica y financiera) con la finalidad de que ellos puedan tener una gran

La educación académica se adquiere en las escuelas y la financiera principalmente en los hogares.

estabilidad económica en su vida futura. La educación académica, entre otros aspectos, les permitirá tener mayores ingresos; sin embargo, ello no será suficiente, pues aun cuando las personas pueden ganar grandes cantidades de dinero, también llegan a vivir con enormes problemas financieros. Por eso es tan importante la educación financiera, ya que les facilitará administrar adecuadamente sus recursos económicos, protegerlos y hacer que su dinero les genere más dinero. Con esto, lo que estarás haciendo es una inversión que les dará frutos importantes a tus hij@s en el futuro.

No obstante, puede haber muchas deficiencias en la educación académica y hacer acciones para mejorarla; por ejemplo, elaborar planes de estudio, diseñar diferentes herramientas y materiales, capacitar a los maestros, entre otras. En cambio, a la educación financiera se le da poca importancia y desafortunadamente no existe preparación para los maestros (los padres) a quienes sus hijos observarán, escucharán y tomarán como guía para sus principales hábitos y comportamientos en el uso del dinero.

ALGUNAS VENTAJAS DE LA EDUCACIÓN ACADÉMICA Y DE LA EDUCACIÓN FINANCIERA	
Educación académica: • Permite generar ingresos • Favorece el sentimiento de superación personal • Ayuda a adquirir cultura general • Permite saber enfrentar retos	**Educación financiera:** • Potencia obtener ingresos • Permite saber administrar y proteger el dinero • Facilita hacer que el dinero genere más dinero • Favorece detectar oportunidades financieras

Bien dicen que la práctica hace al maestro; esto quiere decir, entre más nos entrenemos en alguna actividad, más expertos seremos y con mayor facilidad la realizaremos. El uso del dinero se tiene que practicar y, si se hace desde pequeños, mayor éxito habrá. Todo aprendizaje conlleva al error y, en cuestiones de dinero, también habremos de equivocarnos; por tanto, es preferible que ello sea a temprana edad y con pequeñas cantidades, pues cuando ya somos adultos los costos suelen ser más elevados. Asimismo, la vida adulta puede ser más fácil para los niños que reciben educación financiera en casa.

En mi historia personal hubo elementos que fueron fundamentales para que yo empezara a formar los tres pilares de la riqueza financiera; todos ellos los iré compartiendo a través de estas páginas y te brindaré un fundamento teórico o científico a partir de mi experiencia en educación financiera.

La educación financiera se aprende en casa

Considero que la primera escuela de educación financiera es el hogar por dos razones:

1. Es en casa donde los hijos ven cómo se emplea el dinero.
2. Entre los padres e hijos, en la mayoría de los casos, a temprana edad existe un lazo emocional profundo, por lo que los hijos escuchan mucho a sus padres.

Por ello, conviene empezar pronto a educarlos financieramente. Recomiendo hacerlo alrededor de los tres años cuando ya saben seguir indicaciones y empiezan a comprender algunos conceptos numéricos. Si tu hij@ ya es más grande, empieza ahora, nunca es tarde para hacerlo.

Sin embargo, hablar en casa de dinero aún sigue siendo un tema tabú en muchos hogares y en muchas culturas del mundo; casi no se habla de él, ya sea por creencias arraigadas o religiosas, o porque se piensa que quienes tienen dinero son malas personas, o que el dinero no da felicidad o por machismo.

A veces se ve como un tema de control o dominio sobre la pareja.

Si estás leyendo este libro es porque seguramente tienes interés de compartir con alguien (algún hijo, algún sobrino, algún alumno) los conocimientos que aquí encontrarás. Antes de avanzar te propongo un ejercicio para ti, en el que me orientó mi amiga Miriam Armenta, maestra en terapia Gestalt.

EJERCICIO 1

Rompiendo tabúes hablando de mis errores financieros

Todos cometemos errores al usar nuestro dinero, pero pocos hablamos de eso. Es posible que después de vivir una experiencia complicada derivada de una mala decisión del uso del dinero nos sintamos enojados, frustrados o con culpa. Toma en cuenta que estas experiencias guardan grandes lecciones que puedes compartir con tus hijos. En el siguiente ejercicio te propongo revisar este aspecto y de qué forma hablarlo con ellos de manera asertiva.

Toma la siguiente serie de preguntas para hablar de las experiencias previas que puedes considerar como errores en el manejo del dinero y plantéate un esquema de reflexión que implique describir lo siguiente:

- ¿Qué ocurrió, cuál era la situación o problema que enfrentaste?
- ¿Qué hiciste para resolver el problema?
- ¿De qué recursos personales, emocionales y económicos echaste mano para superar esa situación?
- ¿Cuál fue el principal obstáculo y cómo lo afrontaste?
- ¿Hubieras hecho algo diferente?
- ¿Cómo te sentiste con la resolución del problema?
- ¿Cuál es el principal aprendizaje que rescatas de esa situación?

Con la información anterior, elabora un resumen que contenga lo que consideres más relevante y apropiado para compartir con tus hijos en caso de que sea necesario. Si te es útil, escríbelo.

Ten en cuenta los siguientes consejos:

- Que sea en primera persona.
- Haz un resumen cronológico con los aspectos más importantes.
- Explica, ¿cómo te hacía sentir esa situación?, ¿cómo te impactó esa experiencia y en qué aspectos?
- Plantea tus aprendizajes, ¿qué decisiones tomaste a partir de esa experiencia?

Recuerda que hablar de hechos pasados de manera objetiva, clara, sin juicios y rescatando los aprendizajes, fomenta una buena comunicación con tus seres queridos a la vez que anima el compartir experiencias y cercanía entre ustedes.

No se trata de inculcar en tus hijos la idea de que el dinero por sí solo les traerá la felicidad, sino de enseñarles que el uso que le den es lo que les puede ayudar a tener momentos felices.

Si bien el dinero no da la felicidad, sí permite vivir momentos de alegría. ¿Quién no disfruta de unas vacaciones en la playa, donde le atienden y come muy rico? ¿O comprar algún producto que necesita o que desea? ¿Compartir la comida con una persona especial en un agradable restaurante? ¿Ir al cine con los hijos? ¿Contar con recursos en una emergencia? Créeme que yo no me sentía nada feliz cuando no sabía si comería al día siguiente. No se trata de inculcar en tus hijos la idea de que el dinero por sí solo les traerá la felicidad, sino de enseñarles que el uso que le den es lo que les puede ayudar a tener momentos felices.

Hay hogares en donde los padres desconocen con exactitud todos los ingresos. Si esto sucede, no se puede hacer una planeación adecuada de los gastos y se limitará lograr que el dinero genere más dinero. Los niños que viven en hogares donde no se habla de dinero, no planifican cómo gastar, no analizan opciones acerca de cómo construir o proteger un patrimonio, tienen una alta probabilidad de convertirse en adultos que no sabrán administrar adecuadamente su dinero y presentarán problemas financieros. Por el contrario, cuando los padres están abiertos a estos temas y tienen los conocimientos adecuados, los hijos se sentirán con más confianza para preguntar y se producirá un proceso virtuoso para el aprendizaje: más información lleva a más preguntas y estas llevan a obtener más conocimiento, y es muy probable que, de adultos, tengan una gran estabilidad financiera.

Tú administrarás mejor el dinero al enseñar a tu hij@ a hacerlo

En este libro encontrarás diferentes herramientas, ejercicios, juegos, recomendaciones de libros que puedes consultar, ideas y más que te ayudarán en la tarea de educar financieramente a tu hij@. Al hacerlo, administrarás mejor tu dinero. Este está concebido para acompañarte en las diferentes etapas de vida de tu hij@, por lo que no está pensado para que lo leas una sola vez, vuelve a las páginas que requieras cuando sea necesario.

De acuerdo con el psiquiatra William Glasser, las dos mejores formas de aprender son enseñar y hacer. Aprendemos 80 por ciento de lo que hacemos y 95 por ciento de lo que enseñamos. En la medida que tus hijos realicen repetidamente acciones adecuadas en relación con el dinero, quedarán instaladas en su conocimiento y serán parte de su forma de actuar. Cuando aprendemos algo y luego tratamos de transmitirlo a otras personas, es más fácil que ese conocimiento se nos quede grabado. Como decía Cicerón "Si quieres aprender, enseña".

IDEAS PARA LLEVAR

- El dinero está prácticamente en todas las actividades que realizamos.
- Al igual que otras competencias, el uso del dinero también se tiene que practicar y en el proceso se cometerán errores, es mejor hacerlo siendo niños o jóvenes y con cantidades pequeñas.
- Habla de dinero en casa, evita las connotaciones negativas sobre tener dinero y solo mencionarlo en familia en torno a preocupaciones o sentimientos negativos.
- Inculca en tu hij@ que el dinero en sí no trae la felicidad, pero usándolo adecuadamente le permite vivir momentos de alegría.
- Empieza ya, no importa la edad que tu hij@ tenga, mientras más pronto, mejor. Pero también recuerda que nunca es tarde.

1

¿POR QUÉ CONVIENE QUE TU HIJ@ TENGA UNA BUENA EDUCACIÓN FINANCIERA?

> Educa a los niños y no será necesario castigar a los hombres.
>
> PITÁGORAS

Muchas veces se piensa que a temprana edad no se debe hablar de dinero con los hijos, pues se trata de algo que difícilmente comprenderán; que se les debe dejar disfrutar de su niñez y esperar a que ellos trabajen y empiecen a ganar dinero. Sin embargo, es un grave error no introducir a los niños en estos temas porque al tiempo esto se traducirá en jóvenes o adultos que no sabrán administrar correctamente el dinero y que vivirán con problemas financieros. En la experiencia que tengo en los temas de capacitación financiera he visto a muchas personas, aun con una alta preparación académica, que viven con serios problemas en ese ámbito y que los hacen padecer a ellos y a sus familias.

En el aprendizaje, la práctica es fundamental. Al igual que andar en bicicleta o en patines, conducir un auto, saber cocinar, hablar un idioma o en cualquier deporte, la competencia de gestionar adecuadamente el dinero se adquiere con ciertos conocimientos y con la práctica para dominar diferentes habilidades como saber gastar, ahorrar o invertir, comprender los productos financieros, tener conocimiento acerca de riesgos y oportunidades financieras, saber cómo y dónde solicitar información financiera, entre otras.

Seguramente has escuchado frases como "El dinero se hizo para gastarlo". En realidad, el dinero tiene varios usos: el gasto, el ahorro, la inversión y la donación. Si pronto lo aprendiéramos, nuestro cerebro se programaría para que distribuyéramos nuestro dinero en estas cuatro "cajas" y no solamente en la del gasto.

Daniel Kahneman, en su libro *Pensar rápido, pensar despacio* y Premio Nobel de Economía en 2002, explica cómo funciona el pensamiento mediante dos sistemas:

- **Sistema 1,** el cual indica que normalmente tomamos decisiones rápidas basándonos en experiencias similares del pasado que nuestro cerebro reconoce automáticamente.
- **Sistema 2,** donde generalmente, dedicamos menos tiempo a enfocarnos y pensar con el lado del cerebro que resuelve problemas más complejos.

Un ejemplo clásico de ello es el siguiente ejercicio que se ha realizado a estudiantes en diferentes universidades: "Un bate y una pelota cuestan 1.10 pesos en total. El bate cuesta un peso más que la pelota. ¿Cuánto cuesta la pelota?" La mayoría de las personas responde 10 centavos, lo cual es incorrecto. Si hacemos un razonamiento lento y esforzado veremos que la respuesta es cinco centavos. Esta pregunta forma parte de un test que ha realizado el profesor Shane Frederick para medir la reflexión cognitiva, una habilidad relevante la cual veremos en el capítulo 2.

Si desde pequeños tus hijos adquieren conocimientos, habilidades, actitudes y hábitos financieros adecuados sus probabilidades de tener un mejor desempeño con el dinero en la edad adulta serán más elevadas. A nivel mundial existe mucha evidencia de que las personas con mayor educación financiera ahorran más, tienen mayores niveles de riqueza e ingresos, mejor planificación para el retiro, mayor diversificación en sus inversiones y menores deudas.

1.1 Los tres pilares de la riqueza financiera

> El trabajo que nunca se empieza es
> el que tarda más en finalizarse.
> J. R. R. TOLKIEN

Te presento los tres pilares que tu hij@ deberá desarrollar para ser millonari@:

1. **Atracción de dinero.** Este es el primer pilar y por aquí debes empezar a educarle financieramente. Lo puedes hacer desde la edad que te he recomendado para iniciar su formación: los tres años. A temprana edad se puede aprender a relacionarse positivamente con el dinero y saber que será la calidad de su trabajo, y no el número de horas trabajadas, lo que le podrá llevar a atraer o ganar más dinero. También, debe aprender a disfrutar el trabajar: saber para qué es buen@, cuáles son sus talentos y qué es lo que disfruta hacer.
2. **Administración del dinero.** Para administrar de manera adecuada el dinero debe aprender cómo ahorrar; te adelanto que la clásica alcancía de yeso no es idónea. Además, debe saber cómo gastar, lo cual no es solamente ir a una tienda y pagar, sino que trata de muchas herramientas más que aquí sabrás cómo transmitirle. Además, es importante que sepa cómo proteger el patrimonio y cómo utilizar de manera acertada los préstamos.
3. **Multiplicación del dinero.** Una sólida educación financiera se completa sabiendo cómo hacer que el dinero se multiplique. Muchas personas trabajan la mayor parte de su vida por dinero, sin lograr que el dinero trabaje para

ellos. Desde temprana edad puede aprender cómo hacerlo. ¿Crees que niños pequeños puedan aprender a invertir en la bolsa de valores? Ya verás cómo.

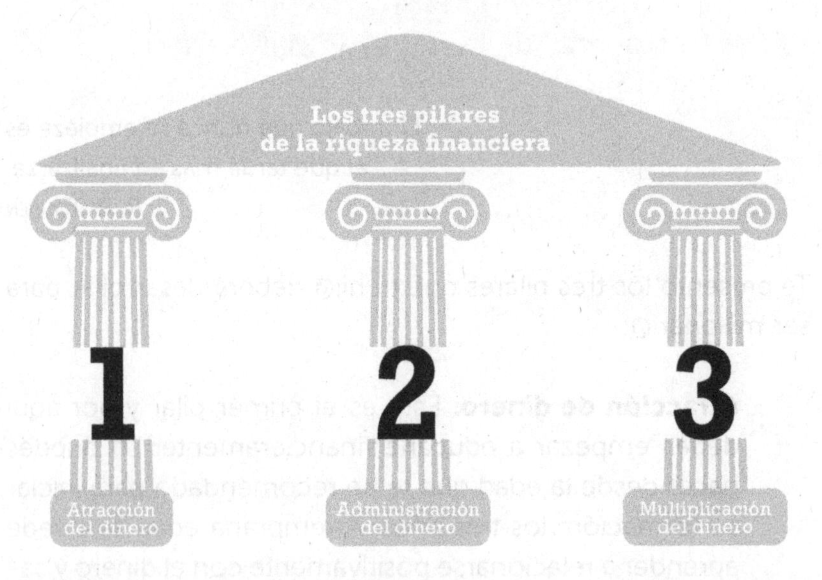

Si buscas información sobre finanzas personales verás que la mayoría de las recomendaciones que existen para educar a los niños y jóvenes financieramente se enfocan en el pilar 2 y los padres que buscan mejorar las capacidades financieras de sus hijos se concentran mayormente en el ahorro. Ello, aunque es positivo, es insuficiente; si solo aprenden esto, no sabrán cómo gastar ni cómo proteger y hacer crecer su patrimonio tal y como ocurre con muchos adultos.

Si tus hijos tuvieran sólido el pilar 2, como se recomienda en la mayoría de los casos, y débiles los pilares 1 y 3, sabrán administrar lo que tienen, que seguramente será poco, ya que no aprendieron adecuadamente a ganar dinero ni cómo hacer que se multiplique. Los tres pilares se complementan, saber cómo administrar el dinero te permite retener más del dinero que llega a ti y saber cómo multiplicarlo te

> No podrás construir riqueza económica de forma sólida si no tienes fortaleza en los tres pilares de la riqueza financiera.

permite ganar más. No podrás construir riqueza económica de forma sólida si no tienes fortaleza en los tres pilares de la riqueza financiera.

En este libro encontrarás algunas historias de personas que de niños eran pobres y llegaron a ser multimillonarios porque sus educadores se encargaron de darles bases para la construcción de aquellos pilares. ¿Quieres que tu hij@ tenga estabilidad financiera y no tenga que trabajar por dinero? Entonces, ayúdalo a construir sólidamente sus tres pilares. Las herramientas que verás en este libro te permitirán hacerlo.

Algunos recomiendan que poco antes de empezar la edad adulta es cuando las personas deben buscar un trabajo para aprender a ganar dinero. La desventaja es que a esa edad ya se perdieron muchos años para generar hábitos adecuados para disfrutar el trabajo y para saber cómo ganar dinero, por lo que generalmente la concepción del trabajo será negativa y no se disfrutará hacerlo como ocurre con la mayoría de las personas que tienen ya un trabajo. Hay quienes logran construir adecuadamente el primer pilar y ganan mucho dinero, pero por no tener bases en el segundo y en el tercero viven con muchos problemas financieros.

1.2 La principal causa de estrés es el dinero

> La mente hace su propio lugar, y en sí misma puede hacer un cielo del infierno, y un infierno del cielo.
>
> John Milton

De acuerdo con la encuesta Global Investor Pulse de 2019, el dinero es la mayor fuente de estrés entre los estadounidenses, más que sus preocupaciones acerca del trabajo, la familia o la salud. Esta encuesta también se aplicó en México y, de igual manera, se encontró que el dinero es la causa número uno del estrés. Casi la mitad de los adultos entrevistados así lo declaró.

Ese estudio también reveló que estar prevenidos financieramente hacia el futuro genera mayor tranquilidad entre los mexicanos, pero a pesar de ello la mayoría de los entrevistados no ahorra de manera recurrente y son pocos los que invierten su dinero. Los motivos principales para no invertir tienen que ver con una falta de educación financiera: no tener suficiente dinero, temor a perder su dinero si invierten o no saber cómo invertir ya que lo consideran difícil o confuso.

El Financial Health Institute (FHI) define el estrés financiero como una condición causada por eventos económicos que crean ansiedad y preocupación, y se acompaña de una respuesta física. Cuando las personas tienen problemas de dinero cuentan con menos recursos y disposición para atender su salud: adquirir y tomar medicamentos, comer sano o incluso hacer ejercicio. Algunos síntomas del estrés son la fatiga, dolores de cabeza, insomnio, los cuales afectan aún más la capacidad de las personas para manejar su situación financiera.

De acuerdo con el FHI las personas que se enfrentan a enfermedades crónicas o afecciones médicas graves, con frecuencia se debe a que tienen una deuda inmensa, a que tuvieron que declararse en quiebra, que tuvieron que utilizar todos sus ahorros para una emergencia, que se quedaron sin ingresos y, en la mayoría de los casos, se sienten desesperanzados porque no saben qué hacer.[1]

Este tipo de estrés puede afectar casi todas las facetas de la vida. Si las personas de forma constante se encuentran inmersas en problemas financieros y pensando en cómo van a mantenerse a ellos y sus hogares, podrían desarrollar alguna de las varias condiciones de salud relacionadas con el estrés. Si estas condiciones pasan desapercibidas o no se tratan, podrían provocar enfermedades muy graves, a veces potencialmente mortales.

En 2009, Gary Evans y Michelle Schamberg, académicos de la Universidad de Cornell, condujeron un experimento con 195

---

[1] https://bit.ly/39WcT9z.

adultos jóvenes que habían estado expuestos a la pobreza durante su infancia y encontraron que esta situación afecta la memoria de trabajo en los adultos, lo cual se debe al estrés crónico generado por la exposición a la pobreza. La memoria de trabajo es el mecanismo de almacenamiento temporal que nos permite mantener activa una pequeña cantidad de información durante un breve intervalo y manipularla, y resulta esencial para la comprensión del lenguaje, la lectura y la resolución de problemas. Además, es un requisito previo crítico para el almacenamiento de información a largo plazo. En la escuela o en los empleos, la memoria de trabajo será crucial para tener éxito en las diferentes tareas. Por lo tanto, niños con menor estrés incrementarán sus probabilidades de tener un mejor desempeño de adultos. ¿Ves lo importante que es fortalecer los tres pilares de la riqueza financiera en el hogar?

1.3 Tu hij@ será responsable de su retiro

> El futuro depende de lo que hagas hoy.
>
> GANDHI

Hace algunos años la mayoría de las personas iba a la escuela con el objetivo de cursar el mayor nivel académico posible y, al concluir, buscaba colocarse en alguna institución donde trabajaría la mayor parte de su vida. Al retirarse, tenía asegurada una pensión con la que viviría el resto de su vida manteniendo un nivel económico similar a cuando trabajaba.

Pero el mundo ha cambiado y también los trabajos y la forma de relacionarnos con ellos. Hoy existe una menor estabilidad laboral, los jóvenes permanecen menos tiempo en un empleo y ya no se tiene asegurada una pensión. Sin embargo, aún hay personas laborando que al retirarse contarán con una pensión equivalente a su salario actual, pero cada vez son menos.

En muchos países, los sistemas de pensiones se han transformado hacia esquemas de cuentas individuales donde cada mes el gobierno, el patrón y el trabajador aportan cierta cantidad, y todo lo que se logre acumular en esa cuenta es lo que el trabajador recibirá como pensión una vez que se retire. Desafortunadamente, a nivel mundial solo 3 de cada 10 personas en edad de trabajar cotizan de manera activa a los sistemas de pensiones.

En México, de acuerdo con el Instituto Nacional de Estadística y Geografía (INEGI), la esperanza de vida es de setenta y nueve años para las mujeres y de setenta y cuatro para los hombres. Si una persona se retira a los sesenta y cinco años deberá vivir entre nueve y catorce años, en promedio, con los recursos de su cuenta individual.

En el promedio de los países de la OCDE (Organización para la Cooperación y el Desarrollo Económicos), lo que los trabajadores recibirán es 59 por ciento de su salario actual y en México 30 por ciento;[2] es decir, que si alguien gana 10,000 pesos (500 dólares), cuando se retire recibirá 3,000 pesos (150 dólares) mensuales. Si con el ingreso actual se tienen dificultades financieras, ¿con una cantidad mucho menor se tendrá un mejor nivel de vida? Difícilmente.

En 2014, una colega y yo dimos un taller acerca del ahorro para el retiro a los estudiantes de una carrera relacionada con finanzas en una de las universidades más importantes de México. A los alumnos les explicamos que, en nuestro país, los trabajadores que cotizan en el IMSS (Instituto Mexicano del Seguro Social) o el ISSSTE (Instituto de Seguridad y Servicios Sociales de los Trabajadores del Estado) tienen derecho a una cuenta de ahorro para el retiro llamada AFORE, en la cual, en el primer caso se aporta una cantidad que equivale al 6.5 por ciento del salario base del trabajador (con la reforma propuesta en 2020 esta proporción incrementará gradualmente para llegar a 15 por ciento

[2] En 2020 se planteó una reforma en México que busca incrementar a 40 por ciento el porcentaje que en promedio recibirán las personas como pensión.

en 2030). Revisamos, en caso de que la tuvieran, cómo podían localizar su AFORE, saber en cuál estaban registrados y cómo podían realizar aportaciones voluntarias (adicionales al 6.5 por ciento que reciben) a su cuenta para incrementar su ahorro.

El profesor que nos había cedido el espacio de su clase estaba muy atento a la explicación y, al principio, no perdía detalle de lo que íbamos diciendo; después, se concentró en su celular. Yo pensé que estaría buscando información para verificar lo que nosotros íbamos explicando (es algo que yo suelo hacer). Él tenía poco más de cincuenta años. Al finalizar la sesión, y cuando los alumnos ya se habían retirado, el profesor casi con los ojos llorosos se acercó a nosotros y nos dijo: —Revisé lo que tengo en mi cuenta, es la primera vez que lo veo y no me va a alcanzar para vivir después de retirarme porque tengo muy poco, y solo me quedan unos cuantos años para poder seguir trabajando—. El profesor, además de impartir su clase, trabajaba en una empresa de consultoría y nunca había realizado aportaciones voluntarias a su cuenta de ahorro para el retiro. Lo positivo es que ahora él sabía que tenía que ahorrar mucho más y realizar otras estrategias de inversión para tener un mejor retiro.

Tú podrías ayudar a que el retiro de tu hij@ sea adecuado. En México lo puedes hacer desde que nacen. Más adelante sabrás a detalle cómo hacerlo.

1.4 Tu hij@ requerirá más capacidades financieras que tú

> El mundo era tan reciente, que muchas cosas carecían de nombre, y para mencionarlas había que señalarlas con el dedo.
>
> Gabriel García Márquez

Hace algunos años existían menos productos financieros. En México, las tarjetas de crédito llegaron en 1968 y los cajeros automáticos en 1972. Aunque pareciera mucho tiempo, aún la mitad de los adultos en el país no tiene cuenta bancaria y casi 80 por ciento de las personas adultas paga en efectivo a pesar de tener una cuenta o tarjeta de crédito, esto de acuerdo con datos de la Encuesta Nacional de Inclusión Financiera de 2018.

El avance tecnológico ha facilitado nuestra vida para realizar operaciones financieras y a la vez ha generado que requiramos mayores conocimientos para realizarlas. Recuerdo que cuando yo era niño en una ocasión mi papá llegó del trabajo y mientras comíamos nos dijo: —¿Qué creen? Me van a pagar con una tarjeta y me dicen que ya no tendremos que ir a formarnos a la caja general los días de la quincena—. Mi hermano y yo que teníamos diez y ocho años, respectivamente, le preguntamos a mi papá cómo le iban a hacer para meter el dinero dentro de una tarjeta. Yo intentaba imaginar cómo sería ese tipo de tarjeta; quizá le apretarías un botón y sacaría el dinero. Mi papá nos dijo: —La verdad no sé, no sé bien cómo va a funcionar esa tarjeta. Nos dicen que con ella podemos ir al banco y ahí nos darán el dinero, pero no sé si el dinero va a estar dentro de la tarjeta y en el banco lo van a sacar. No lo sé—.

Hoy podemos pagar con nuestras tarjetas en diferentes comercios, realizar compras en internet con tarjetas digitales, mover desde nuestro celular nuestro dinero de una cuenta a otra en segundos, y más adelante podremos realizar muchas más acciones financieras que seguramente implicarán mayor complejidad en las decisiones que se tendrán que tomar, ya que se tratará de productos y servicios más complejos. Los servicios digitales, por ejemplo, que abren nuevas oportunidades para realizar operaciones financieras, requieren que conozcamos cómo protegernos de las amenazas por riesgos de fraudes. La creciente disponibilidad de crédito en línea, tarifas ocultas asociadas con varios proveedores de servicios (como planes de telefonía móvil) y juegos o Apps que se ofrecen principalmente a jóvenes o consumidores inexpertos plantean nuevos retos en cuanto a la educación financiera de los consumidores.[3]

Así mismo, ahora en México se fomenta menos la educación financiera en las escuelas. Hace algunas décadas existía un programa, a través de los timbres del ahorro nacional, en el que los niños en las escuelas podían ahorrar y luego abrir con sus padres una cuenta bancaria. Varios colegas que participaron en ese programa comentan que eso los ayudó a tener mayor consciencia del ahorro. Hoy es poco común que en las escuelas y en los hogares se hable de ahorro o de temas financieros. Afortunadamente, en marzo de 2020, al presentarse la Política Nacional de Inclusión Financiera se anunció que en las escuelas primarias de México se impartirá educación financiera. Aun cuando no es lo más efectivo, debido a que los niños aprenden mayormente los hábitos financieros de sus padres, en algo ayudará.

1.5 La sociedad nos invita a gastar

> La mayoría de las personas no se dan cuenta de que lo importante en la vida no es cuánto dinero ganas, sino cuánto dinero conservas.
>
> ROBERT KIYOSAKI

Desde niños estamos demasiado expuestos a la publicidad que nos invita a gastar, a tener el mejor juguete, el mejor teléfono, el mejor auto, andar a la moda, entre otros, y por el contrario tenemos escasa información acerca de cómo generar, administrar e incrementar los ingresos. Esto lleva a muchos a usar de forma inadecuada su dinero y que la mayor parte de lo que ingresa a sus bolsillos salga de los mismos.

En algunas de las conferencias que imparto hago el siguiente ejercicio: pido a los asistentes que sumen todos los ingresos

[3] OECD, «Are Students Smart about Money?», *PISA 2018 Results (Volume IV)* (2020), Publishing, Paris, https://doi.org/10.1787/48ebd1ba-en.

laborales que han tenido a lo largo de su vida. Muchas personas se asombran al descubrir que han ganado varios cientos de miles o millones. Lo más interesante ocurre cuando descubren cuánto de ese dinero aún conservan, para lo cual les pido que sumen el valor de su patrimonio (dinero que tengan en cuentas y el valor de los bienes que se puedan convertir en dinero, es decir, que se puedan vender como muebles, casas, autos, otros). Aquí les pido que no consideren bienes que les hayan heredado. El ejercicio termina cuando calculan la proporción de lo que tienen entre lo que han ganado. Hasta ahora solo me ha tocado un par de personas cuya proporción es cercana a 100 por ciento, en el resto la proporción, en casi todos los casos, ha sido menor a 20 por ciento. Es decir; de cada 10 pesos que ingresan, en general se conservan menos de dos. ¡Imagínate que los hijos supieran esto!

Te invito (mamá, papá) a realizar este ejercicio y conocer cómo has manejado tus finanzas. Recuerda que no se trata de cuánto dinero ganas, sino con cuánto dinero te quedas y cómo ese dinero trabaja para ti. Si tú no has manejado adecuadamente tus finanzas es tiempo de hacerlo y aprender junto con tus hijos.

De acuerdo con la Encuesta Nacional de Inclusión Financiera, de cada 100 adultos en México 85 desconocen con exactitud en qué se les va su dinero, ya sea porque no registran sus ingresos y gastos o porque lo hacen de forma mental.

Muchos conocemos historias de personas famosas que llegaron a tener mucho dinero y que al final de sus vidas quedaron en la miseria. En muchos casos tener más dinero no resuelve los problemas financieros, hay que ver el uso que le damos. En el verano de 2015 me tocó, junto con otros compañeros, impartir algunas pláticas acerca del uso del dinero a jóvenes futbolistas, futuras promesas del balompié nacional. Ahí, uno de los directivos me compartió la historia de un

> Si desde niños practicáramos cotidianamente *hacer las cuentas*, de adultos las finanzas no serán un dolor de cabeza.

futbolista, cuyo nombre omito, que llegó a jugar en la selección nacional y en varios de los clubes más importantes de México. Ganaba muy bien, su salario le podía alcanzar para comprar un departamento en la Ciudad de México con costo promedio al mes y todavía le podría quedar dinero para otros gastos. ¿Qué fue lo que en realidad hizo? Prácticamente se gastó todo su dinero, no lo invirtió, y hoy solo tiene un departamento.

Así que empieza (mamá, papá) a hacer cuentas. No es complicado y te beneficiará mucho en el control de tu dinero, además de que puedes transmitir esta excelente herramienta a tus hijos.

1.6 Enséñale acerca del dinero para que no tenga que trabajar por dinero

> La gente rara vez tiene éxito, a menos que se divierta con lo que hace.
>
> Dale Carnegie

Entre 2009 y 2010, la empresa Gallup hizo una encuesta en diferentes países para conocer la satisfacción de los trabajadores en sus puestos de trabajo. Este ejercicio se repitió entre 2011 y 2012, y nuevamente entre 2014 y 2016. En todos los casos se encontró que a la mayoría de los trabajadores no les gusta su trabajo; en el último estudio, realizado en 155 países, 85 por ciento de los entrevistados indicó eso.

Esa es una situación francamente triste. Desafortunadamente, la mayoría de las personas trabaja para ganar dinero. De no ser así, esas personas habrían buscado otros empleos que las hicieran felices.

> Los adultos pasan la mayor parte del tiempo trabajando, pero haciendo cosas que a la mayoría no le satisface, no le apasiona.

En 2014 se realizó la S&P Global Finlit Survey, donde se entrevistó a más de 150,000 adultos en más de 140 países con el objetivo de obtener una medición de la educación financiera a nivel mundial, y se encontró que 2 de cada 3 adultos son analfabetos; es decir, desconocen conceptos financieros básicos. En las primeras páginas de este libro cito la frase de Pitágoras: "Educa a los niños y no será necesario castigar a los hombres". ¡Cuánta razón tenía el filósofo! Mira de qué forma se condenan tantos adultos realizando durante gran parte de su vida actividades que no los hacen felices.

Es importante que les des herramientas financieras a tus hijos para que no sean parte de esa lamentable estadística. Si desde temprana edad aprenden sobre el dinero de adultos es más probable que trabajen en algo que verdaderamente les apasione.

1.7 Los hábitos financieros se generan en casa

> Los pensamientos te llevan a tus propósitos,
> tus propósitos a tus acciones, tus acciones a tus hábitos,
> tus hábitos a tu carácter y tu carácter determina tu destino.
>
> TRYON EDWARDS

Un hábito es una acción que repetimos con frecuencia y que requiere poco esfuerzo mental. Cuando no tenemos el hábito de cierta acción, empezar a hacerla nos resultará difícil; nuestro cerebro puede rechazarla y será una situación incómoda. Por ejemplo, si no tenemos el hábito de hacer ejercicio y de repente lo tenemos que hacer por alguna cuestión de salud, nos resultará complicado y nos enfocaremos en todo aquello que dificulta hacerlo: levantarse temprano, el clima, el costo, el tráfico, que no hay un gimnasio cercano o que no tenemos la ropa o los tenis, y si bien lo podríamos iniciar hoy mismo, nos pondremos plazos para hacerlo tratando de alejar ese posible sufrimiento: la siguiente semana, el siguiente mes, cuando me compre la ropa adecuada, cuando encuentre un gimnasio cercano, etcétera.

Aquellas acciones, prácticas o costumbres que se tengan en casa serán normales para nosotros. Desde muy pequeños aprendemos por imitación; incluso los bebés pueden almacenar en su cerebro ciertas acciones que observan un día y repetirlas al día siguiente.[4] Saludar, levantar los trastes de la mesa, bañarse a determinada hora, arreglar el cuarto, peinarse, cepillarse los dientes son hábitos que niños muy pequeños, en algunos casos, realizan cotidianamente. De adultos, muchos hacemos estas acciones de forma casi inconsciente y no nos representan ningún esfuerzo mental; por ejemplo, al bañarnos no nos ponemos a pensar en el esfuerzo que nos implicará desvestirnos y luego volvernos a vestir, que nos vamos a mojar todo el cuerpo y luego a secarnos, qué parte del cuerpo nos vamos a enjabonar primero, que nos puede caer jabón en los ojos; simplemente nos bañamos y ya.

¿Cómo aprendimos a hacer todas estas acciones? Los adultos con los que vivimos en casa nos enseñaron y luego lo hicimos de forma repetitiva. El ahorro y la inversión también se pueden volver hábitos. Si son acciones que se repiten con frecuencia y se aprenden en la niñez o la juventud, en la etapa adulta se harán con gran naturalidad y representarán muy poco esfuerzo mental. Así que, si quieres que tu hij@ tenga un buen nivel de vida, puedes ayudarle a generar esos buenos hábitos financieros. Más adelante verás algunos métodos para lograrlo.

Stephen Covey en su libro *Los 7 hábitos de las personas altamente efectivas* señala que un hábito es una intersección de conocimiento, capacidad y deseo. El conocimiento se refiere a *qué hacer* y el *por qué,* la capacidad es el *cómo hacer* y el deseo es la motivación, el *querer hacer.* Así, para convertir algo en un hábito de nuestra vida, necesitamos esos tres elementos. A lo largo de este libro, encontrarás información que te ayudará a trabajar con tus hijos en casa, y eso los llevará a ser adultos

[4] Cf. Meltzoff, A.N. «Infant imitation and memory: Nine-month olds in immediate and deferred tests». *Child Development*, 59(1988), pp. 217-225.

con una educación financiera que les permitirá tener un mejor nivel de vida.

El punto de partida es el conocimiento, y este difícilmente se logrará si en casa no se habla de dinero con los hijos, y si ellos no participan en actividades donde vean cómo se gana, cómo se gasta o cómo se puede incrementar al invertirlo. La capacidad se desarrollará de forma más adecuada si los padres saben cómo hacerlo y cómo transmitirlo a sus hijos, y si estos últimos lo ponen en práctica de forma repetitiva. Si alguien ahorra solo una vez o por muy poco tiempo, no generará el hábito. Se tiene que hacer de manera constante.

¿Cómo se logra la motivación? De acuerdo con Tali Sharot, profesora de neurociencia cognitiva en la University College de Londres, para cambiar comportamientos se requieren tres principios:

1. **Incentivos sociales:** somos seres sociales y nos importa lo que los demás hagan, saber lo que otras personas hacen es un incentivo fuerte para que nosotros también lo hagamos.
2. **Recompensa inmediata:** es preferible obtener algo ahora que para el futuro, porque una recompensa nos puede hace sentir bien, por ejemplo, bajar de peso con una dieta o comprarte algo con tus ahorros.
3. **Monitoreo del progreso:** saber que vamos avanzando nos motiva a seguirlo haciendo.

Por ejemplo, cuando alguien sigue una dieta y empieza a ver resultados se siente motivado a seguirlo haciendo. Así que para motivar a alguien es importante resaltar el progreso y no el deterioro; es decir, si buscamos que alguien ahorre, en lugar de decirle "si no ahorras serás pobre" es preferible decirle "si ahorras serás rico". Se ha demostrado que las advertencias tienen un impacto nulo o limitado en el comportamiento de las personas, tal es el caso de los anuncios con imágenes no agradables en las cajetillas de cigarros, cuyo impacto ha sido muy bajo para inhibir el consumo. No obstante, muchos padres se enfocan en advertir o en generar miedo en sus hijos para "motivarlos", pero sin lograr los resultados deseados.

En 2013 se publicó un estudio realizado en hospitales de EUA en el que se instalaron cámaras para ver qué tan seguido el personal médico higienizaba sus manos antes y después de revisar a un paciente. A pesar de que sabían que estaban siendo observados a través de las cámaras, solo 3 de cada 10 lo hacían.[5]

Luego se instaló una pizarra electrónica que le avisaba al personal médico cómo avanzaban; cada vez que alguien se higienizaba las manos, los números subían en la pantalla y se mostraba su clasificación en ese turno y por semana de todos los empleados. El cumplimiento se disparó a casi 90 por ciento. Esto se replicó en otro hospital y se obtuvieron resultados similares.

Los padres pueden ser grandes motivadores y entre mejor conozcan a sus hijos sabrán cómo motivarles mejor.

En este experimento se aplicaron los tres principios para generar hábitos y por ello lograron muy buenos resultados. Como todo el personal podía ver lo que los demás hacían, no querían quedarse atrás si otros iban mejor (incentivos sociales). Las personas se sentían contentas al ver que sus números aumentaban al higienizar sus manos (recompensa inmediata). La pizarra electrónica les permitía conocer el desempeño de cada uno (monitoreo del progreso).

Los padres pueden ser grandes motivadores y entre mejor conozcan a sus hijos sabrán cómo motivarles mejor. Debes observar qué puede funcionar para tu hij@, pues no todos somos iguales. Al terminar el jardín de niños, mi mamá me dijo que

---

[5] Cf. Armellino D, Trivedi M, Law I, Singh N, Schilling ME, Hussain E, *et al.* Replicating changes in hand hygiene in a surgical intensive care unit with remote video auditing and feedback. *American Journal of Infection Control* 2013; 41(10):925-927.

yo había sido el mejor alumno y que había obtenido el primer lugar. A partir de entonces comencé a considerarme muy inteligente; durante la primaria y secundaria todos los años obtuve el mejor promedio de mi salón. Mi mamá en mis primeros años escolares estudiaba conmigo, me enseñaba, me dio el empujó necesario para obtener el primer lugar en el primero de primaria, me apoyó a que la creencia que me había inculcado la hiciera más fuerte.

Mientras cursaba el bachillerato también era de los mejores promedios, pero ahí nos hicieron una prueba de inteligencia a todos los alumnos de mi salón. Mis resultados fueron de los más bajos. No obstante, años más tarde estudié la maestría en El Colegio de México, una institución de alta exigencia académica, y recuerdo cómo yo tenía que esforzarme más que muchos de mis compañeros para aprender al ritmo de ellos. Aun así, fui uno de los quince alumnos que logramos egresar de los cincuenta y cuatro que habíamos sido aceptados en el curso propedéutico. John Maxwell, un reconocido exponente en materia de liderazgo a nivel mundial, explica que, al elogiar a las personas, principalmente en público, se genera en ellas una convicción, se les refuerza y se les hace más consciente de sus fortalezas logrando que las personas se comprometan a ser como se les dice que son. Habrá que cuidar el no encaminar a los hijos a ser lo que nosotros queramos que sean y no lo que ellos quieran ser.

No basta solo con decirle a alguien repetidamente que es muy bueno en algo para que así se vuelva, se requiere que obtenga cierta evidencia para fortalecer esa creencia. Mi mamá aplicó la recompensa inmediata al decirme que yo era muy inteligente, logró hacerme sentir que así era, al enseñarme y estudiar conmigo generó que la creencia se fortaleciera, que adoptara una actitud como tal y que tuviera disciplina para estudiar. Ya de adulto, me puse a reflexionar que en el jardín de niños no hacen concursos de aprovechamiento ni dan primeros, segundos o terceros lugares.

Lo que los padres digan a sus hijos puede tener un impacto, positivo o negativo, relevante en ellos, y se potenciará con las acciones que hagan en ese sentido. *The History Channel* realizó un cortometraje donde muestra que Thomas Alva Edison, quien desarrolló miles de inventos, siendo un niño llegó un día de la escuela con una carta que debía entregar a su madre. Su madre la leyó y comenzó a llorar, Thomas se preocupó por la reacción de su mamá. Ella se recompuso: —Aquí dice que eres muy especial, que en tu colegio ya no pueden enseñarte más porque eres el más listo, y que sea yo la encargada de enseñarte—, le dijo su madre. Ella se encargó de su educación y Thomas en la adolescencia eran un gran lector y empezaba a hacer sus primeros experimentos. Cuando su madre fallece, Thomas encontró aquella carta que entregó a su madre siendo un niño, la cual en realidad decía que el pequeño era un pésimo estudiante, por lo que no podían tenerlo más en el colegio y que fuera ella quien se encargara de su educación. Si bien hay elementos en el cortometraje que fueron dramatizados, la historia de Alva Edison es un ejemplo de cómo una persona que era considerada incapaz en la escuela, al fortalecer diferentes habilidades cognitivas y no cognitivas (que revisaremos más adelante) con el total apoyo de su madre, pudo llegar a ser uno de los inventores más trascendentes en la historia de la humanidad.

Henry Ford solía decir «Tanto si crees que puedes hacerlo como si no, en los dos casos tienes razón». Cuando alguien cree firmemente que tiene posibilidades de triunfar estará motivado, pondrá muchas energías y es probable que logre buenos resultados; por el contrario, quien cree que fracasará en algo difícilmente se animará intentarlo. Un gran número de las creencias que tenemos se van formando por nuestras experiencias de vida; quien creció en un hogar con problemas financieros es probable que crea que ahorrar es difícil y seguramente pondrá poco empeño en logarlo y en consecuencia no ahorrará o lo hará muy poco; quien creció en un hogar donde se tenían finanzas sanas es posible que pueda tener una vida con estabilidad financiera, pondrá más empeño en ello.

1.8 Empezar temprano paga muy bien

> La disciplina es el mejor amigo del hombre, porque ella le lleva a realizar los anhelos más profundos de su corazón.
>
> MADRE TERESA DE CALCUTA

Aprender sobre el dinero a temprana edad ayuda a lograr mejores hábitos financieros, a planear de forma más adecuada a largo plazo y alcanzar con mayor facilidad las metas financieras. Un beneficio poderoso es que se pueden obtener intereses sobre intereses, lo que puede generar que el dinero se multiplique.

Veamos un ejemplo. Dos niños nacieron el mismo día: *ahorrador desde pequeño* y *ahorrador tardío. Ahorrador tardío* empezó a ahorrar a los veinte años, cuando tuvo su primer trabajo, y mes a mes ahorraba 500 (tú le puedes poner las unidades, por ejemplo, pesos o dólares); es decir, menos de 17 al día, con esto juntaba 6,000 que cada año invertía; esto lo hizo durante veinte años en una inversión que le daba 7 por ciento de rendimiento anual. En total, de su dinero puso 120,000 en todo este periodo y a los cuarenta años tenía 263,191; es decir, 2.2 veces más que el dinero que él puso, gracias a los rendimientos que recibió. Nada mal, ¿verdad?

> Muchas personas adultas tienen estabilidad financiera debido a que empezaron a ahorrar e invertir desde muy jóvenes.

Por su parte, *ahorrador desde pequeño* tuvo la fortuna de que sus padres lo ayudaron a ahorrar desde que nació y mes con mes también ahorraban quinientos y también invertían seis mil que les daba 7 por ciento de rendimiento anual. *Ahorrador desde pequeño*, a partir de los veinte años, como ya trabajaba, se encargó de seguir poniendo los 6,000 pesos año con año en su inversión. ¿Cuánto crees que tenía a los cuarenta años, ya que ahorró el doble que *ahorrador tardío*? ¿El doble que *ahorrador tardío*? Pues no. A los cuarenta años tenía en su cuenta 1,281,657; esto es, casi cinco veces más que *ahorrador tardío*. Siguió invirtiendo la misma cantidad y a los cincuenta años tenía 2,609,9156. Llegó a ser millonario. ¿Notas lo que puede generar recibir rendimientos sobre rendimientos por más tiempo? Eso es lo maravilloso de empezar temprano a invertir porque tenemos un súper aliado: el tiempo. Este es uno de los factores que ayudó a muchas personas que, ya adultas, llegaron a ser multimillonarias aun cuando provenían de familias pobres. Más adelante revisaremos algunas de estas historias.

EMPEZAR TEMPRANO *VS.* EMPEZAR TARDE					
Persona	**Depósito anual a la inversión**	**Rendimiento anual obtenido por la inversión**	**Tiempo de inversión (años)**	**Monto total invertido**	**Dinero al final de la inversión**
Ahorrador tardío	$6,000	7%	20	$120,000	$263,191
Ahorrador desde pequeño	$6,000	7%	40	$240,000	$1,281,657

¿Crees que tu hij@ pueda llegar a ser millonario? ¡Ya viste que sí se puede! Si tu hij@ fortalece sus pilares 1 y 2 podrá invertir una cantidad mayor a 6,000 pesos al año y si además fortalece el pilar 3 obtendrá rendimientos superiores al 7 por ciento y su dinero se multiplicará más rápido.

La disciplina será relevante en diferentes aspectos de la vida, incluidos los financieros. En general, quienes son más disciplinados realizan actividades que conllevan orden y repetición. El estudio publicado por Angela Duckworth Martin Seligman en 2005, *Self-Discipline Outdoes IQ in Predicting Academic Performance of Adolescents*, muestra que alumnos con mayor disciplina pueden tener mejores resultados académicos que aquellos con mayor capacidad intelectual, por lo que es fácil deducir que una de las causas por las que las personas no alcanzan su potencial es la falta de ejercicio en su autodisciplina.

¿Qué pasaría si todos los padres ayudaran a sus hijos a fortalecer desde muy pequeños los tres pilares de la riqueza financiera? Seguramente habría solo pocos adultos con problemas financieros, habría menos discusiones por falta de dinero en los hogares, las personas estarían preparadas para enfrentar emergencias y crisis económicas, habría menos estrés por la falta de dinero y, con ello, menos personas enfermas; en los países habría más desarrollo económico, más personas trabajarían haciendo aquello que realmente les apasiona y, me atrevería a decir, seríamos más felices. Ese es el objetivo de este libro: que tú (mamá, papá) tengas herramientas para apoyar a tu hij@ a tener una mejor vida.

> Si todos los padres ayudaran a sus hijos a fortalecer desde muy pequeños los tres pilares de la riqueza financiera en el mundo habría más felicidad.

Afortunadamente sí se puede hacer. Continúa leyendo y estoy seguro de que aquí encontrarás muchas herramientas para ello.

IDEAS PARA LLEVAR

- Las personas con mayor educación financiera ahorran más, tienen mayores niveles de riqueza e ingresos, mejor planificación para el retiro, mayor diversificación en sus inversiones y menores deudas.
- La principal causa de estrés es el dinero. Esto reduce la memoria de trabajo y con ello afecta el desempeño de las personas.
- El dinero tiene diferentes usos: el gasto, el ahorro, la inversión y la donación.
- En niños y jóvenes la práctica del uso del dinero es fundamental.
- Tu hij@ será responsable de su retiro y requerirá más capacidades financieras que tú, por ello es muy relevante que aprenda a temprana edad sobre el dinero.
- Si desde niños practicáramos cotidianamente hacer las cuentas, de adultos las finanzas no serían un dolor de cabeza.
- Si a temprana edad tu hij@ aprende a emprender, de adulto tendrá más posibilidades de trabajar en algo que en realidad le apasione.
- Muchas personas adultas tienen estabilidad financiera debido a que empezaron a ahorrar e invertir desde muy jóvenes.

2

LO QUE TÚ HAGAS SERÁ DETERMINANTE PARA SU ÉXITO

> Un buen padre vale por cien maestros.
>
> JEAN JACQUES ROUSSEAU

Ya que has decidido educar a tu hij@ en temas financieros es importante que asumas la responsabilidad de tus propias finanzas y que las ordenes lo mejor posible; podrías comenzar por registrar cuánto ganas y cuánto gastas. En el quinto capítulo abordo cómo hacerlo. Es importante ser honesto pues a medida que tú muestres apertura acerca de estos temas te preguntará más. Toma en cuenta que no tienes por qué saberlo todo. Le servirá más que le digas: "No sé, pero investiguemos juntos", a que le des una respuesta equivocada.

Muchos de los temas y actividades que trato en este libro están pensados para dar herramientas tanto a los padres como a los hijos. Notarás que al enseñar a tu hij@ y al darle consejos, tú también aprenderás y, sin duda alguna, mejorarás el manejo de tus propias finanzas.

Para enseñar a tu hij@ no es necesario que seas un experto en finanzas personales. Puedes ir aprendiendo con ella o él, para lo cual es fundamental tener un gran compromiso en aplicar las actividades. El dinero es solo el medio para un fin. De lo que se trata es que tu hij@ tenga éxito, que viva la vida que quiera vivir, y para lograrlo tiene que contar con los recursos necesarios. Desde su edad temprana, tú puedes hacer mucho para que al ser adulto tengan el mayor de los éxitos.

2.1 Habilidades cognitivas y no cognitivas

> El genio es 1% inspiración y 99% transpiración
> (sudor, en palabras llanas).
> TOMÁS ALVA EDISON

Antes se creía que las personas más exitosas eran quienes tenían una serie de habilidades cognitivas, que se manifiestan en un coeficiente intelectual (IQ) más alto, pero hoy se sabe que no es así. Además de ello es relevante un conjunto de habilidades no cognitivas o socioemocionales, llamadas también «carácter», como: perseverancia, curiosidad, optimismo, autoconfianza y autocontrol.

Las habilidades cognitivas nos permiten memorizar, pensar, supervisar nuestro aprendizaje y solucionar problemas de forma eficaz. Las habilidades no cognitivas influyen en las decisiones escolares y también afectan los ingresos futuros que tendrán las personas, de acuerdo con los estudios de James Heckman, Premio Nobel de Economía.[6]

El propio Heckman ha demostrado que el IQ es modificable. Los niños pueden volverse más inteligentes si desde temprana edad reciben estímulos intelectuales; se tiene hasta los ocho años de vida aproximadamente para lograrlo. En cambio, las habilidades no cognitivas pueden modificarse aun siendo adultos e incrementarán si en el hogar se favorecen estas capacidades. Todo esto se puede hacer incluso en actividades cotidianas como el permitir que los niños pequeños escojan la

[6] Cf. Heckman, James J.; Jora Stixrud & Sergio Urzúa, «The Effects of Cognitive and Noncognitive Abilities On Labor Market Outcomes and Social Behavior», *Journal of Labor Economics*, 2006, v. 24 (3 julio), pp. 411-448.

ropa con la que se van a vestir, ordenar directamente la comida en un restaurante o pedirles su opinión y que piensen en soluciones. Si desde temprano el hogar ofrece un ambiente propicio para el desarrollo de estas habilidades, las personas tendrán ventajas para desempeñarse mejor en la vida futura.

Christopher Peterson y Martin Seligman, reconocidos por su influencia en el campo de la psicología positiva, estudiaron las habilidades no cognitivas, las clasificaron y las plasmaron en el *Manual de Virtudes y Fortalezas del Carácter (Character Strengths and Virtues. A handbook and classification)*. Las virtudes constituyen valores universales; es decir, son las características centrales del carácter. Las fortalezas son el principio fundamental de la condición humana y tener un comportamiento congruente con ellas representa un importante camino hacia una vida psicológica óptima.

LAS 24 FORTALEZAS DEL CARÁCTER	
Virtudes	**Fortalezas**
Sabiduría	Creatividad, curiosidad, deseo de aprender, apertura mental y perspectiva.
Coraje	Valentía, perseverancia, integridad y vitalidad.
Justicia	Ciudadanía, liderazgo e imparcialidad.
Humanidad	Bondad, amor e inteligencia social.
Templanza	Clemencia, humildad, prudencia y autocontrol.
Trascendencia	Apreciación por la belleza, gratitud, esperanza, humor y espiritualidad.
Fuente: Peterson, Christopher & Martin Seligman (2004). «Character Strengths and Virtues. A handbook and classification», American Psychological Association, New York: Oxford University Press.	

Para fortalecer la sabiduría se requiere trabajar en:

- La **creatividad:** incentivar el ingenio, la producción de ideas o comportamientos originales y adaptativos.
- La **curiosidad:** estimular el deseo por experimentar y conocer.
- El **deseo de aprender:** favorecer la disposición a dominar nuevas competencias y temas, y constantemente agregar conocimientos al cerebro.
- La **apertura mental:** impulsar el pensamiento crítico, que las personas cuestionen el porqué de las cosas, y se hagan preguntas que los lleven a encontrar respuestas.
- La **perspectiva:** promover la capacidad para dar consejos acertados a los demás.

La templanza se puede fortalecer trabajando en:

- La **clemencia:** saber aceptar las limitaciones de otros, aprender a perdonar y a dar segundas oportunidades.
- La **humildad:** estimar adecuadamente los logros, talentos o méritos personales y dejar que los méritos hablen por sí mismos.
- La **prudencia:** tener una visión de futuro y aprender a no tomar riesgos innecesarios.
- El **autocontrol:** contar con disciplina y manejar de manera conveniente los impulsos y emociones.

Para fortalecer el coraje es necesario enfocarse en:

- La **valentía**: tener disposición para actuar de forma voluntaria sin retroceder ante la presencia del miedo.
- La **perseverancia**: terminar lo que se empieza, a pesar de los obstáculos o dificultades.
- La **integridad**: ser auténtico y coherente consigo mismo; es decir, con los valores que uno sostiene.
- El **entusiasmo**: poseer un estado emocional activo y positivo.

Las herramientas que propongo en este libro buscan generar hábitos financieros adecuados en los niños, jóvenes, e incluso adultos a partir de fortalecer muchas de estas habilidades no cognitivas.

El reconocido periodista del *New York Times*, Paul Tough, en su libro *How Children Succeed: Grit, Curiosity, and the Hidden Power of Character* (*Cómo triunfan los niños: Determinación, curiosidad y el poder del carácter*) indaga por qué algunas personas tienen éxito mientras otras fracasan, y a través de diferentes investigaciones encuentra que las cualidades que más importan a largo plazo para tener éxito en la vida tienen que ver más con el desarrollo del carácter o de las habilidades no cognitivas, y menos con el coeficiente intelectual.

Lo que suceda en el hogar será determinante para lo que acontecerá en la vida futura de las personas.

2.2 Desata la creatividad y curiosidad de tu hij@

> Todos los niños nacen artistas. El problema es cómo seguir siendo artistas cuando crecemos.
>
> PICASSO

> En el mundo actual las personas más creativas tienen mayor probabilidad de éxito en las actividades laborales.

Hace algunos años, la forma en la que se generaba riqueza era teniendo capital (dinero, edificios, máquinas, fábricas, otro). Para muchas empresas, ahora, la mayor parte de su patrimonio proviene de algoritmos, el manejo de datos, el conocimiento que tienen de las personas, el diseño de sus productos, venta de conocimientos y su capacidad de innovación; es decir, de elementos que derivan en gran medida del cerebro humano. En el mundo actual las personas más creativas tienen mayor probabilidad de éxito en las actividades laborales.

Todos los individuos somos creativos; sin embargo, a veces somos los padres de familia los que atamos esa creatividad cuando enseñamos a nuestros hijos a seguir ciertos patrones, a no cuestionar o solo a memorizar. A continuación, enuncio dos ejemplos muy sencillos.

- Cuando mi hijo mayor empezaba a dibujar, él usaba muchos colores para pintar los objetos en sus cuadernos. Un día que él estaba pintando un sol de color rosa, le dije que el sol se tenía que pintar de amarillo y así le fui indicando algo similar con las otras figuras. En los dibujos subsecuentes él pintaba el sol como yo le enseñé que era correcto, y los troncos de los árboles de color café y, las hojas, de verde. Luego, observé que cada vez que mi hijo dibujaba ya no se esforzaba por imaginar cómo podría pintar los árboles o el sol en las diferentes escenas que él creaba, sino que simplemente lo hacía como le enseñé. Me di cuenta de que lo que había hecho era atar parte de su creatividad. Me puse a reflexionar que esto es algo que comúnmente hacemos los padres y no le damos la importancia debida.

Si te pidieran dibujar una casa o una flor, ¿cómo lo harías? La mayoría de las personas dibujaría algo similar a lo siguiente:

- Cuando los niños empiezan a aprender los sonidos que hacen los animales, nosotros les decimos cómo lo hace cada uno y ellos deben repetirlo como lo enseñamos. Algo que me llama la atención es el sonido del gallo. Si a un niño o a un adulto en México le preguntamos qué sonido emite un gallo, seguramente nos dirá «kikirikí». Cuando yo era niño criábamos gallinas y gallos, y puedo asegurar que, a lo largo de toda mi vida, he escuchado a muchos más, pero hasta hoy día no he encontrado a uno solo que emita ese sonido. Si los escuchamos con atención, notaremos que el sonido es completamente diferente; pero eso los niños no lo cuestionan. Así ocurre con muchos de los conocimientos que les transmitimos: los aceptan *a priori*, aunque no sean verdad.

Te invito a poner atención a diferentes situaciones y que observes si estás restringiendo o alentando la creatividad de tus hijos. Esto me ha ayudado a mí a advertir que en muchos casos he coartado la creatividad de los míos, como lo comenté antes.

En el tema del dinero también podemos limitar su creatividad. Cuando ellos nos piden comprar algo y nosotros les decimos "no tengo dinero", les damos solo una opción: no es posible comprarlo porque no hay dinero. Al hacer eso, no les permitimos que piensen cómo poder comprarlo. No los estimulamos a crear.

> Si algo tienen los niños y jóvenes es mucha creatividad; incluso, hasta pueden imaginar formas para obtener dinero.

Si algo tienen los niños y jóvenes es mucha creatividad; incluso, hasta pueden imaginar formas para obtener dinero. Un ejemplo me lo dio el profesor Juan Pablo Arroyo, quien me platicó una anécdota de cierta ocasión que su nieto Martín y su yerno, Emiliano, estaban en casa. Martín, que en aquel momento tenía cinco años, quería una dona de chocolate que vendían en una panadería que estaba frente a su casa. Su papá y él fueron a comprarla y, cuando llegaron, la persona que las vendía les dijo que únicamente aceptaba efectivo, pero Emiliano solo llevaba su tarjeta bancaria. Le explicó a su hijo que así no podía comprarle la dona y regresaron a su casa. Martín no se resignó a quedarse sin la dona y le dijo a su papá: —Tengo una idea—. —¿Cuál? —preguntó Emiliano con interés. —Espera —le dijo el niño mientras subía a su habitación y después de unos minutos bajó con una canasta de dulces. —Pero ¿para qué los quieres? —le interrogó su papá. —Voy a vender estos dulces que me gané de una piñata —respondió Martín, y se fue de puerta en puerta a ofrecérselos a sus vecinos, acompañado de su papá. ¡Logró juntar el dinero suficiente para comprarse una dona, invitarle otra a su papá y una más para su mamá!

Una noche en mi casa vi un video muy interesante donde hablaban acerca de cómo estimular la memoria en los adultos y pusieron un ejercicio a los asistentes. Tenían que imaginar que a su lado había seis garrafones pequeños llenos de agua que ellos pudieran cargar. La persona que estaba dando la plática les pidió que cerraran los ojos y que imaginaran que trasladaban los garrafones desde el lugar en que estaban sentados hasta una mesa que se encontraba frente a ellos. Les dio veinte segundos. La mayoría no logró hacerlo en el tiempo indicado. Yo también me propuse hacer el ejercicio. Imaginé que me encontraba en un lugar a unos 4 metros de donde tenía que llevar los garrafones, e imaginé que primero llevé el más próximo a mí, regresé corriendo rápido por el siguiente y así sucesivamente; tampoco logré realizarlo en el tiempo solicitado.

Al día siguiente, le pedí a mi hijo que en esa época tenía cinco años que hiciera el mismo ejercicio, le conté el tiempo y a los seis segundos ya había terminado. Me sorprendió mucho que lo hubiera hecho tan rápido. —¿Cómo le hiciste? —le pregunté. —Pues llevé todos los garrafones juntos —me respondió. Aquello me dio mucha risa, ya que era un ejercicio de imaginación. No había garrafones, no era una situación real. Pude haber imaginado que yo también habría podido llevar todos los garrafones juntos, incluso con una mano o un dedo, era solo cuestión de imaginar. Esa es una gran diferencia entre los adultos y los niños: los adultos, en la mayoría de los casos, perdemos la capacidad de imaginar y crear que tuvimos cuando fuimos niños. En cambio, para los niños es muy fácil usar la imaginación.

En 2018, mi esposa y yo pusimos una cafetería como parte de un negocio familiar que tenemos. Le pedimos a nuestro hijo mayor (que en esa época tenía dos años y medio) que nos diera opciones de nombres para ponerle a la cafetería. El primero que nos sugirió fue «Gatitos»; le dijimos que sonaba muy bien, pero que inventara otro nombre, uno que no existiera. Después de diez minutos llegó con nosotros y nos dijo: —Tengo estos tres nombres: *Tapinkis, Palazai, Cosmagos*—. Él los había inventado y optamos por poner a la cafetería el primero.

Más adelante, como parte de la educación financiera que les estamos dando, mis hijos empezaron a hacer galletas para vender en la misma cafetería. También les sugerimos que les pusieran un nombre y mi hija, que tenía dos años, las llamó «Yami».

Si en lugar de decirles a tus hijos que algo no se puede comprar, les dijeras: "¿Qué podríamos hacer para comprarlo?", ellos empezarían a pensar en diferentes opciones, buscarían crear, abrirían su mente a más posibilidades, pensarían que sí es posible comprarlo; y si hay alguien que cree que las cosas son posibles de realizar son precisamente los niños y los jóvenes.

> Si hay alguien que cree que las cosas son posibles de realizar son precisamente los niños y los jóvenes.

Las preguntas nos llevan a investigar y a descubrir, a despertar la curiosidad y mejorar nuestro conocimiento. Albert Einstein solía decir que el secreto en la vida no es dar respuesta a viejas preguntas, sino hacernos nuevas preguntas para encontrar nuevos caminos.[7] Por ello, haz preguntas a tus hijos para conducirlos a la acción, para que ellos aporten soluciones. Es importante que sepan que los tomas en cuenta y que sus sugerencias se llevan a la práctica; esto los motivará a proponer y crear más.

Es importante que plantees retos a tus hijos para ayudarles a desarrollar un pensamiento crítico, que aprendan a cuestionar.

---

[7] Cf. Borghino, Mario, *El arte de hacer preguntas: El método socrático para triunfar en la vida y en los negocios, passim*, (2017). Editorial Grijalbo p. 14.

> Hay muchas formas de incentivar la creatividad de los hijos y los padres deben ser en específico creativos para ello.

Hay muchas formas de incentivar su creatividad, pero debes ser en específico creativo para ello.

Los niños son curiosos por naturaleza y tienen el deseo de aprender. Seguramente te tocó o te está tocando la fase en la que a cada respuesta que le das a tu hij@ te pregunta "¿por qué?". He visto padres que llegan a desesperarse y prefieren ignorarlos; incluso, llegan a callarlos para que dejen de preguntar. ¿Cómo crees que se siente una persona a medida que no estamos dispuestos a contestar sus preguntas? Piensa en aquellas ocasiones que has estado conversando con alguien, contándole algo muy importante para ti y que, en lugar de prestarte atención, se concentra en su celular; seguramente ya no querrás seguir conversando con esa persona porque no te sientes escuchado. Algo similar ocurre con los hijos: se van sintiendo menos motivados a preguntar y van perdiendo el deseo por conocer, si no les mostramos que los escuchamos.

Aun cuando pueda ser desesperante contestar todas las preguntas que te hagan tus hijos, ¡hazlo! Si no sabes las respuestas es preferible investigarlas con ellos, que ignorarlos o decirles "¡cállate!".

2.3 El juego, una forma divertida para incrementar las habilidades de tu hij@

> Puedes enseñar a un estudiante una lección un día,
> pero si le enseñas a aprender creando curiosidad,
> continuará el proceso de aprendizaje durante toda su vida.
>
> Clay P. Bedford.

El psiquiatra D.W. Winnicott, en su obra *Realidad y juego*, señala: «Es en el juego y solo en el juego que el niño o el adulto como individuos son capaces de ser creativos y de usar el total de su personalidad, y solo al ser creativo el individuo se descubre a sí mismo».[8] Por ello, es fundamental fomentar el juego con los hijos, aun cuando no sean pequeños, quitarnos la pena, pintarnos, disfrazarnos o tirarnos al piso con ellos.

El juego es clave para que tus hijos favorezcan muchas de las habilidades cognitivas y no cognitivas. Pueden entrenar su razonamiento a través de juegos de mesa, construcciones y mediante el lenguaje; ejercitar su memoria mediante esos juegos de lenguaje y de mesa; favorecer su capacidad de atención con juegos de estrategia. Gracias al juego aprenden otras habilidades que les ayudan a relacionarse con los demás, a mejorar su autocontrol, la frustración, a tener mayor destreza, fuerza o resistencia, tal como lo señala el psicólogo Marc Giner en el libro *Mi hijo aprende jugando.*

HABILIDADES QUE SE OBTIENEN CON EL JUEGO		
		Tipos de juegos que ayudan a desarrollarlas
Cognitivas	Capacidad de atención	Juegos de mesa y estrategia
	Flexibilidad cognitiva	Juegos creativos
	Coordinación viso-manual	Juegos de construcciones
	Razonamiento abstracto	Juegos de mesa y de construcciones
	Razonamiento verbal	Juegos mediante el lenguaje
	Memoria	Juegos de lenguaje y de mesa
	Reflexividad	Juegos de mesa
Sociales	Liderazgo	Juegos de grupo
	Empatía	
	Habilidades de trabajo en equipo	
	Autocontrol	

[8] Winnicott, D. W. «Playing and Reality», Londres, Tavistock [Ed. cast.: *Realidad y juego*, Barcelona, Gedisa, 1982.] (1971), p. 80.

HABILIDADES QUE SE OBTIENEN CON EL JUEGO		
		Tipos de juegos que ayudan a desarrollarlas
Físicas	Coordinación motora gruesa	Juegos deportivos
	Agilidad	
	Destreza	
	Fuerza	
	Resistencia	
	Habilidades manuales	
	De coordinación de la mano con el ojo	
Fuente: Giner, Marc, *Mi hijo aprende jugando*, Larousse, Barcelona, 2010.		

El juego y la construcción de relaciones entre padres e hijos pueden tener efectos sustanciales en la calidad de vida futura.

James Heckman condujo una investigación realizada con otros académicos para analizar los efectos que tuvo una iniciativa en la que trabajadores de la salud visitaron durante dos años, una vez a la semana, a unos niños en situación de pobreza en Jamaica, y les enseñaron a sus mamás habilidades de crianza alentándolas a interactuar y jugar con sus hijos de manera que desarrollaran sus habilidades cognitivas y no cognitivas. Veinte años después descubrió que los ingresos laborales de aquellos niños, ya jóvenes, eran 42 por ciento más altos de lo que hubieran sido en una situación normal. Así, el juego y la construcción de relaciones entre padres e hijos pueden tener efectos sustanciales en los resultados a largo plazo mejorando la calidad de vida futura.

En general, la educación financiera no es algo que se enseñe en las escuelas y, aunque afortunadamente cada vez menos, en algunos casos se ve como una pérdida de tiempo. En 2019, hicimos un acuerdo con la Asociación de Bancos de México (ABM) y la Secretaría de Educación Pública (SEP) para llevar educación financiera a través de un juego a algunas escuelas preparatorias de la Ciudad de México. En el juego hay cinco personajes a los que se les asigna una cantidad específica de dinero ficticio según su edad. Cada personaje se enfrenta a decisiones de la vida real, acordes con su etapa de vida, que le hacen reducir o incrementar el dinero. Quien gana es quien más ahorra y los participantes, que pueden ser hasta quince, van anotando todos los ingresos y gastos que realizan, por lo que de forma sencilla aprenden a registrar las transacciones, a hacer un presupuesto y a conocer que entre más responsabilidades familiares se tienen, más gastos se pueden generar. El juego está diseñado para durar alrededor de una hora.

En una de las escuelas que visitamos, los alumnos de diferentes grupos llegaron a un auditorio en donde se concentrarían para jugar. Los profesores podían acompañar a sus alumnos o esperarlos en sus salones. Una maestra, un poco molesta, llegó con sus alumnos y nos dijo que ella solo permitiría que estuvieran quince minutos con nosotros y no la hora completa. Yo le pregunté a qué se debía eso. Ella respondió que lo que estábamos haciendo era una pérdida de tiempo. Brevemente le expliqué lo que los alumnos harían y lo que aprenderían a través del juego, lo cual era algo que difícilmente verían en alguna materia. A pesar de su molestia, me escuchó y me advirtió que observaría cómo se desempeñaban los alumnos y, que, si no le veía utilidad, se los llevaría. Así, pues, la profesora empezó a ver cómo se divertían los alumnos al jugar, a la vez que hacían algunas reflexiones como: "Ya entendí que es importante estar asegurado", "Ahora me queda claro que debo tener ahorros por si se presenta una emergencia", "Ya no vuelvo a gastar así en cosas innecesarias", "Tengo que pensar muy bien si voy a tener hijos pronto". Poco a poco, la maestra observó que los alumnos estaban realmente aprendiendo y los dejó concluir la actividad. Al final, nos agradeció el haber ido a su escuela y nos pidió información adicional que ella pudiera revisar en clase con sus alumnos.

No solo en los pequeños, como tradicionalmente se acepta, el juego puede tener un alto valor educativo y funciona muy bien en todos los niveles de enseñanza porque:[9]

- Facilita la adquisición de conocimientos.
- Dinamiza las sesiones de enseñanza-aprendizaje, mantiene y acrecienta el interés de niños y jóvenes ante ellas, y aumenta su motivación para el estudio.
- Fomenta la cohesión de grupos y la solidaridad entre iguales.
- Favorece el desarrollo de la creatividad, la percepción y la inteligencia emocional, y aumenta la autoestima.
- Permite abordar la educación en valores, al exigir actitudes tolerantes y respetuosas.
- Aumenta los niveles de responsabilidad de niños y jóvenes, ampliando también los límites de libertad.

En los siguientes capítulos encontrarás diferentes propuestas de actividades con juegos que te acercarán a tu hij@ y, al mismo tiempo, estimularán su educación financiera.

2.4 Deja grandes enseñanzas a tu hij@ con historias

> El aprendizaje es la experiencia adquirida en la tranquilidad.
>
> Charles Handy

A los seres humanos nos gusta escuchar historias porque podemos imaginar, reír, entristecernos o angustiarnos. Hay historias que pueden quedar en nuestra mente por mucho tiempo, incluso hasta pueden inducirnos a actuar de cierta manera.

Una historia que me ha ayudado a lo largo de mi vida y fue fundamental para sentar las bases de mi educación financiera me

[9] Cf. Bernabeu, Natalia y Goldstein, Andy, *Creatividad y aprendizaje. El juego como herramienta pedagógica, passim*, 2016. Editorial Narcea S.A. de Ediciones p. 47.

la contó mi papá. Él en su niñez tuvo muchas carencias; en ocasiones, no tenía qué comer y de niño casi siempre andaba descalzo. Vivió en esa etapa con sus dos hermanos (Rolando y Juan) y con mi abuelita Leonila que trabajaba lavando y planchando ropa para mantener a sus tres hijos, ya que fue madre soltera.

Una noche, después de jugar futbol en el patio de la casa, mi papá y yo nos sentamos a descansar en unos escalones que conducían al baño que se encontraba afuera de la casa y era de paredes y techo de lámina galvanizada. Mi papá puso su brazo en mi espalda y me dijo: —Juanito, te voy a contar la historia de John Rockefeller—. Yo me emocioné mucho y puse mucha atención porque mi papá nunca me había contado un cuento o alguna historia. Él me la contó tal y como se la sabía y nunca supe quién se la había platicado o cómo fue que la supo; lo cierto es que para mí fue muy importante. Esto fue lo que me relató:

«John Rockefeller era un niño muy pobre, así como nosotros, pero un día se le ocurrió recolectar piedras; las pintó y las vendió. Con el dinero que le pagaron compró chicles y los vendió más caros de lo que le habían costado. Con lo que ganó, compró otros dulces y los vendió todavía más caros. Así poco a poco fue ganando dinero y cuando era más grande hizo lo mismo con otras cosas como refrigeradores, autos, casas, etc., pues los compraba y los vendía por un precio mayor y así, años después dejó de ser pobre e incluso les pudo dar empleo a muchas personas. Con el tiempo llegó a ser el hombre más rico de todo el mundo».

En esa época yo tenía seis años y mi papá 38. Al escuchar el relato yo me imaginaba al niño John, quizá de mi edad, comprando y vendiendo, y pudiendo tener cada vez más bienes materiales; también me lo imaginaba sonriendo y dejando de ser pobre y de vivir angustiado. Sin quererlo, y quizá sin saberlo, mi papá me habló de ahorro e inversión, dos temas que a veces se nos complica entender y, todavía más, transmitirlos a nuestros hijos.

Ahí aprendí una gran lección que reforcé conforme crecía: hay formas en las que podemos hacer crecer nuestro dinero y ello nos puede ayudar a mejorar nuestro nivel de vida. En ese momento pensé: "Haciéndolo así, podemos tener una casa diferente, donde no entre el agua por el techo cuando llueva y donde no tengamos que mover las camas para no mojarnos".

Es importante que busques los momentos propicios para enseñar a tus hijos. No importa si son pequeños o adolescentes. Puedes influir mucho en ellos cuando están solos, como lo hizo mi papá conmigo, en espacios tranquilos y cuando hay una buena relación con ellos. Cuando hay confianza, lo que los padres les enseñan a sus hijos tendrá un significado muy importante para ellos; por el contrario, cuando la relación es tensa, el intento de enseñarles puede generar rechazo.

> Cuando hay confianza, lo que los padres les enseñan a sus hijos tendrá un significado muy importante para ellos.

Los hijos confiarán más en aquellos padres que cumplen cuando les prometen algo y que son coherentes entre lo que dicen y lo que hacen. Un hijo tendrá dudas de un padre desordenado que exija orden, o de un padre impuntual la puntualidad o de un padre fumador que pida a su hijo que no fume. Por eso, si quieres construir en tu hij@ algo que tú no tienes, lo mejor es que aprendan juntos.

2.5 Una selección para sembrar buenas ideas financieras en tu hij@

> Siembra en los niños ideas buenas, aunque no las entiendan. Los años se encargarán de descifrarlas en su entendimiento y de hacerlas florecer en su corazón.
>
> María Montessori

Fábulas para niños en preescolar y primaria

Las fábulas con moraleja contienen mensajes muy profundos que son fáciles de asimilar por lo que son muy útiles para la enseñanza. Gracias a ellas los niños y jóvenes pueden aprender que sus acciones pueden tener consecuencias importantes. A continuación, te presento una selección de fábulas que pueden ayudarte a darle enseñanzas financieras a tu hij@.

FÁBULA

La gallina de los huevos de oro

Un granjero descubrió un día que su gallina había puesto un reluciente huevo de oro. Al día siguiente fue a ver a su gallina y para su sorpresa nuevamente había puesto otro huevo de oro. Día tras día la gallina le daba a su dueño un fabuloso huevo de oro. Cansado de esperar todos los días, el granjero tuvo la idea de abrir a la gallina para obtener todo el oro de una vez. Al hacerlo se dio cuenta que por dentro la gallina era completamente normal, y se lamentó —¿Qué he hecho?—. Se había quedado sin su gallina que todos los días le daba un huevo de oro.

MORALEJA

Es importante cuidar tanto lo que se produce (los huevos) como los medios para producir (la gallina). Entre más saludables y más preparados estemos, más vamos a producir. Una de las cosas que producimos es el dinero, por lo que también es importante cuidarlo y ver posibilidades de que trabaje para nosotros.

FÁBULA

La cigarra y la hormiga

Era verano y mientras la hormiga ocupaba sus días trabajando, juntando comida y preparando su casa para no pasar frío en el invierno, la cigarra disfrutaba el clima jugando, bailando y cantando. La hormiga le propuso que ella también hiciera lo mismo, pero la cigarra le dijo: —¿Para qué? Ya veré qué hago—. Cuando menos lo pensó, el invierno llegó, caía nieve, hacía mucho frío y la cigarra tenía mucha hambre. La cigarra se dio cuenta de que, por no haber trabajado como lo hizo la hormiga, ahora estaba sufriendo.

MORALEJA

Es bueno prepararse para las situaciones difíciles. Si desde pequeños empezamos a ahorrar, de adultos estaremos mejor preparados y pasaremos mejor el "invierno".

FÁBULA

El león y el ratón

En una ocasión, varios ratoncitos se encontraban jugando. Uno de ellos mientras corría se alejó de sus amigos y sin darse cuenta tropezó con algo: era un enorme león, el cual, al haber sido despertado, tomó al pequeño ratón con una de sus garras y le dijo: —Por haber venido a molestarme, te voy a comer—. El ratoncito suplicó al león que no se lo comiera y le prometió que lo ayudaría en la primera oportunidad que tuviera. Al escuchar eso, el león soltó una enorme carcajada. —Jajajajajaja, ¿tú ayudarme a mí? —le dijo. De tanto reír soltó al ratón, el cual de inmediato corrió para ponerse a salvo.

Dos semanas después, el ratoncito se encontraba caminando y a lo lejos escuchó a alguien gritar: —Auxilio, auxilio—, era el león. El ratoncito de inmediato corrió hacia donde se encontraba el león, que estaba atrapado en una red que había puesto un cazador. El ratoncito con sus filosos dientes y con mucha paciencia comenzó a romper la red hasta que logró liberar al león.

FÁBULA

La paloma y la hormiga

Una hormiga estaba tomando agua en un arroyo cuando de repente la corriente la arrastró. Una paloma que se encontraba en una rama cercana observó la situación y desprendió de un árbol una ramita y la arrojó a la corriente; la hormiga se montó en ella y se salvó.

La hormiga, muy agradecida, le dijo a su amiga paloma que trataría de devolverle el favor, aunque siendo tan pequeña no sabía cómo ayudarla.

Unos días después, un cazador trataba de cazar a la paloma. La hormiga que se encontraba cerca corrió y picó al cazador en el pie, lo que hizo que soltara el arma. Así, la paloma voló rápidamente y se salvó.

MORALEJA

Las pequeñas acciones son importantes, pero a veces las tratamos como al ratón o a la hormiga. Por ejemplo, en ocasiones decimos: "Son unas cuantas monedas, no tiene caso ahorrarlas" o "¿Para qué voy a invertir si me van a dar bien poquito?". Pero a través de pequeñas acciones es como se generan los hábitos.

Los niños aun siendo pequeños pueden aportar grandes ideas. Es importante escucharlas y ponerlas en práctica.

FÁBULA

El niño y los dulces

Un niño descubrió un frasco de dulces en su casa. Metió la mano en el recipiente y tomó lo más que pudo, pero cuando intentó sacar la mano no lo logró debido a la cantidad de dulces que tenía. El niño intentaba e intentaba sacar su mano con todos los dulces y al no conseguirlo empezó a llorar. Un amigo le dijo: —Toma solo la mitad y verás que podrás sacar la mano—. De esta manera pudo hacerlo.

FÁBULA

Las moscas y la miel

Un día, de un panal de abejas se derramó mucha miel y varias moscas fueron volando para devorarla. La miel era tan dulce y deliciosa que las moscas no podían dejar de comerla. Sin darse cuenta, sus patas se fueron pegando en la miel, lo cual les impidió volar y la miel las empezó a absorber a tal punto que se ahogaron.

MORALEJA

A todos nos gustaría tener todos los productos que nos agradan. A veces nos dejamos llevar por el deseo de estrenar sin necesitar aquello que deseamos y terminamos metiéndonos en problemas. Es importante identificar lo que realmente es necesario y saber decir NO a lo que no lo es y que pueda complicar nuestra situación financiera.

Libros o cuentos para niños y jóvenes

Son muchos los beneficios que se obtienen de leer con los hijos, sin importar su edad: se fortalece la relación entre padres e hijos, se mejora la atención y el lenguaje, se ejercita la mente y se favorece la creatividad, se les inculca el gusto por la lectura y el deseo de aprender, lo que les abrirá muchas puertas en su vida futura. Aquí te dejo algunos ejemplos acerca del uso del dinero.

CUENTO/LIBRO
Los 3 cochinitos
La gallinita roja

TEMÁTICA
Estos clásicos nos permiten enseñarles a los niños la importancia de hacer bien nuestro trabajo y que todo esfuerzo tiene una recompensa.

EDAD RECOMENDADA
A partir de los tres años

CUENTO/LIBRO
Mon y Nedita. Mi primer libro de economía (Montse Junyent y Lucía Serrano)

TEMÁTICA
Mon y Nedita, dos ratoncitos, le quieren regalar un sombrero a su mamá por su cumpleaños. El libro contiene algunas actividades que los niños pueden realizar, como comparar precios, meter una tarjetita en un cajero simulado y saber cuánto dinero tienen; jugando pueden conocer que el cajero automático no da dinero si antes no hemos depositado en nuestra cuenta del banco. Los ratoncitos consiguen juntar dinero trabajando y ahorrando.

EDAD RECOMENDADA
A partir de los cuatro años

CUENTO/LIBRO
El libro del tesoro
(Autor desconocido)

TEMÁTICA
Una madre y su joven hijo eran muy pobres. Antes de morir, ella le regala un libro que contenía las instrucciones para llegar a un gran tesoro. El libro está en diferentes idiomas y contiene información de varias disciplinas que el joven tiene que aprender para seguir las instrucciones. Sin darse cuenta, la preparación que adquiere le permite tener cada vez mejores puestos de trabajo y una mejor posición económica. Con este cuento, los niños aprenderán la importancia de los conocimientos para ser ricos en sabiduría y en materia económica.

EDAD RECOMENDADA
A partir de los cinco años

CUENTO/LIBRO
Pillot y Pallot: cuentos de finanzas personales
(Alberto Carmona)

TEMÁTICA
Un día, dos amigos, el elefante Pillot y la jirafa Pallot empiezan a trabajar juntos recogiendo papas (patatas). Les podían servir para comer, para intercambiar por otros bienes, para comprar carretillas y recoger más o para guardarlas por si un día recogían menos o no podían trabajar. Pillot siempre guardaba algunas, Pallot se las comía o las intercambiaba.

Este cuento aborda de forma sencilla la importancia del ahorro y la inversión. (Está disponible en versión Kindle en Amazon).

EDAD RECOMENDADA
A partir de los siete años

CUENTO/LIBRO
Papelitos
(Hernán Casciari)

TEMÁTICA
En un pueblo tranquilo habitaban muchos vecinos. Uno de ellos se da cuenta que no había un bar y para ponerlo necesitaba diez mil monedas; como no las tenía, se le ocurre recortar mil papelitos y a quien comprara uno le ofrecería en dos meses doce monedas a cambio de las diez que pagaban en ese momento. Varios vecinos, incluso el alcalde, se dan cuenta que podían obtener de esta manera recursos para financiar sus proyectos. El pueblo deja de ser tranquilo y los vecinos empiezan a intercambiar papelitos. Nuevos negocios aparecen, como los que te ofrecen los seguros por si alguien no te cumple, o los que le ponen una calificación a los papelitos para que los vecinos guíen sus decisiones de compra.

De forma entretenida niños y jóvenes podrán comprender cómo funcionan las bolsas de valores en el mundo.

EDAD RECOMENDADA
A partir de los ocho años

CUENTO/LIBRO

Mi primer libro de economía, ahorro e inversión
(María Jesús Soto)

TEMÁTICA

Nico de diez años y Carol de doce empezaron a obtener su primera paga semanal y se preguntan qué podían hacer con su dinero. De esta forma descubren (a través de explicaciones simples, ejemplos e ilustraciones) cómo se inventaron las primeras monedas y billetes, y conocen conceptos como presupuesto, inflación, ahorro, globalización, inversión, entre otros.

EDAD RECOMENDADA

A partir de los doce años

CUENTO/LIBRO

Acres de diamantes
(Russell H. Conwell)

TEMÁTICA

Todos tenemos un potencial que puede hacernos ricos y frecuentemente nos empeñamos en buscar tesoros exteriores que pueden distraernos de lo esencial. A través de diferentes historias, Russell Conwell muestra cómo en ocasiones no reconocemos nuestra riqueza aun cuando puede estar más cerca de lo que pensamos. Si exploramos un poco, podemos descubrir nuestros propios "acres de diamantes" y es responsabilidad de cada uno de nosotros encontrarlos.

Este gran libro, de pocas páginas, nos ayuda a descubrir que la auténtica grandeza consiste en hacer grandes cosas con medios escasos, y en alcanzar las más elevadas metas partiendo de donde estemos.

EDAD RECOMENDADA

Adolescentes y adultos

CUENTO/LIBRO

El hombre más rico de Babilonia
(George S. Clason)

TEMÁTICA

Es un libro muy ameno, escrito en 1926, que narra la historia de Arkad, de origen humilde, quien al aplicar ciertos principios llegó al ser el hombre más rico de Babilonia. El personaje principal les cuenta a unos amigos los pasos que siguió para encontrar el camino de la riqueza y, de forma sencilla introduce elementos relevantes de las finanzas personales como ahorrar al menos 10 por ciento de lo que se gana y hacer que el dinero gane dinero.

EDAD RECOMENDADA

Adolescentes y adultos

2.6 Algunos multimillonarios pueden inspirar a tu hij@

> No es lo que hacemos de vez en cuando lo que da forma a nuestras vidas, es lo que hacemos consistentemente.
>
> Tony Robbins

Si un niño sueña con ser astronauta, bombero, piloto de avión, escritor, futbolista, pintor o científico es porque de alguna forma supo que ellos existían. Los ejemplos son fundamentales para las aspiraciones. Difícilmente alguien va a aspirar a algo que desconoce o no sabe que existe.

> Los ejemplos son fundamentales para las aspiraciones. Difícilmente alguien va a aspirar a algo que desconoce o no sabe que existe.

De niño, yo supe que era importante tener estudios universitarios para dejar de ser pobre porque tuve el ejemplo de mi tío Juan Ordaz Ramírez, hermano de mi papá, y de quien llevo su nombre, mi papá generalmente me hablaba de él. Mi tío, al terminar la primaria con ayuda de un sacerdote y un médico, se trasladó de Huejutla, Hidalgo, a una ciudad llamada Morelia e ingresó al Seminario para prepararse como sacerdote, aunque no logró concluir por cuestiones económicas. Ahí adquirió el gusto por estudiar y ser disciplinado. Tenía el deseo de ver mejor a su mamá, quien la mayor parte de su vida trabajó lavando y planchando, y empezó de ayudante en un taller donde reparaban radios, después trabajó zurciendo zapatos, luego se dio cuenta de lo importante que era seguir estudiando para tener un mejor trabajo. Logró terminar a los veinte años la secundaria mientras seguía trabajando, después concluyó una carrera técnica en electrónica y posteriormente la carrera de ingeniería electromecánica. Así logró tener un buen trabajo como ingeniero en *Ford Motor Company* donde permaneció veintiún años y después formó su propia compañía donde daba soporte a varias empresas y empleo a más de veinticinco personas. Una frase que él tradicionalmente decía es: «Hay muchas oportunidades, pero solo están disponibles para quien está preparado para recibirlas». Poco antes de fallecer y cuando platiqué con él sobre este libro me la repitió.

Las aspiraciones van a depender de experiencias cercanas y de los ejemplos con los que podamos relacionarnos. Para forjar aspiraciones hay que estar abiertos a algo a lo que podamos aspirar porque es necesario que sea percibido como posible.[10]

Algunas personas que en su niñez fueron pobres o vivían en una familia de clase media, de adultos llegaron a ser multimillonarios y a generar muchos empleos. Si los niños y jóvenes conocieran estas historias podrían aspirar a ser alguien así. Aquí te presento algunos casos que podrían inspirar a tu hij@.

Oprah Winfrey

Presentadora de programas de televisión, actriz, escritora, productora y filántropa, mejor conocida por *The Oprah Winfrey Show*, el programa de entrevistas más visto en la historia de la televisión, que condujo de 1986 a 2011. Ha sido clasificada por la revista *Forbes* como la persona afroamericana más rica del siglo XX; en diferentes evaluaciones se la ha considerado como la mujer más influyente del mundo. En 2005, la revista *Business Week* la denominó la mejor filántropa afroamericana de la historia de los EUA; y en 2013 el presidente Barack Obama le otorgó la Medalla Presidencial de la Libertad.

Su infancia fue muy difícil. Hija de padres separados, los primeros años de su vida los pasó bajo el cuidado de su abuela en una zona rural, donde vivían en condiciones de pobreza tan extremas, que se vestía con prendas fabricadas con sacos para papas.

A los seis años, Oprah fue enviada a Milwaukee con su mamá, donde viviría los horrores más tormentosos de su vida, entre los nueve y catorce años, al ser víctima de abusos sexuales continuos por parte de familiares y amigos de su mamá,

---

[10] Cf. Chacón, Armando y Peña, Pablo, *Cómo cambiar historias*, 2015 p. 56. Fondo de Cultura Económica.

quedó embarazada. Su hijo nació prematuramente y murió poco después del nacimiento.

Su padre, Vernon Winfrey, le ayudó a cambiar su vida. Se fue a vivir con él durante su adolescencia y le enseñó a ser disciplinada, la orientó, la motivó, le hacía leer un libro cada semana y escribir un informe acerca del mismo. Así empezó a elevar su autoestima, a tener mejores aspiraciones y a convertirse en una excelente estudiante. En la preparatoria formó parte del cuadro de honor y ganó un concurso de oratoria.

A los diecinueve años empezó a trabajar como reportera en una estación de radio de Nashville y posteriormente entró a la Universidad de Tennessee, donde incluso ganó diversos concursos de belleza. A los veintidós años, Oprah se trasladó a Baltimore, donde se convertiría en presentadora del programa de televisión *People are talking* durante ocho años. Más tarde, una cadena de Chicago le ofrecería convertirse en la anfitriona de su propio programa *AM Chicago*, el cual más tarde sería rebautizado como *The Oprah Winfrey Show* (El Show de Oprah Winfrey). Actualmente tiene su propio canal de televisión *Oprah Winfrey Network* (OWN).

Para Oprah Winfrey aquello en lo que crees es en lo que te conviertes. Tus creencias determinan tus realidades porque tus creencias te impulsan a actuar de una u otra manera; creencias estimulantes dan lugar a comportamientos ganadores. La clave está en transformar todos esos pensamientos negativos diarios que nos boicotean en pensamientos positivos.[11]

Carlos Slim

Este empresario mexicano es uno de los hombres más ricos del mundo, según la revista *Forbes*. Sus diferentes negocios tienen que ver con la vida diaria de un gran número de mexicanos y de muchas personas en otros países. Sus conocimientos financieros no los adquirió en escuelas internacionales reconocidas por

---

[11] Cf. Alcaide, Francisco, *Aprendiendo de los mejores. Tu desarrollo personal es tu destino, passim*. 2016. Editorial: Planeta p. 242.

su enfoque en los negocios, sino que estudió ingeniería civil en la UNAM, la principal institución pública de educación superior en México, y obtuvo herramientas empresariales desde muy pequeño gracias a las enseñanzas de su padre.

Siendo un niño, su papá le dio las primeras lecciones financieras a él y a sus hermanos, ya que cada determinado tiempo les daba una cantidad de dinero de la que podían disponer para gastar, ahorrar o invertir. Todos los movimientos que hicieran con ese dinero los tenían que registrar en una libreta y semana a semana la revisaban con su papá, quien los orientaba para que administraran adecuadamente su dinero. De esta forma, Carlos Slim y sus hermanos llevaban sus balances personales e iban viendo cómo se desarrollaba su propio patrimonio.

Desde entonces, para Carlos Slim la inversión y el ahorro se volvieron parte de su vida, y elevaron sus conocimientos financieros, lo cual le permitió abrir su primera chequera y comprar acciones del Banco Nacional de México con tan solo doce años. Todo esto le permitió tener una preparación práctica en el mundo de las inversiones y a los veinticuatro años abrió una casa de bolsa; un año después comenzó a construir el conglomerado sobre el que hoy se estructuran sus negocios, Grupo Carso, al adquirir diferentes empresas industriales.

De acuerdo con Slim, la austeridad es fundamental para construir empresas sólidas. No se trata de no gastar, sino de gastar con sentido común y prudencia; la austeridad no tiene que ver con ser tacaño, sino con no derrochar. Vivir holgadamente no consiste en tirar el dinero.[12]

Warren Buffet

Warren Buffett es uno de los inversores más exitosos de todos los tiempos y también está en la lista de los hombres más ricos del mundo de acuerdo con la revista *Forbes*. Dirige *Berkshire*

---

[12] p. 67.

Hathaway que posee más de sesenta compañías y ha hecho importantes donaciones a causas sociales.

Si bien estudió en la escuela de negocios de la Universidad de Columbia, donde fue alumno de Benjamin Graham y de quien aprendió muchas reglas para la inversión, su padre fue fundamental para despertar ese tema.

El padre de Warren, Howard Buffett, era un corredor de la bolsa de valores en Omaha, Nebraska, hasta que un día llegó a casa y le dijo a su familia que el banco donde trabajaba había cerrado y que se había quedado sin empleo. El abuelo de Warren tenía una tienda de abarrotes que les permitió sostener a la familia mientras Howard se recuperaba económicamente y fundaba, además, su propia compañía y seguía creciendo profesionalmente, logrando ingresar a la política y ser congresista.

Desde niño, Warren aprendió de su papá el valor del dinero y a emprender, así como otras cualidades como la constancia y la paciencia. Desde los seis años empezó a hacer negocios; el primero fue comprar un paquete de coca-colas para después revenderlas. A los once años ya había invertido en el mercado de valores; él y su hermana Doris compraron tres acciones de la petrolera *Cities Service Company*, las cuales vendieron rápidamente ya que tan pronto las adquirieron su precio cayó, pero poco después la acción de dicha empresa se dispararía. Así aprendió que en el mundo de las inversiones es importante ser pacientes.

Warren Buffet nos enseña que todo proceso de cambio y mejora personal exige determinación, voluntad y paciencia. La constancia es lo que permite conquistar aquellas metas que anhelamos.

John D. Rockefeller

Se le considera como la persona más acaudalada que ha existido en la historia de la humanidad. Fue un empresario, inversionista, industrial y filántropo estadounidense que generó inversiones en la industria petrolera al punto de monopolizarla. Fundó la *Standard Oil Company,* de la que fue presidente, con esta empresa llegó a controlar más de 90 por ciento del mercado en los EUA y sostuvo monopolios enteros en forma de inversiones en múltiples países. También creó la Universidad de Chicago y la Universidad Rockefeller.

Provenía de una familia de bajos recursos. A su padre, quien era un médico ambulante que ofrecía de casa en casa las medicinas que preparaba, le debe que lo entrenara en desarrollar un sentido de la practicidad debido a que estuvo relacionado con algunos negocios sobre los cuales le hablaba y también le enseñó principios comerciales. De su madre aprendió a ser disciplinado.

Desde niño empezó a ganar dinero, a ahorrar e invertir; todos sus ingresos y gastos los anotaba en una libreta. A los siete años, con apoyo de su mamá, alimentó unos pavos y los vendió. También vendía piedras que él pintaba o caramelos que embolsaba. El dinero que obtenía lo guardaba en una alcancía y hubo ocasiones en las que le llegó a prestar dinero a su papá o a sus vecinos. Al recibir su dinero de vuelta junto con una cantidad adicional que él cobraba como interés, aprendió lo importante que era hacer que el dinero trabajara para él y no él por el dinero.

Estudió en una escuela comercial en Cleveland y a los dieciséis años obtuvo un trabajo como ayudante de contabilidad en un comercio mayorista que también compraba y administraba bienes raíces. Por sus primeros tres meses de trabajo recibió cincuenta dólares. Después de un año, llegó a ser el contador de la empresa. Ahí aprendió mucho acerca de negocios.

A los dieciocho años le pidió mil dólares prestados a su papá y este se los dio con un interés de 10 por ciento. Con eso, sus ahorros y un socio fundaron la firma *Clark & Rockefeller,* y empezó a ganar grades sumas de dinero. En 1860, se asoció con un grupo de personas para abrir una pequeña refinería de petróleo. En 1865, estableció la firma *Rockefeller & Andrews* que marcó su inicio a gran escala en el negocio petrolero. La empresa creció con gran rapidez y empezó a comprar las mejores y más grandes refinerías de los EUA.

En 1967, incorporó a más socios para formar la *Standard Oil Company* con la que llegaría a hacer la mayor parte de su fortuna y posteriormente se involucraría en otros negocios como ferrocarriles, acero y transporte naval.

Rockefeller consideraba que quienes logran hacer una gran fortuna es porque brindan un gran servicio a la comunidad y que gastar por gastar no constituye ninguna forma de placer. La mejor forma en que los ricos pueden obtener placer de su dinero es cultivando el gusto por dar, gastando su dinero donde puede surtir un efecto positivo.[13]

Clement Stone

Escritor, empresario y filántropo que fundó la compañía de seguros *Combined Insurance Company of America*. Es autor de diferentes libros como *El sistema infalible para triunfar*, *Creer y Lograr* y *La actitud mental positiva* (junto con Napoleón Hill).

William Clement Stone en sus primeros años creció en un vecindario pobre en la zona sur de Chicago. Su padre murió cuando él tenía tres años. Su mamá fue su gran ejemplo. Ella trabajaba como costurera y él desde los seis años vendía periódicos. A los trece años ya era dueño de su propio puesto de venta de periódicos. A los veinte años pidió prestados cien dólares, se mudó a Chicago, alquiló un espacio de escritorio por veinticinco al mes y estableció una agencia de seguros bajo el nombre de *Combined Registry Company*. A sus veintiocho años daba empleo a mil agentes que vendían seguros por todos los EUA. Clement Stone continuó con el crecimiento de su compañía. En 1939, compró la compañía *American Casualty Company* en Texas y en 1963 se expandió a Europa.

---

[13] Rockefeller, J. *Autobiografía de un titán. Autobiografía de un titán: John D. Rockefeller y los secretos de su imperio*, Ediciones Meyo, Edición Kindle, 2019, p. 136.

Para tener éxito, Stone consideraba que era importante seguir estos pasos:

1. De la inspiración a la acción,
2. pericia, y
3. conocimiento de la actividad.

Clement Stone recuerda un incidente cuando quiso vender periódicos en un restaurante, lo que fue el comienzo de su carrera de éxito: «Yo estaba nervioso, pero entré a toda prisa y tuve la fortuna de hacer una venta en la primera mesa. Después, las personas que estaban en la segunda mesa compraron periódicos. Pero cuando me dirigía a la cuarta mesa, el Sr. Hoelle me sacó por la puerta principal. Sin embargo, yo había vendido ya tres periódicos, así que cuando el Sr. Hoelle estaba ocupado, volví a entrar y me acerqué a la cuarta mesa. Parece que al jovial cliente le agradaron mis agallas, me pagó el periódico y me dio 10 centavos adicionales antes de que el Sr. Hoelle me sacara de nuevo a empujones. Pero yo ya había vendido cuatro periódicos y además había recibido un bono de 10 centavos. Una vez más, entré al restaurante y empecé a vender. Se escucharon risas. Los clientes estaban disfrutando la función. Uno de ellos dijo: —Déjalo ser— cuando el Sr. Hoelle se acercaba a mí. Cinco minutos después, yo ya había vendido todos mis periódicos».[14]

Con esa experiencia, Stone aprendió que la pericia se adquiere mediante intentos y errores seguidos de reflexión personal acerca de lo que funcionó.

Richard Branson

Está en la lista de personas más ricas del mundo de la revista *Forbes*. Es un empresario reconocido por su marca Virgin, un conglomerado multinacional que agrupa a casi cuatrocientas empresas de diferentes sectores.

[14] Hill, Napoleón y Judith Williamson, *Tan bueno como el oro*, 2014 p. 84. Editorial Grupo Editorial Tomo.

Proviene de una familia de clase media. Su madre fue azafata y, su padre, abogado. En uno de los artículos que escribe en su blog[15] agradece haber tenido padres alentadores que, en lugar de bloquear y aplastar su curiosidad, le permitieron resolver las cosas por su propia cuenta. ¿Qué consejos da a todos los padres? Que no pierdan el sueño por un niño testarudo y decidido: su determinación podría llevarlo a un mundo de gran éxito. Con demasiada frecuencia se les imponen restricciones a los niños. Los adultos lo hacen para mantener a los niños seguros, "protegiéndolos" del daño asociado con el fracaso. Richard considera que ello es un gran error. Cuanto más se les diga a los niños que no pueden hacer algo, más perderán su curiosidad, determinación y sed de exploración.

De su madre tuvo el ejemplo del emprendimiento; ella hacía cajas de pañuelos de papel de madera y papeleras para vender en tiendas con la finalidad de complementar los ingresos de su papá. También le ponía retos a Richard para que se diera cuenta de lo que era capaz. Una vez, cuando tenía cuatro o cinco años, detuvo el auto camino a su casa, lo hizo salir y le dijo que encontrara el camino de regreso a casa. Al principio se perdió, pero finalmente llegó.

Era disléxico y no tuvo un buen desempeño académico. A los quince años tuvo la idea de comenzar una revista estudiantil entre escuelas. Su padre no se opuso a que dejara la escuela a los dieciséis años, lo apoyó. Se lanzó con su proyecto y superó su dislexia en el proceso. Fue una buena experiencia comercial para él.

A los veinte años comenzó su segundo negocio; una compañía discográfica minorista de pedidos por correo llamada Virgin Mail. A los veintitrés años, Branson amplió sus intereses comerciales y estableció Virgin Records; a través de esta empresa se grabó un álbum con la canción "Tubular Bells" y el disco se convirtió en la banda sonora de la clásica película de

[15] https://www.virgin.com/richard-branson/.

terror *The Exorcist*. En 1984, estableció una aerolínea internacional llamada Virgin Atlantic Airways Limited y con el tiempo se convirtió en la tercera aerolínea transatlántica más grande del mundo. En 2004, fundó Virgin galactic con el objetivo de ofrecer viajes espaciales, él fue uno de los tripulantes en el primer viaje de que realizó su compañía en julio de 2021.

Para Branson no es adecuado emprender solamente para hacer dinero; si ese es el único fin, el barco acabará hundiéndose. Las empresas más sólidas que transforman los mercados y la vida de las personas son las que parten de un porqué motivador que las lleva a intentar cambiar el mundo.

Jeff Bezos

Es el hombre más rico del mundo; fundador de Amazon, se ha convertido en el primer millonario de la historia en alcanzar la barrera de las doce cifras, según la lista anual que publica la revista *Forbes*. En diciembre de 1999 fue nombrado "el personaje del año" por la revista *Time*.

Jeff Bezos nació en enero de 1964 en Albuquerque, Nuevo México. Su madre, Jacklyn Gise, tenía diecisiete años y pronto se separó de su padre biológico por lo que Jeff no lo conoció. Miguel «Mike» Bezos, de origen cubano y que trabajaba en Exxon como ingeniero, se casó con Jacklyn cuando Jeff tenía cuatro años y lo adoptó oficialmente.

Su padre Mike, un hombre que trabajó fuertemente para prepararse y obtener su carrera, y su abuelo Lawrence Preston Gise, que era un hombre de ciencia, serían las dos grandes influencias para Jeff. Así fue como las computadoras, la electrónica, los cohetes espaciales y la ciencia formaron el núcleo de su carácter y sus intereses. Desde niño mostró habilidades para la mecánica. Muy pequeño desmontó su cuna con un desarmador ya que quería dormir en una cama de verdad.

Entre sus cuatro y dieciséis años pasó la mayoría de los veranos en la granja de su abuelo. A su lado estimuló su ingenio mientras tenían que ayudar a las vacas a dar a luz, suturar animales o crear sus propias herramientas.

Mientras estaba en el bachillerato empezó a trabajar de medio tiempo en McDonald's, pero a los pocos días renunció y creó un campamento de verano en el que buscaba incentivar la lectura y la ciencia. Costaba seiscientos dólares y consiguió que seis niños se inscribieran. En el bachillerato fue el mejor alumno de su clase; luego, estudió Ingeniería Eléctrica e Informática en la Universidad de Princeton.

Después de graduarse, empezó a trabajar en una compañía de fibra óptica (FITEL) donde trabajó en el desarrollo de sistemas informáticos. Más tarde, entró al mundo de las finanzas en Bankers Trust, donde alcanzó la posición de vicepresidente en tan solo dos años. Posteriormente, se incorporó a D.E. Shaw, en Wall Street. Ahí se dio cuenta de cómo crecía el uso de internet e hizo una lista de lo que se podía vender por ese medio y vio que el negocio de la venta de libros era una opción muy viable. Así fue como se lanzó a hacer su propio proyecto.

En 1995, fundó una librería online llamada cadabra.com y su sede era el garaje de una casa que Bezos alquiló junto con su esposa en Seattle. Poco tiempo después de poner en marcha el negocio, decidió rebautizarlo con el nombre de Amazon. En julio de 2021, cumplió el sueño de viajar al espacio a bordo de la nave construida por su empresa Blue Origin, que ofrece turismo espacial.

Trabajar duro y divertirse no son cosas incompatibles de acuerdo con Bezos. Cuando se fusionan ocio y negocio, trabajo y placer, pasión y disfrute es posible hacer historia. Es necesario trabajar para comer, pero el trabajo debe ser algo más.[16]

---

[16] Alcaide, Francisco. *Op. cit.*, p. 158.

Algunas lecciones que podemos aprender de los personajes anteriores

- Todos ellos empezaron a ganar dinero desde temprana edad involucrándose en actividades comerciales. Tuvieron la experiencia de recibir dinero, de saber cómo se gana.
- Aprendieron de personas que les enseñaron acerca del dinero (en la mayoría de los casos fueron los padres).
- Aprendieron a invertir desde muy jóvenes.
- Tuvieron facilidades para echar a andar su creatividad, ya fuera por el ejemplo o la motivación de quienes los educaron o por circunstancias a las que se enfrentaron.
- Todos se dieron cuenta de que podían realizar cosas importantes, creyeron en ellos mismos, se crearon aspiraciones y se plantearon metas ambiciosas.
- Tuvieron determinación, orden y disciplina.
- Cuando usaron préstamos fue para invertir, no para consumir.
- Administraban bien el dinero y buscaron generarse diferentes fuentes de ingreso.

En suma, lograron consolidar los tres pilares de la riqueza financiera; es decir, desde temprana edad aprendieron a disfrutar el trabajo (pilar 1). De adultos no trabajan por dinero, pues no lo necesitan; su motor es la pasión, el trascender, el ayudar a otras personas, entre otros factores. Desde pequeños adquirieron habilidades para administrar adecuadamente el dinero (pilar 2); llevaban un registro de lo que ganaban y lo que gastaban, sabían cómo ahorrar, cómo gastar y cómo proteger su patrimonio. Supieron cómo hacer crecer su dinero (pilar 3) y cuando se endeudaron fue para ese propósito.

IDEAS PARA LLEVAR

Algunas ideas para fomentar las habilidades cognitivas en tu hij@:

» Mediante juegos como los de construcciones; atar y desatar lazos, lanzar objetos intentando dar en el blanco, recortar con tijeras, abrochar y desabrochar botones, puede favorecer la coordinación viso-manual.

» Para estimular el desarrollo del razonamiento verbal puede realizar crucigramas, sopas de letras, adivinanzas, trabalenguas, juegos con sinónimos y antónimos, con palabras homófonas, homónimas y parónimas; construir familias de palabras o buscar palabras derivadas.

» Los ejercicios matemáticos, de lógica y otros que ayuden a organizar y analizar información como crucigramas, rompecabezas, sudokus y acertijos le pueden ayudar a favorecer la reflexión cognitiva.

» Para fortalecer la memoria que realice juegos de memoria (de mesa o de lenguaje) y converse regularmente sobre lo que se soñó o hizo un día previo.

» Puede trabajar el razonamiento abstracto mediante juegos de lógica.

» Juegos de estrategia como ajedrez, dominó, cubo de Rubik, damas chinas, juegos de cartas, le ayudarán a favorecer la capacidad de atención y el razonamiento abstracto.

» Para trabajar en la flexibilidad cognitiva es recomendable hacer ejercicios donde tenga que escoger entre diferentes opciones de respuesta, jugar usando metáforas, resolver problemas cotidianos generando nuevas alternativas, armar diferentes palabras con ciertas letras, y realizar juegos creativos.

- Escribir a mano le puede ayudar a fomentar varias de las habilidades cognitivas.
- Aprender cosas nuevas, complejas, difíciles también favorece el desarrollo de diferentes habilidades cognitivas.

Algunas ideas para fomentar las habilidades no cognitivas en tu hij@:

- Dale tiempo de calidad a tu hij@.
- Pídele su opinión o consejo en ciertas situaciones y hazle preguntas para favorecer el pensamiento crítico.
- Establécele retos para generar ideas e incentivar el ingenio. ¿Cómo podría resolver ciertas problemáticas de forma sencilla haciendo que las personas actúen? Por ejemplo, en Londres colocaron unos contenedores en rejas y paredes donde invitan a los fumadores a votar con sus colillas de cigarro por quien es el mejor jugador de futbol soccer, y así evitan que las tiren en las calles; en algunos países pintan las fachadas de los negocios con imágenes de niños y así evitan que las vandalicen; en el metro de la ciudad de México pusieron unas líneas pintadas de amarillo en el piso y las personas se forman para abordar los vagones.
- Ayúdale a estimular el deseo por experimentar y conocer para encontrar lo que les apasiona.
- Que lea libros constantemente.
- Impulsa la generación de hábitos adecuados en casa para fomentar la disciplina y el manejo adecuado de los impulsos y emociones en tu hj@.
- Incentiva en casa un ambiente adecuado para favorecer estados emocionales activos y positivos.
- Reflexionen en casa sobre los errores como oportunidades para aprender.

- Sé ejemplo de perseverancia en tu hij@. Muéstrales que tú también te equivocas y que, aunque no siempre logras todo a la primera, continuas.
- Reconoce el proceso y el esfuerzo más que el resultado para facilitar la perseverancia en tu hij@.
- Conozcan historias de personas ejemplares para formar aspiraciones.
- Reconozcan en casa los talentos propios y busquen fortalecerlos.
- Visita museos con tu hij@ en donde pueda dar su visión de alguna obra determinada.
- Juega con tu hij@ a darle un uso distinto a ciertos objetos de la casa; un clip, un tenedor, un gancho, por ejemplo.
- Invítalo a que proponga qué se puede crear a partir de objetos que no tienen relación, así como a alguien se le ocurrió juntar muebles con café.
- Ofrécele situaciones donde tenga que decidir para ayudarle a mejorar su autoestima y a saber tomar decisiones.
- Fomenta la gratitud con el ejemplo y anímale a ayudar a los que necesitan.

3

PILAR 1. LA ATRACCIÓN DEL DINERO

> Solo la propia y personal experiencia hace al hombre sabio.
>
> SIGMUND FREUD

La mente es la mejor herramienta para hacer que el dinero llegue a nosotros y dependerá de cómo se le alimente lo que se podrá lograr con ella. T. Harv Eker en su libro *Los secretos de la mente millonaria* señala que los adultos tienen un patrón financiero; es decir, su modo de ser en relación con el dinero consta de información o programación recibida desde niños a partir de lo que hayan escuchado, visto y experimentado en relación con el dinero. Los padres son una influencia importante en esa programación o condicionamiento.

Si los hijos lo que escuchan en casa principalmente acerca del dinero son expresiones negativas como "los ricos son malos", "está podrido en dinero", "me mato trabajando para traer dinero a la casa", "el dinero es sucio", "el dinero cambia a las personas", "el dinero es el origen de todos los males", "el cochino dinero", "los ricos son unos tacaños y por eso tienen dinero", "solo lo quieren por su dinero", "soy pobre pero honrado" en su subconsciente se arraigará la idea de que no es bueno tener dinero y, de adultos,

> La mente es la mejor herramienta para hacer que el dinero llegue a nosotros.

lidiarán entre la elección de tenerlo para alcanzar un mejor nivel de vida y no tenerlo porque es malo, lo cual limitará sus posibilidades de conseguirlo.

Algunas de las frases anteriores son en realidad justificaciones. A los adultos nos cuesta reconocer nuestros errores y, para no sentirnos mal por no lograr algo, nos justificamos. Por ejemplo, al decir "los ricos son malos" o "los ricos son tacaños" alguien puede justificar que no es rico porque no es malo o tacaño.

Te sugiero hacer el siguiente ejercicio para trabajar en tus creencias sobre el dinero, el cual también me compartió mi amiga Miriam Armenta.

EJERCICIO 2

Cuestionando mis creencias acerca del dinero

Las creencias son ideas que se alojan en la mente y que las personas asumimos como verdaderas acerca de una situación, otras personas, algún objeto, entre otras. Pueden ser producto de nuestra experiencia personal o bien podemos aprenderlas cuando alguien nos comparte su visión de algo en particular y lo integramos a nuestro inventario personal, muchas veces sin cuestionarnos si esa creencia nos sirve o funciona.

Nuestro comportamiento se nutre de creencias y valores que conforman nuestra visión del mundo. Con el tiempo, esto puede cambiar según como crezca nuestra experiencia. Es posible que algunas de nuestras creencias no estén actualizadas y eso nos lleva a que no logremos un funcionamiento óptimo en diferentes aspectos de nuestra vida, incluyendo el financiero.

¿Alguna vez has reflexionado cuáles son las creencias que tienes respeto al dinero?

¿Cuáles de tus ideas pudieran estar obstaculizando el logro de tu prosperidad en el aspecto financiero?

Te propongo el siguiente ejercicio:

- Identifica alguna idea que tienes relacionada al dinero y escríbela.
- ¿Cuándo, con quién o cómo la aprendiste?

- ¿Consideras que esta idea es acorde con tu forma de vida? ¿Te es útil actualmente?
- ¿En qué ocasiones te ha favorecido tener esta creencia?
- ¿En qué ocasiones te ha perjudicado creer esto?

A continuación, replantea tu creencia en un enunciado corto que sea congruente con tu perspectiva de vida actual y tus objetivos financieros.

Repite este ejercicio con todas las creencias que tienes acerca del dinero y recuerda que en las primeras etapas de desarrollo de tus hijos tú eres el principal modelo de quien aprenden y se inspiran. Tu forma de ver el mundo les servirá para ir desarrollando su propia perspectiva.

El 25 de junio de 2005 México jugó contra Argentina por el pase a la final de la Copa Confederaciones y perdió en penaltis. Al día siguiente abordé un taxi, y el taxista estaba muy molesto por el resultado: —¿Cómo es posible que México siempre pierda en penales? Los de la selección son unos mediocres. ¿Y todo lo que ganan? Si yo ganara eso no fallaría—, fue lo que me dijo; reflexioné un poco y le pregunté: —¿Y por qué usted no gana lo que ellos?— Se quedó pensativo y me dijo: —Pues... no he tenido suerte—. Gran parte de nuestra situación económica de adultos será resultado de lo que hicimos o dejamos de hacer, de las acciones que tomamos para ganar dinero, de cómo lo administramos y de lo que hicimos para que se multiplicara. Si nosotros no asumimos la responsabilidad de nuestras propias finanzas poco podemos hacer por mejorarla.

Lo que los padres hagan con el dinero será el principal modelo de referencia para los hijos, pues a partir de ahí formarán muchos de sus hábitos y actitudes hacia el dinero. Si los padres tienen convicciones negativas acerca del dinero, limitarán las posibilidades de bienestar financiero en sus hijos. Tener una relación positiva con el dinero es esencial

Si alguien experimenta cómo se gana dinero hasta una edad adulta, habrá perdido años valiosos para darse cuenta de lo que es capaz.

para la prosperidad económica. La información contenida en este libro le ayudará a tu hij@ a ir construyendo de forma adecuada esa relación y por supuesto también te servirá a ti. Un paso relevante es saber ganar dinero.

Si alguien experimenta cómo se gana dinero hasta una edad adulta, habrá perdido años valiosos para darse cuenta de lo que es capaz; habrá desperdiciado una etapa donde generalmente su perseverancia, creatividad, curiosidad y optimismo están en niveles máximos y se pueden potenciar con mayor facilidad.

3.1 La construcción del pilar 1

> Es más fácil construir niños fuertes que reparar hombres rotos.
>
> FREDERICK DOUGLAS

Habilidades para atraer dinero

El pilar 1 se cimienta formando las habilidades para atraer dinero y aplicarlas lo mejor posible. Principalmente, muchas de ellas se construyen a través de la educación, y para aprovechar la oferta educativa de las escuelas de forma adecuada las habilidades que se adquieren en casa serán fundamentales.

> Si se sabes a dónde quieres llegar, buscarás los caminos para hacerlo.

Las aspiraciones que se forman a través de los ejemplos de otras personas, el saber que uno tiene capacidades para estudiar y desde luego el financiamiento serán los factores principales que incidirán en alcanzar el mayor nivel académico posible. Por lo regular, los padres con poca educación e ingresos bajos estarán en desventaja para dar más educación a sus hijos y por tanto les darán menos posibilidades de tener más ingresos a futuro.[17] En ese caso, mi sugerencia es que trabajen

[17] Cf. Chacón, Armando y Peña, Pablo, *Op. cit.*, 2015 p. 50.

en la construcción de aspiraciones, mostrándoles ejemplos a sus hijos de personas con condiciones similares a las suyas que lograron destacar, de esta manera se conseguirá introducir fuertemente en ellos la idea de aspirar alto. Si sabes a dónde quieres llegar, buscarás los caminos para hacerlo. Si los hijos se forman aspiraciones altas tocarán las puertas necesarias para conseguir el financiamiento requerido, en caso de no tenerlo.

Un ejemplo de lo anterior es José Hernández Moreno, astronauta mexicano, que a pesar de las carencias que tuvo en su niñez logró cumplir su sueño. Sus padres eran campesinos y llegaron a EUA a trabajar en los campos agrícolas de California. José pudo presenciar, a través de la televisión, la llegada del hombre a la luna, y ahí empezó a soñar con "alcanzar las estrellas". Años después, mientras estaba en el campo cosechado pepinos escuchó en la radio que un científico de Costa Rica había sido seleccionado como astronauta por la NASA, el Doctor Franklin Chang-Díaz se convirtió en su gran inspiración ya que como José ha mencionado, tenía algunas características similares a él: latino, de origen humilde, de piel morena y cabello negro. Supo que su meta era alcanzable y no desistió hasta lograr viajar en una misión espacial. Se preparó académicamente, trabajó para conseguir una beca, se graduó de ingeniero electricista, aprendió a bucear, a pilotar avionetas y hablar ruso. Por once años fue rechazado de la NASA y esa experiencia le enseñó a no darse por vencido.

En el capítulo anterior también puedes tomar otros de estos ejemplos, cuéntaselos a tus hijos, y si te es posible refuérzalo con otros.

Ver al dinero de forma positiva

El dinero se debe ver como lo que es, un medio para alcanzar ciertos fines. Con él puedes mejorar económicamente y ayudar a otros a tener bienestar económico, tener cierta tranquilidad y

> El dinero es bueno por lo que puedes hacer con él: ayudarte y ayudar a los demás.

obtener momentos de alegría. Si en casa explicas esto a tus hijos y no se emplean las expresiones negativas que suelen usarse, tus hijos crecerán sabiendo que el dinero es bueno por lo que puedes hacer con él: ayudarse y ayudar a los demás.

Gusto por el trabajo

El trabajo es el medio por el cual se obtiene el dinero. El pilar 1 se fortalecerá generando el gusto por él. Si a las personas les gusta trabajar, si encuentran algo que les apasiona, algo que pueden desarrollar con destreza, aún con un bajo nivel educativo pueden aspirar a tener altos ingresos. En cambio, si el nivel educativo es alto, pero si no se tiene muy desarrollado el gusto por el trabajo, es posible que se restringa el ingreso.

El trabajo suele verse como un sacrificio que se tiene que hacer para ganar dinero, incluso se llega a ver como tiempo perdido de vida. Desarrollar el gusto por el trabajo implica tener gusto por crear, tomar decisiones, desarrollar algo que te apasiona, lograr ciertas metas, aprender, enseñar, por relacionarte con más personas, superar obstáculos, por ayudar a los semejantes, entre otros. Cuando alguien ama su trabajo tiene más horas para disfrutar en su vida.

> Cuando alguien ama su trabajo tiene más horas para disfrutar en su vida.

Aquí es donde muchos hogares fallan. El agrado por el trabajo será, en gran medida, resultado de lo que ocurra en casa, de cómo se descubran y potencien los talentos, y sobre todo de cómo se involucre a los hijos desde temprana edad a realizar las responsabilidades que se les asignen. Muchos padres desafortunadamente propician que sus hijos vean al trabajo como algo negativo ya que así se los enseñan durante años.

¿Reconoces algunas de las frases siguientes?: "Te doy cinco minutos para que arregles tu cama", "Si no recoges tu cuarto no sales", "Si repruebas en la escuela ya verás cómo te irá", "¡Cómo eres burro!", "Eres un flojo", "Levanta eso $%&/", "¿Todavía no terminas?", "Deja de quejarte y apúrate", "Al regresar no quiero que eso siga ahí", "¿Crees que soy tu sirviente? Recoge tus cosas y limpia", "Te voy a pegar si no lo haces", "Es tu obligación", "Yo me la paso todo el día matándome en el trabajo, tú solo tienes que hacer esto", "Hazlo bien, no seas tonto". Dependiendo de sus creencias y valores serán las frases o acciones que los padres emplearán, algunas pueden llegar a lastimar mucho la autoconfianza de los hijos, y si durante muchos años se repiten, en el cerebro de ellos quedará alojado que tener responsabilidades como hacer actividades domésticas o escolares es algo negativo, desagradable, que se tiene que hacer por obligación e implica un sacrificio.

Nadie tendrá éxito en algo que detesta.

Si la introducción a lo que es trabajar es negativa habrá rechazo. No es de sorprender que casi 9 de cada 10 adultos en el mudo no disfrute su trabajo. Nadie tendrá éxito en algo que detesta.

¿Qué hicieron los educadores de los millonarios cuyas historias vimos antes? A Jeff Bezos su padre y su abuelo le ayudaron a estimular su ingenio, se enfocaron en algo de interés para él cuando era niño, lo hicieron de forma divertida y le ayudaron a tener pasión por las computadoras, la electrónica, los cohetes espaciales y la ciencia. El papá de Oprah Winfrey supo captar el interés de su hija que había padecido cosas terribles, encontró algo que le gustaba, leer, y la fue introduciendo en ello. La mamá de John Rockefeller le ayudó a desarrollar su actitud emprendedora, cuando junto con él criaba sus pavos, su papá le platicaba de los negocios que hacía y le enseñaba cómo vender. El papá de Carlos Slim le dedicaba tiempo para revisar con él la forma en que administraba su dinero, lo orientaba y le enseñaba cómo hacerlo mejor. Los padres de Richard Branson alentaron su curiosidad y le enseñaron a resolver las cosas por su propia cuenta. La madre de Clement Stone le puso el ejemplo del trabajo, lo alentaba, confiaba en él, ambos disfrutaban llevar dinero a su casa. El padre de Warren Buffett le enseñó el valor del dinero, a emprender, a ser constante en las actividades que realizaba, a ser paciente y a trabajar por sus metas.

En todos estos casos los padres jugaron un papel muy importante, pues ayudaron a que sus hijos fortalecieran el pilar 1, les enseñaron a ver de forma positiva al dinero y también al medio para obtenerlo: el trabajo. De adulto ninguno tuvo que trabajar por dinero, todos han generado miles de empleos y la mayoría son filántropos.

3.2 La importancia de las responsabilidades que se asigna a los hijos

> Ciertas imágenes de la infancia se quedan grabadas en el álbum de la mente como fotografías, como escenarios a los que, no importa el tiempo que pase, uno siempre vuelve y recuerda.
>
> Carlos Ruíz Zafón

Las responsabilidades que se asigna a los hijos serán el preámbulo a lo que es el trabajo, y la forma en que se les introduce a realizarlas incidirá en su gusto o rechazo por él. Aquí también lo que hagan los padres será muy relevante.

Los hijos adoptarán actitudes o hábitos en función de lo que los padres hagan. Por ejemplo, cuando los hijos son pequeños muchos padres les recogen sus juguetes; mientras los hijos juegan o ven la televisión los padres, u otras personas, hacen las labores domésticas, ahí los hijos empezarán a entender que esa será la normalidad, es una actividad de los padres o de alguien más y no de ellos. Tradicionalmente las labores del hogar se hacen rápido, los padres quieren terminar pronto, pero muchas veces con enojo y así no se ve como una actividad agradable. Eso

> Las responsabilidades que se asigna a los hijos serán el preámbulo a lo que es el trabajo, y la forma en que se les introduce a realizarlas incidirá en su gusto o rechazo por él.

observarán los hijos y ahí empezarán a adoptar actitudes negativas hacia ellas.

Cuando los padres consideran que los hijos ya tienen cierta edad para empezar a colaborar en casa, les dirán que realicen algunas labores: hagan su cama, acomoden su cuarto, recojan o laven sus trastes, ayuden a limpiar la casa, entre otras. Aquí entrarán en conflicto padres e hijos, pues estos aprendieron desde pequeños que así no era el juego; ellos veían y no participaban. Ahora sus padres les dicen que tienen que hacer algo que no es agradable. Tenderán a hacer lo que aprendieron, a no participar y además a rechazar ya que lo valoran como negativo. Los padres quieren que sus hijos lo hagan y para corregir esta situación, por lo general, siguen estas dos estrategias:

1. **Castigar.** Esta será la más la frecuente, se emplearán gritos, advertencias, insultos, castigos a fin de que los hijos actúen. Vidal Schmill señala en su libro *Disciplina inteligente: Manual de estrategias actuales para una educación en el hogar basada en valores* que el castigo no corrige permanentemente las conductas que se pretende evitar, sino que le enseña al castigado a evadir el castigo y le produce emociones que pueden ser contraproducentes como ira, resentimiento, culpa, vergüenza, ansiedad, miedo, e incluso enfermedades psicosomáticas, entre otras, que pueden generar comportamientos con efectos peores que los que se quisieron evitar. Si bien los hijos pueden llegar a hacer las actividades a que se ven obligados, en ellos quedarán emociones y actitudes negativas que después manifestarán hacia las actividades laborales.
2. **Premiar.** A fin de que los hijos hagan ciertas acciones algunos padres buscarán premiar su conducta. "Si limpias, te daré esto", "Si te portas bien, puedes hacer aquello", "Como sacaste 10, te ganaste este premio", "Si obedeces, Santa o los Reyes magos te traerán tus juguetes". El mismo Vidal Schmill indica que los premios condicionan la

conducta y pueden desvirtuar la acción deseada al otorgarle mayor importancia al premio mismo y le pueden quitar a la conducta deseable su significado educativo convirtiéndola en una variante de soborno. Las gratificaciones pueden funcionar, pero hay que trabajar adecuadamente con ellas. Hay deportistas que tiene el hábito de entrenar todos los días durante años para obtener una medalla, o cantantes que ensayan a diario para obtener el aplauso de su público o científicos que por décadas estudian e investigan para obtener un Premio Nobel.

Si tus hijos logran tener hábitos adecuados en sus responsabilidades, como las actividades domésticas, escolares o aquellas que apoyen al hogar y a su vez potencien sus talentos, lograrán dar un paso importante en la construcción del primer pilar para la riqueza financiera. Más adelante te encontrarás con algunas estrategias.

3.3 Las estrategias del lavado de dientes para generar hábitos

> Me lo contaron y lo olvidé, lo vi y lo entendí,
> lo hice y lo aprendí.
>
> Confucio

Los padres aplican ciertas estrategias, de las cuales invito a reflexionar para que sean empleadas con el resto de los hábitos que quieran cimentar en sus hij@s. Verás que son sencillas y que te pueden ayudar a generar el gusto por otras responsabilidades que, como indiqué antes, serán relevantes para adquirir el gusto por el trabajo. Las herramientas que propongo para crear hábitos financieros, a lo largo de estas páginas, se fundamentan también en ellas. Es algo que seguramente ya han aplicado y han comprobado que sí funcionan.

- **Ejemplo e integración.** En el lavado de dientes, los padres lo hacen primero, muestran a sus hijos cómo hacerlo, les ponen el ejemplo y los integran de forma agradable invitándolos. Hay padres que son muy trabajadores, que les gusta el trabajo, pero sus hijos no llegan a sentir ese agrado. En esos casos, si bien pudo haber ejemplo, la incorporación no fue la adecuada. Hay quienes para evitar el sufrimiento a sus hijos no les asignan responsabilidades o, de lo contrario, lo hacen a través de coerción y castigo convirtiéndolas en algo desagradable. El ejemplo por sí solo puede ser insuficiente; se requiere inducir apropiadamente a los hijos a participar para que sientan que es una actividad de ellos y que la pueden disfrutar. Si eso se repite constantemente, como se hace con el lavado de dientes, empezarán a construir ese hábito y lo verán como algo natural. Aun cuando sean pequeños, ellos quieren colaborar, les gusta sentirse útiles. Si son más grandes, del mismo modo intégralos de forma correcta. Asígnales tareas y haz otras con ellos; al terminar, reconoce su labor. Fortalece esos incentivos sociales que motiven a tu hij@.
- **Juego.** Los padres pueden hacer caras mientras se lavan los dientes, jugar con el agua al enjuagarse, colocar la pasta en el cepillo de forma graciosa, utilizar estímulos (cepillos o pastas de colores llamativos), algunos pueden integrar el canto o el baile; es decir, buscan que la actividad sea divertida para sus hijos. Después quitan esos estímulos y mantienen el ejemplo (incentivo social), de manera que el hábito permanecerá por el resto de sus vidas. Si eso funciona, ¿por qué no incorporarlo en otros hábitos que quieras desarrollar en tus hijos? Si algo los divierte, tus hijos te pedirán hacerlo y después se les quedará como hábito.
- **Paciencia y tiempo.** Los padres enseñan a sus hijos a lavarse los dientes con paciencia, lo van haciendo poco a

poco. Al principio lo hacen por sus hijos, después ellos empiezan a tomar el cepillo y los padres les ayudan, les dan tiempo para hacerlo por sí solos y los van apoyando en el proceso. A veces los hijos quieren colaborar, pero por andar con prisas, los padres prefieren hacerlo ellos y no los toman en cuenta desincentivándolos para que sigan apoyando. No importa que te tardes más, es tiempo muy valioso para su aprendizaje y para lo que sucederá con tu hij@ en su vida futura. Dale tiempo, quizá las primeras veces no lo haga como tú quieres, pero poco a poco irá mejorando si lo repite y para que lo repita es mejor si lo hace con gusto.

- **Con alegría y en familia.** Cuando se empieza a formar el hábito del lavado de dientes, en muchas ocasiones lo hace toda la familia para enseñar a los pequeños, y si hay más de uno, todos se integran y lo hacen juntos. Llegar del trabajo a hacer labores domésticas, apoyarlos en sus actividades escolares, o dedicarles tiempo para desarrollar sus talentos, puede a veces no resultar divertido. Sin embargo, busquen esa motivación para hacerlo con alegría. Los papás tienden a participar menos en ciertas actividades que las mamás. Participen todos y fortalezcan los incentivos sociales; para los hijos será muy significativo hacer equipo con sus padres.
- **Que ellos lo hagan.** Después de que los padres les ponen el ejemplo, los hijos empiezan a hacer por su cuenta el lavado de dientes y llega un momento en que son los primeros en recordárselo hacer a sus padres. En el caso de las labores domésticas, aun cuando tengas personal que te apoye no acostumbres a tus hijos a que les hagan todo. Enséñalos a colaborar. Asígnales ciertas tareas que sean de ellos. En una ocasión mientras desayunaba con mi amigo Jorge Mora, profesor del Tecnológico de Monterrey, platicábamos acerca de lo que habíamos hecho el fin de semana; yo le comenté que, entre otras actividades,

había llevado mi coche a lavar. Él me dijo que hacía algunos años él solía hacer lo mismo, pero se dio cuenta de que le enseñaba a sus hijos que lavar el coche era llevarlo a un lugar donde alguien más lo hacía, y aun cuando no era algo agradable para él, empezó a lavarlo en su casa. Seguí su ejemplo y lo empecé a hacer con mis hijos. Ponemos música, ellos se ponen sus botas de lluvia, tienen sus propios utensilios y disfrutan mucho hacerlo, ya que jugamos, constantemente meten sus trapos en la cubeta y terminan todos mojados. Para ellos es gratificante saber que contribuyeron. Cuando a mí se me olvida, ellos me lo recuerdan.

- **Repetición.** El lavado de dientes se hace a diario. Esto lo van aprendiendo los niños, lo empiezan a automatizar y poco a poco se convierte en hábito. Para generar otros hábitos, aplica también la repetición.
- **Explicación de las ventajas.** Por lo general, los padres explican a sus hijos por qué lavarse los dientes es bueno para ellos. De igual forma, haz que tus hijos aprendan que las responsabilidades que ellos tienen son benéficas, ya sea para ellos mismos o para todos los miembros del hogar.

En la educación de los hijos tiene que haber correcciones, llamadas de atención, prohibiciones, limitaciones, entre otros, pero sí es importante que existan también momentos de alegría para lo cual el juego puede ser muy útil. En el cerebro de las personas se quedan los momentos emocionantes ya sean positivos o negativos. Hay quienes después de varios años pueden recordar con precisión detalles de su primer día en el jardín de niños, el día de un temblor, cuando recibieron un reconocimiento, el día en que recibieron un castigo, el día de su boda, el día en que un familiar querido falleció. Si se logra que en el cerebro de tu hij@ se queden momentos de alegría al hacer sus

> Los hábitos positivos se pueden construir, así como se construye el del lavado de dientes.

deberes, se asociará con algo positivo y estarás dando un paso importante en la construcción del primer pilar de su riqueza financiera: el gusto por el trabajo, que les ayudará a tener un mejor bienestar en su vida futura.

Tareas

Aquí te dejo una lista de tareas domésticas que podrían hacer tus hijos dependiendo de su edad, la cual es una adaptación de la tabla Montessori.

Tareas domésticas adecuadas por rango de edad

2 a 3 años

- Guardar sus juguetes en cajas y en su librero.
- Limpiar su mesita y sus muebles.
- Tirar las cosas a la basura.
- Ayudar a recoger sus platos.
- Ayudar a tender su cama.
- Poner la mesa de forma sencilla.
- Regar plantas.
- Guardar sus cuentos.
- Traer sus pañales.
- Colocar su ropa sucia en un cesto

4 a 5 años

- Ordenar su cuarto.
- Alimentar mascotas.
- Hacer su cama.
- Lavar trastes pequeños.
- Doblar la ropa sencilla.
- Poner la mesa completa.
- Regar plantas.
- Secar y guardar los platos.

6 a 7 años

- Recoger la basura.
- Lavar trastes un poco más grandes.
- Preparar platos sencillos de cocina.
- Doblar ropa más complicada.
- Preparar su mochila.
- Emparejar calcetines.
- Trapear el piso.

8 a 9 años

- Usar la lavadora.
- Colgar y doblar la ropa limpia.
- Hornear galletas.
- Aspirar la alfombra.
- Ayudar a limpiar la casa.
- Lavar todo tipo de trastes.
- Ayudar a limpiar el jardín
- Cuidar de una mascota.

10 a 11 años

- Limpiar el baño a profundidad.
- Aspirar alfombras.
- Ayudar a limpiar la cocina.
- Preparar una comida simple.
- Hacer costuras sencillas.
- Tender la ropa.
- Comenzar a planchar la ropa.

12 o más

- Lavar y aspirar el auto.
- Comprar una lista en el mercado.
- Cocinar.
- Planchar la ropa.
- Pintar las paredes.
- Realizar reparaciones sencillas en casa.

¿Tus hijos rechazan tener responsabilidades? Te propongo un juego

Es muy importante que tus hijos no crezcan con rechazo hacia las responsabilidades que tienen ya que ello después se manifestará como un rechazo al trabajo. Si consideras que tus hijos están en esa situación, puedes tomar algunas acciones para empezar a corregir.

Lo que te propongo es usar el juego para que empiece a cambiar la percepción de negativa a positiva y no tengas que recurrir al castigo. Tampoco es recomendable que te vayas al camino de los premios (soborno) para que no actúen siempre pensando "¿qué me vas a dar si lo hago?", lo cual puede generar dificultades en las relaciones personales.

Una propuesta intermedia es a través de un juego en el que si los hijos realizan ciertas actividades a lo largo del día van sumando puntos. Es parecido al experimento realizado en los hospitales expuesto en el capítulo 1.

En el juego usa los tres principios para generar hábitos: incentivos sociales, recompensa inmediata y monitoreo del progreso, y podrán participar todos tus hijos, incluso los más grandes. Lo que cambiará son las tareas, la forma de monitorear los avances y las gratificaciones dependiendo de su edad.

Entre padres e hijos pueden acordar las actividades que se realizarán, así como los puntos a recibir. No es necesario que tú se los impongas, pues en muchas ocasiones ellos pueden ser más estrictos con ellos mismos que tú. Hacerlos participar en ello les puede dar cierta sensación de madurez. Les ayudará más el cumplir consigo mismos que quedar bien contigo.

Se empieza por seleccionar diversas actividades que entrarán en el juego y los puntos que recibirá cada hij@ en cada una de ellas. Entre más tareas realicen, más puntos recibirán y las pueden anotar en una tabla para que cada uno sepa cuántos puntos obtiene por cada una de ellas. El hecho de decidir les ayudará a mejorar su autoestima y a saber tomar decisiones. Trata de que todos tus hijos tengan la posibilidad de obtener el mismo número de puntos al realizar las actividades. Si los años que se llevan entre ellos no son tantos (alrededor de dos o tres) podrían hacer las mismas actividades. Lo más fácil es dar un punto por cada actividad, pero pueden obtener puntos diferentes según lo consideren.

EJEMPLO DE TABLA DE ACTIVIDADES Y PUNTOS PARA CADA HIJ@			
	Nombre de hij@ 1	**Nombre de hij@ 2**	**Nombre de hij@ 3**
Actividad 1	1 punto	1 punto	
Actividad 2		1 punto	1 punto
Actividad 3	2 puntos	2 puntos	2 puntos
Actividad 4			1 punto
Actividad 5	1 punto		
Actividad 6	1 punto	1 punto	1 punto
Actividad 7	2 puntos	2 puntos	2 puntos
Actividad X			

Puedes darles puntos representados con estrellitas, palomitas, caritas felices, un *sticker* de su personaje favorito, números. Dependerá de qué les gusta más. Así, cuando alguien haga una tarea de las que se han seleccionado, ganará puntos y los pondrán en su pizarra. Si no realizan alguna de las actividades planeadas, simplemente no recibirán puntos.

Aun cuando tus hijos sean jóvenes la sensación de avanzar, como ocurría con los médicos, les generará emoción y la verán como un juego. Con ellos quizá las caritas felices no sean lo mejor, pero puedes emplear una palomita, una estrellita o simplemente puntos o números.

Monitoreo

Pueden hacer una tabla grande que sea visible en casa (en alguna cartulina, por ejemplo) donde aparezca el nombre o la foto de tus hijos y los puntos que van ganando. Cada uno puede definir cómo quiere ver su avance. El caso es que puedan ganar diferentes puntos según las actividades que realicen y cada día registrarlo en la tabla.

Cuando hay más de un hijo en casa el incentivo social (como ocurría con los médicos) será más fuerte debido a que entre ellos se motivarán para hacer las tareas; al ver que uno avanza, los otros también querrán hacerlo. Para generar colaboración, te recomiendo que cuentes los puntos que logren entre todos los hermanos y, así, entre ellos se impulsarán y se ayudarán; incluso que haya actividades que cada día le correspondan a alguien diferente y si las realiza ganará puntos para todos. Cuando solo tienes un hij@, el incentivo social será menor; sin embargo, los otros dos factores funcionarán y tu motivación como padre jugará un papel muy importante. Tú puedes hacer este ejercicio también para apoyarte en los hábitos que quieres mejorar, te cuento que mi esposa y yo lo hacemos.

Nosotros empezamos a hacer esto en casa ya que mi hija practica *ballet* y mi hijo taekwondo, y cuando eran más pequeños en ocasiones no querían entrar a clases o hacer bien sus ejercicios. Al principio hablábamos con ellos explicándoles los beneficios que hacerlo les aportaba; a veces nos llegábamos a desesperar y hasta molestar porque no lo querían hacer. Un día se nos ocurrió poner una hoja en la pared y cuando terminaron sus clases les pusimos dos caritas felices a cada uno, y les dijimos que, si lo hacían mejor, la próxima ocasión recibirían tres caritas. La semana siguiente ambos trabajaron muy bien y al terminar nos pidieron sus tres caritas felices. Hoy el juego lo realizamos con los elementos que te presento y es algo que hacemos todos los días, además de ciertas actividades domésticas incluimos otras como el lavado de dientes, dormir y despertar temprano, comer comida saludable, hacer ejercicio, decir por favor y gracias, la lectura de libros, el ahorro, ayudar a otras personas. Si durante un mes mis hijos obtienen puntos todos los días en una actividad esa la sustituimos por otra. No tenemos que decirles a nuestros hijos qué hacer, mucho

JUEGO DE HÁBITOS. TABLERO DE PUNTOS CONSEGUIDOS POR ACTIVIDADES REALIZADAS

		Actividad 1	**Actividad 2**	**Actividad 3**	**Actividad 4**	**Actividad 5**	**Actividad 6**	**Total de puntos entre todos los hermanos**
Domingo	Nombre o foto de hij@ 1	☺	☺		☺☺		☺	
	Nombre o foto de hij@ 2	☆☆	☆	☆				
Lunes	Nombre o foto de hij@ 1		☺	☺		☺		
	Nombre o foto de hij@ 2.		☆	☆	☆	☆		
Martes	Nombre o foto de hij@ 1	☺	☺		☺☺			
	Nombre o foto de hij@ 2	☆☆	☆			☆	☆	
Miércoles	Nombre o foto de hij@ 1	☺	☺			☺		
	Nombre o foto de hij@ 2	☆☆			☆	☆	☆	

JUEGO DE HÁBITOS. TABLERO DE PUNTOS CONSEGUIDOS POR ACTIVIDADES REALIZADAS

		Actividad 1	**Actividad 2**	**Actividad 3**	**Actividad 4**	**Actividad 5**	**Actividad 6**	**Total de puntos entre todos los hermanos**
Jueves	Nombre o foto de hij@ 1	☺	☺		☺☺		☺	
	Nombre o foto de hij@ 2		☆	☆	☆	☆		
Viernes	Nombre o foto de hij@ 1	☺	☺			☺	☺	
	Nombre o foto de hij@ 2	☆☆		☆		☆	☆	
Sábado	Nombre o foto de hij@ 1	☺	☺	☺	☺☺	☺	☺	
	Nombre o foto de hij@ 2	☆☆	☆	☆		☆	☆	
Total de puntos en la semana								

menos regañarlos ya que entre ellos se recuerdan y realizan sus actividades con gusto. He recomendado este juego a diferentes amigos, lo han hecho y también les ha funcionado.

Gratificaciones

El ver cómo se llena la pizarra con sus puntos ya será una gratificación en sí. A ello súmale reconocimientos: "lo hicieron muy bien", "superaron lo logrado la semana pasada, muchas felicidades", "buen esfuerzo". Si con esto logras que tus hijos mejoren sus hábitos quédate con ello, no des recompensas adicionales para que no sea ello la motivación que haga que tus hijos actúen.

Si ves que está costando esfuerzo que tus hijos adopten los hábitos o a ti se te dificulta incentivarlos, puedes añadir algunas recompensas por cierto tiempo como se hace en la Economía de Fichas; una de las estrategias más empleadas para modificar el comportamiento en niños con problemas de conducta que consiste en entregar un estímulo (fichas, vales, puntos, estrellas, vales canjeables) después de la conducta deseada o que se quiere reforzar. El estímulo se cambia más tarde por un premio previamente pactado. Una vez que las conductas se producen de forma habitual y constante, a modo de hábito en el niño, el sistema de fichas se empieza a dejar de usar de forma gradual, por ejemplo, prolongando los estímulos.

Te sugiero que en caso de que emplees recompensas estas tengan las siguientes características:

1. Que lleven a generar mayor unidad familiar:
    - Realizar alguna actividad al aire libre.
    - Ir al cine.
    - Jugar todos juntos.
    - Leer algún libro entre todos.
    - Ir a comer a algún restaurante.

2. Que las recompensas refuercen la conducta que se quiere mejorar en tus hijos y los motiven a continuar, incluso sin otra recompensa, por ejemplo:
   - Si han cumplido con la lectura, una buena recompensa para seguir fomentando el hábito es un nuevo libro.
   - Si han ahorrado, como recompensa pueden tener una nueva alcancía. En el capítulo siguiente abordo cómo deben ser estas.
   - Si ayudan a recoger sus juguetes, como recompensa pueden obtener una cajita llamativa donde los puedan guardar.
   - Si hacen su cama periódicamente, una recompensa puede ser una sábana nueva para su cama.
   - Si ayudan a poner la mesa, una recompensa puede ser un tapete de mesa o unos cubiertos para ellos.
   - Si está realizando un emprendimiento (más adelante veremos algunos ejemplos), una buena recompensa puede ser una herramienta que le facilite seguir haciéndolo.
   - Si apoyan en las labores de limpieza, pueden obtener algún utensilio de limpieza que ellos escojan y que sea de ellos. Sobre todo, a los más pequeñitos le emociona tener sus propias escobas, trapeadores, cubetas y usarlos en cada oportunidad que tienen.

3. Que haya diferentes niveles de recompensa:
   - Ello con el objetivo de que aprendan que a mayor esfuerzo mayor recompensa y que quede en ellos la elección de lo que obtendrán. Los deportistas saben que entre más se preparan sus probabilidades de éxito serán mayores. El multimedallista Michael Phelps entrenaba los 365 días del año.
   - Un ejemplo: "Si logran 'x' puntos saldremos al cine, si logran 'x+y'" además del cine tendrán palomitas, si logran 'x+y+z' además del cine y las palomitas tendrán un chocolate".

- Otro ejemplo: "Si logran el primer nivel de puntos obtienen la alcancía, en el segundo además de la alcancía una moneda y, en el tercero, tres monedas adicionales para la alcancía".
- Muchas veces, cuando la recompensa es única, la conducta ya no se repite. Por ejemplo, después de reducir los kilos que querías para la fiesta ya no sigues alimentándote adecuadamente o haciendo ejercicio. Al poner diferentes niveles, se incentiva a seguir avanzando.

Es importante que cuando no se alcancen los puntos, no haya recompensas aun cuando queden muy cerca, para que el incentivo de seguir haciendo las actividades permanezca y poco a poco se vuelva hábito. Las gratificaciones y la periodicidad con que se recibirán deberán acordarse desde un inicio para que ellos sepan qué obtendrán. Te sugiero que las recompensas las otorgues los fines de semana cuando tus hijos estarán más relajados y las podrán disfrutar mejor.

Una vez que tus hijos han adoptado los hábitos, poco a poco prolonga las gratificaciones, en caso de haberlas incluido, hasta que las elimines como lo haces con el lavado de dientes. Cuando se han adoptado las conductas no será necesario continuar con las gratificaciones y así evitarás que se repitan las acciones solo para obtener las recompensas.

Este juego les irá enseñando a generar buenos hábitos de forma divertida y no sentirán el rechazo que suele generarse hacia sus responsabilidades; además, podrás reforzar el trabajo en equipo, aprenderán que su esfuerzo tiene recompensas (ver el tablero lleno es una recompensa), trabajarán el autocontrol al saber que la recompensa llegará en determinado momento y no de inmediato, fortalecerás su autoestima al tomar decisiones y no mermarás su autoconfianza, pues no les estarás regañando ni haciéndoles sentir que tienen muchos errores.

Giovanni Rueda, un amigo del trabajo, y su esposa Liliana implementaron un sistema de puntos y recompensas con sus hijas de siete y nueve años para fomentar hábitos como el estudio, tareas en la escuela y quehaceres de la casa donde aún no habían logrado establecerlos. Junto con las niñas definieron las actividades a realizar, así como el control diario de ellas. Hicieron su cuadro de actividades para los siete días de la semana en una hoja que pegaron en el refrigerador. Cada vez que realizaban una actividad se ponía una palomita y por las noches dialogaban acerca de lo que se había hecho y lo que no. Si las pequeñas cumplían, iban al cine, a comer o a algún lugar que les gustara, o les daban un poco más de dinero para su ahorro; si no cumplían, se reducían los permisos para salir o el uso de dispositivos con internet. Realizaron durante seis meses esta actividad y la empezaron a suspender una vez que las niñas las adoptaron como hábitos. Cuando Giovanni me contó esta experiencia, ya tenían seis meses de no realizar esa actividad con sus hijas porque ellas ya habían adquirido los hábitos.

3.4 ¿Cómo ganas dinero?

> Caminando en línea recta no puede uno llegar muy lejos.
>
> ANTOINE DE SAINT-EXUPÉRY

En febrero de 2020 realizamos un taller para niños entre cinco y seis años en un jardín de niños de la Ciudad de México, donde les contamos cuentos orientados al ahorro y al cuidado del dinero. Al hablar de las funciones de los bancos, muchos niños comentaron que ahí les daban dinero a sus padres y la mayoría creía que se los regalaban. Cuando cuestionamos a los niños acerca de las actividades que sus padres realizaban para obtener dinero, la mayoría lo ignoraba. Una niña me comentó que su papá lo que hacía era pegar notitas en una mesa (estaría muy bien que nos pagaran por hacer algo tan sencillo); otro niño comentó que él sabía que su papá trabajaba con hombres y mujeres, pero ignoraba qué hacía. La mayoría de los niños no atinaba a decir en qué espacio desempeñaban sus padres su actividad (algún medio de transporte, fábrica, oficina, otro). En todos estos casos el desconocimiento se debe a que no son pláticas cotidianas entre padres e hijos, debido a que los padres a menudo no consideran importante hablar acerca de ello, qué hacen o cómo se sienten, etcétera, y puede llegar a ser más habitual que se hable de otros temas como los personajes o las caricaturas de moda, los juegos electrónicos, alguna serie de televisión, entre otros.

En una ocasión, cuando mi hija tenía dos años, llegué de la oficina relativamente temprano a casa y ella me dijo: —Papá, hoy terminaste temprano de dibujar—. En ese momento pensé que ella suponía que en el trabajo yo hacía algo similar a lo que ella hacía en el jardín de niños como pintar, dibujar y quizá jugar. ¡Bueno fuera! Dado que a ella no le dan dinero por lo que hace, no tenía por qué suponer que a mí me lo darían. Entonces mi esposa y yo les explicamos a nuestros hijos, de la forma más sencilla que pudimos, lo que yo hacía en el trabajo y que a cambio de ello me daban dinero con el que comprábamos la comida, la ropa, los juguetes y los dulces.

Con la finalidad de que fuera más sencillo el aprendizaje, los llevamos a que conocieran mi oficina y a las personas con las que trabajo. A partir de ahí, mi hijo mayor, que tenía cuatro años, empezó a hacer preguntas acerca de por qué yo era el director de un programa de Educación Financiera y por qué no era yo el director general de toda la empresa; también me preguntó quién era mi líder en la empresa y por qué él ocupaba una posición superior a la mía. Traté de explicarle algunas de las cualidades que se requerían (ciertos conocimientos, habilidades, experiencia, otros) en los diferentes casos. Si bien en ese momento no me lo dijo, pude advertir que le gustó más el puesto del director general de toda la empresa, pues en ocasiones posteriores lo he escuchado y lo he visto jugar a que él toma ese rol y hasta ahora no lo he visto jugar a que él es el director del Programa de Educación Financiera (¡ups!).

Es básico que los hijos conozcan cómo llega el dinero a los bolsillos de sus padres, que sepan que se tiene que ganar y cómo se gana. Los niños ven que en su casa hay comida, ropa o juguetes de los que pueden disponer, y siendo pequeños pueden suponer que llegaron mágicamente. Algunos niños cuando acompañan a sus padres a hacer compras pueden percatarse de que ellos dan dinero para recibir bienes; sin embargo, para un pequeño no es claro que el dinero se tuvo que ganar.

Es básico que los hijos conozcan cómo llega el dinero a los bolsillos de sus padres, que sepan que se tiene que ganar y cómo se gana.

En el caso de los padres que cuentan con tarjetas de débito, sus hijos pueden darse cuenta de que sacan dinero de unas máquinas llamadas "cajeros automáticos" y, en ocasiones, cuando los papás les dicen que no tienen dinero es común que los niños les digan que vayan y saquen dinero de ahí. Para ellos no es claro que lo que sus padres retiran del cajero es un dinero que ellos ya ganaron. ¿Y cómo lo van a saber si no se les explica, ni se habla de dinero con ellos?

Es importante que hables con tus hijos, sean niños o jóvenes, acerca de lo que haces para ganar dinero y también sobre lo que hacen otras personas (como sus abuelos, tíos u otros familiares). Tus hijos directamente podrían indagar acerca de las responsabilidades, lugares de trabajo, lo que se requiere para lograrlo, los beneficios personales y la contribución que hacen a la sociedad.

Cuando salgas con ellos conversa también acerca de la contribución que hacen a la sociedad los trabajadores que se encuentren, por ejemplo, el policía, la persona que vende comida, las personas que están construyendo un edificio, los trabajadores de una gasolinera, etcétera.

3.5 El dinero se gana

> No aprendes a caminar siguiendo reglas.
> Aprendes haciéndolo y cayéndote.
>
> RICHARD BRANSON

Comparto una reflexión que hace Raimon Samsó en uno de sus libros:

«Tú te das el dinero con tu talento, a través de la empresa en la que has sido contratado o del negocio que has creado. Y de hecho el sueldo te lo fijas tú, porque cuando aceptas un trabajo estás diciendo sí a una cifra. Así que si quieres más tendrás que empezar por pedirte más a ti».[18]

He visto adultos que no asumen la responsabilidad de sus propias finanzas, que culpan a la empresa donde trabajan por no pagarles más, al banco que les prestó dinero por sus deudas o al Gobierno de su situación. Los problemas financieros se deben a la forma en que usan el dinero y mientras no estén conscientes de que es responsabilidad suya, no buscarán soluciones. Poco a poco puedes ir inculcando que tus hijos asuman responsabilidades financieras y que sepan que ellos pueden hacer mucho para mejorar su situación económica.

Mi papá nunca me dio una definición de la palabra ahorro ni de la palabra inversión y pude tener cierta comprensión de esos conceptos a los seis años. Quizá si hubiera querido explicarme qué significaban esas palabras hubiera sido muy complicado para mí a esa edad; posiblemente al poco tiempo lo hubiera olvidado y no habría tenido el impacto que ha tenido a lo largo de mi vida. La forma en que enseñes a tu hij@ es muy importante.

Te invito (mamá, papá) a que reflexiones acerca de lo siguiente: ¿Cuáles han sido los aprendizajes más importantes en tu vida? ¿Qué momentos importantes de convivencia con tus

---

[18] Samsó, Raimón, *Sabiduría financiera. El dinero se hace en la mente*, 2020, Ediciones Instituto Expertos, p. 93.

padres u otros familiares recuerdas? ¿Qué maestros dejaron una huella importante en ti? Quizá muchos de estos aprendizajes están relacionados con experiencias significativas a lo largo de tu vida donde hubo emoción.

Tu actitud influye mucho en tu hij@.

Si a los hijos les preguntan cómo son sus padres, difícilmente comentarán acerca de su currículum, pero sí dirán si juegan con ellos, si dialogan, si ríen y describirán las actividades que hacen juntos. Tu actitud influye mucho en tu hij@.

En el caso de los niños y jóvenes el aprendizaje que se produce a través de la experiencia puede tener más impacto que el que se genera mediante instrucciones. Aun cuando los padres les expliquen a sus hijos cómo ganan el dinero, puede ser complicado que ellos lo asimilen si no lo hacen. Una de las mejores formas de aprender es haciendo. Es importante que tus hijos realicen actividades que les permitan saber que viven en un mundo donde se intercambian bienes y que ellos pueden realizar actividades por las que pueden recibir un pago.

Recuerdo que cuando yo tenía ocho años le pedí a mis papás 50 pesos para comprar cohetes y con ello poner un pequeño puesto en el patio de mi casa (por cierto, no es lo mejor que un niño deba vender; no recomiendo que lo hagan). Casi al salir de vacaciones de la escuela, cuando aún faltaba un par de semanas para la celebración de la Navidad, empecé a vender y dos días antes del 24 de diciembre ya había vendido el primer paquete de cohetes que compré. Como no tenía más para vender, compré un paquete más con los 100 pesos que ya tenía (50 pesos adicionales a los que mis papás me habían prestado). El día 23 había vendido ya el segundo paquete de cohetes por lo que contaba ya con 100 pesos de ganancia. El día 24, buena parte de la noche en lugar de jugar con otros niños o celebrar, yo estaba vendiendo, pero

Desde temprana edad se puede empezar a ganar dinero y lo mejor es que sea de forma divertida.

estaba muy feliz puesto que los paquetes que compraba los vendía. Cuando vendí el último de los cohetes hice cuentas y tenía 450 pesos. Pagué a mis papás los 50 pesos que me prestaron y me di cuenta de que había hecho algo similar a lo que mi papá me había contado que hacía John Rockefeller: con los 50 pesos iniciales compré unos cohetes, después compré más y los vendí, gané un poco más, luego compré más cohetes y logré al final ganar 400 pesos. Si bien casi todo el dinero me lo gasté (en unos zapatos, dulces y otras cosas) me pude dar cuenta de que yo podía hacer que el dinero creciera. Para mí fue muy importante vivir esa experiencia: tocar el dinero, verlo, hacer cuentas, saber cómo podía hacerlo crecer.

Desde temprana edad se puede empezar a ganar dinero y lo mejor es que sea de forma divertida. Entre padres e hijos pueden buscar actividades que les guste realizar, que se sientan contentos haciéndolo, que vean que lo que ellos hacen tiene una recompensa y si se hace en familia es mejor. Eso los motiva, los hace sentirse parte de un equipo. No te recomiendo que los obligues. Es mejor ser creativos para que ellos se involucren voluntariamente y que sea divertido.

Cuando empezamos con esta práctica en casa, mi hija tenía dos años y mi hijo cuatro. Cada fin de semana hacíamos galletas entre todos y tratábamos de verlo como un juego; para ellos era muy divertido llenarse sus manitas de masa y jugar con ella, ponerla en los moldes y ver el resultado de su obra cuando las galletas estaban listas para después empacarlas y ponerles una figurita con el nombre que ellos habían propuesto y con el logotipo que habían ayudado a diseñar. Cada semana se emocionaban al ver cómo sus alcancías se iban llenando y más cuando se podían comprar algo con el producto de lo que ellos habían hecho. Las galletas las vendían en la cafetería de una escuela de *ballet* que tenemos y dirige mi esposa. Ante la pandemia ocurrida en el mundo en el año 2020 tuvimos que cerrar los espacios físicos de la escuela, los niños ya no podían vender sus galletas y dejaron de recibir dinero.

Sin embargo, al poco tiempo ellos sugirieron que hiciéramos caretas y tapabocas. Fueron otras actividades divertidas en familia; decorar, hacer sus propios diseños e ir viendo cómo se construían, les generaba emoción. Después hicieron pulseras y collares, y nuevamente sus alcancías volvieron a llenarse.

Recordemos que la unión hace la fuerza. Si se realizan estas actividades en familia se obtendrán mejores resultados que trabajando de forma individual. Cada hijo puede aportar su creatividad y, al ser reconocida, se fortalecerá su autoestima; además, practicarán el trabajo en equipo reforzando las habilidades de cooperación y colaboración. Desde la niñez, las personas sienten una inclinación natural a ayudar y colaborar. En la adolescencia requieren formar parte de un grupo con el que se identifiquen y en el que se sientan protegidos.

Pago por ciertas actividades en casa

Hay padres que deciden pagar a sus hijos por ciertas actividades que realicen en casa con la finalidad de que empiecen a ganar dinero. Si quieres realizar esta práctica con tu hijo es importante que las actividades por las que les pagues sean opcionales y que no sean parte de sus deberes. No se trata de recompensarlos por cualquier cosa que hagan.

Algunos ejemplos pueden ser la limpieza del jardín cuando son pequeños, limpiar los zapatos de la familia, hacer un presupuesto, llevar el registro de ciertos gastos en el hogar, redactar alguna historia o un ensayo, o investigar cierta información. Con ello les ayudarías a incrementar sus habilidades matemáticas, lectoras, de escritura, de análisis y de investigación, y sentirían la satisfacción de aportar y recibir un pago.

Te recomiendo que seleccionen algunas actividades por las que sí podrían tus hijos, en caso de realizarlas, recibir un pago. Una vez seleccionadas pueden hacer alguna tabla grande que sea visible en casa, en una cartulina, por ejemplo, donde se describa la actividad y el pago. Así podrán ver lo que pueden obtener en dinero con cada actividad. Tus hijos pueden mirar su tabla de actividades y ver cuántas veces necesitan realizar alguna de ellas para ganar ese dinero. De ese modo, si se plantean una meta económica y se ha acordado hacer pagos en dinero, podrán saber cuántas actividades tiene que realizar para alcanzar su meta. Esto les irá enseñando el valor del dinero y que se tiene ganar.

EJEMPLO DE ACTIVIDADES Y PAGOS	
Actividad	**Pago**
Bolear zapatos	$10 por par
Limpiar jardín	$50
Registrar los gastos del supermercado	$30 a la semana
Escribir un ensayo	$10 por cuartilla
Realizar una investigación acerca de productos de ahorro	$50

3.6 Tipos de ingreso. Activos y pasivos

> Las tres adicciones más dañinas son la heroína, los carbohidratos y un salario mensual.
>
> NASSIM NICHOLAS TALEB

La mayoría de las personas que recibe ingresos realiza un trabajo por el que cada 15 días, cada mes o cada determinado tiempo le pagan. ¿Así reciben ingresos los multimillonarios cuyas historias revisamos antes? No. Ellos supieron generarse diferentes fuentes de ingreso y de forma recurrente. Trabajaron para que todos los días muchas personas (miles o millones de ellas) pongan cierta cantidad de dinero en sus bolsillos. Incluso, si no van a sus oficinas un día, semanas o si se tomaran unas vacaciones varios meses o años, seguirían recibiendo dinero.

El primer tipo de ingreso es el que obtiene la mayoría de las personas y se le conoce como «ingreso activo», el cual requiere que las personas trabajen con cierta frecuencia para poder recibirlo; es decir, primero trabajan y luego cobran, y para seguir cobrando tienen que trabajar.

El segundo tipo de ingreso es el «ingreso pasivo». En este trabajas, diseñas, inventas, creas y después cobras y lo sigues haciendo aun cuando no sigas trabajando en ello. Algunos ejemplos de este tipo de ingreso son:

- Un curso, un juego, un libro, una App, un podcast, un video que desarrollas y colocas en algún sitio en línea y después recibes ingresos por ello cada vez que alguien adquiere tu producto.
- La creación de un blog o una página web, a través de los cuales puedes obtener ingresos mediante publicidad, cursos, publicaciones patrocinadas, productos, otros.
- Una suscripción por la que las personas te pagan cada determinado tiempo.
- La inversión en acciones.
- La renta de una propiedad con la que mes con mes recibes un ingreso.

Tu hij@ puede aprender acerca de ambos tipos de ingreso sin que le des una explicación detallada de cada uno, sino de forma práctica.

3.7 Enséñale a trabajar por sus sueños

> Si tú no trabajas por tus sueños, alguien te contratará para que trabajes por los suyos.
>
> STEVE JOBS

En repetidas ocasiones los padres se enfocan en fortalecer las debilidades de sus hijos y no en incrementar sus fortalezas. Si son buenos en matemáticas les podemos buscar cursos de matemáticas, si son buenos en arte impulsarlos en él, si son buenos en algún deporte facilitarles que lo practiquen. Al gran escritor Octavio Paz de muy poco le habría servido que sus padres o sus abuelos le pusieran clases particulares de matemáticas, por ejemplo. Al respecto, el multimillonario Richard Branson señala que las cosas en las que somos malos siempre serán mucho más que en las que somos buenos. Toda persona es excelente en algo y ahí es donde hay que centrarse. El tiempo que dedicamos a lo que no somos buenos se lo quitamos a aquello que sabemos hacer mejor, con lo cual no se aprovecha al máximo nuestro potencial.[19] Los padres deben ser muy observadores para identificar los talentos de sus hijos a partir de observar sus deseos, gustos e intereses. Si tu hij@ hace algo con mucha facilidad aun con poca práctica y es algo que le apasiona, quizás ahí tiene un talento que sería importante estimular.

El psicólogo estadounidense Howard Gardner propuso la teoría de las inteligencias múltiples, que señala son ocho las inteligencias predominantes en los seres humanos y cada una se caracteriza por habilidades y capacidades específicas. Serge Larivée, profesor de la universidad de Montreal, lista los componentes principales y algunas profesiones típicas para cada tipo de inteligencia, las cuales tomo de su artículo *Las Inteligencias Múltiples de Gardner. ¿Descubrimiento del Siglo o Simple Rectitud Política?* y te las presento a continuación.

> Cuando los niños y jóvenes emprenden, tienen una mayor autoconfianza; no únicamente saben adaptarse mejor a las situaciones, sino que pueden cambiarlas.

[19] Cf. Alcaide, Francisco (2016). *Op. cit.* p. 274.

TIPOS DE INTELIGENCIA, COMPONENTES PRINCIPALES, PROFESIONES CORRESPONDIENTES		
Tipos de inteligencia	Componentes principales	Profesiones típicas
Lingüística	Aptitudes inherentes a la producción discursiva, a las funciones y a la utilización del lenguaje.	Poeta, escritor, abogado, político.
Musical	Aptitudes necesarias para la ejecución de tareas musicales: composición, interpretación, oído y discernimiento.	Músico, compositor, cantante, director de orquesta, ingeniero de sonido.
Lógico-matemática	Aptitudes lógicas, matemáticas y científicas.	Investigador, matemático, informático, lógico, ingeniero, contable, analista financiero.
Espacial	Aptitudes espaciales: percepción exacta de las formas, capacidad de recrearlas y modificarlas sin soporte concreto.	Arquitecto, marino, ingeniero, cirujano, escultor, pintor, cartógrafo, ajedrecista, científico, piloto de automóvil, grafista.
Kinestésica	Aptitudes corporales o manuales, control y armonización de los movimientos.	Bailarín, mimo, atleta, cirujano, artesano, actor, coreógrafo.
Interpersonal	Aptitud para las relaciones interpersonales: sensibilidad a los humores, temperamentos y motivaciones.	Vendedor, político, profesor, clínico, guía espiritual, terapeuta, mago.
Intrapersonal	Capacidad de introspección y de autoanálisis; autorrepresentación precisa, fiel y eficaz.	Escritor, terapeuta.
Naturalista	Capacidad de reconocer y clasificar las distintas especies de fauna y flora.	Botánico, geólogo, ecologista, entomólogo, naturalista.
Existencial	Capacidad de reflexión sobre aspectos fundamentales de la existencia humana.	Guía espiritual, filósofo.
Fuente: Larivée, 2010.		

Algunos estudiosos del tema han discutido la pertinencia de llamarles inteligencias a estas dimensiones, lo que es un hecho es que en la predominante de cada persona es donde se encuentran sus talentos. Sin duda Vincent Van Gogh, Leonardo da Vinci, y Claude Monet tenían aptitudes espaciales; lo mismo que Barry Bonds y Anna Pavlova aptitudes kinestésicas.

A fin de contribuir a la formación del pilar 1, es importante que tus hijos ganen dinero, en función de sus gustos, intereses, de aquello que realizan mejor, donde muestran más habilidades, pues ello les puede ayudar a potenciarlos y entre más pronto tengan esa experiencia será mejor. La propuesta no es que los niños y jóvenes realicen un trabajo duro, sino que aprendan a emprender. Ello les permitirá echar a volar sus ideas, a darse cuenta de que son capaces de proponer soluciones a ciertas problemáticas, hacer con más destreza aquello que les apasiona, de ponerse metas y luchar por cumplirlas. Cuando ellos emprenden, tienen una mayor autoconfianza; no solo saben adaptarse mejor a las situaciones, sino que pueden cambiarlas.

Mi amigo Marco Velázquez, fundador de DeKids, una iniciativa que fomenta el emprendimiento infantil mediante el uso de la programación y el desarrollo de proyectos que nacen de las ideas y sueños de los niños, ha visto cómo en poco tiempo los niños pueden crear y hacer cosas que realmente llegan a sorprender a los adultos. En general, entre más personas logren afectar positivamente con sus emprendimientos, mejor les irá.

Como vimos antes, todos los multimillonarios se hicieron ricos hasta que emprendieron y tuvieron disciplina con el dinero. Ese es uno de los secretos de su riqueza.

Tener una buena idea no basta; es importante ponerla en marcha. Los siguientes son algunos ejemplos de lo que podría hacer para ir ejercitando esa costumbre y lo ideal es que sea en algo relacionado con el talento o los gustos e intereses que tu hij@ muestre.

- **Comprar y vender dulces.** Desde pequeños podrían realizar esta actividad y vender los dulces, ya sea en un puesto afuera de la casa o llevarlos a la escuela y venderlos con los amigos. Es una actividad sencilla de realizar incluso para los pequeños. Por ejemplo, a medida que crezca el emprendimiento se pueden ofrecer mesas de dulces para eventos sociales.
- **Dar clases particulares.** Muchos niños y jóvenes tienen destrezas particulares, son buenos en algo y podrían compartir sus conocimientos con otras personas. Hay quienes saben, por ejemplo, matemáticas, tocar instrumentos, algún deporte, un idioma, computación, diseño, alguna manualidad y podrían dar clases hasta sin salir de casa, a través de alguna plataforma y, así, empezar a obtener ingresos.
- **Cursos digitales.** Quienes que ya tienen cierta experiencia dando clases o les apasiona enseñar pueden generar sus propios cursos. Hay muchas plataformas digitales donde los podrían vender obteniendo ingresos pasivos. No es necesario que sean cursos académicos, pues hay necesidades de aprendizaje en diferentes disciplinas.
- **Hacer compras para alguien más.** Los pequeños podrían hacer mandados a algunos vecinos; los más grandes podrían tener un mercado de nicho con las personas mayores; por ejemplo, a las que les podrían apoyar con sus compras cada determinado tiempo y recibir un ingreso por ello.
- **Artículos con diseño.** Lo bonito vende. El diseño genera que muchas empresas se diferencien de otras e incrementen sus ventas. Esta actividad les permitirá echar a volar su creatividad y lo pueden hacer con objetos sencillos como lápices o carteritas, tazas u otros objetos, a los que les pueden agregar calcomanías, figuras de personajes, pintarlos con diferentes colores, etcétera. Con

ello empezarán a aprender cómo a diferentes objetos les pueden aportar mayor valor.

- **Elaborar artesanías o pinturas.** Hay quienes pueden hacer dibujos o pinturas muy bonitos, o bien, elaborar collares, pulseras, entre otros, aportando su creatividad y recibir ingresos. También se pueden hacer manualidades con crayola; después de derretirla en el microondas se pueden fabricar veladoras de colores de diferentes formas con cáscaras de huevo; por ejemplo, decorar piedras o hacer anillos luminosos, entre otras creaciones. Podrían tener un taller en un espacio muy pequeño en casa para la fabricación y son atractivas para comerciar.
- **Vender papelería.** Al igual que en el caso de la venta de dulces, esta es una actividad en la que se vende a un precio mayor del que se compra. Con esto, aprenden a comprar, a comparar precios, a saber, que si compran a mayor volumen pueden reducir ciertos costos. Lo pueden hacer también desde pequeños vendiendo entre los compañeros de escuela o a los vecinos y familiares.
- **Pasear perros o cuidar mascotas.** Se puede ofrecer el servicio de pasear perros con algunos vecinos, incluso alimentar y cuidar de estos animales u otras mascotas cuando las personas tienen ciertas ocupaciones o tienen que salir de casa y no tienen con quién dejarlos.
- **Hacer postres o galletas.** Se pueden hacer en casa y en familia. Para los niños llega a ser muy divertido hacer muchas de actividades que conlleva este emprendimiento, incluso desde pequeñitos, como ayudar a colocar los insumos en algún recipiente para preparar la masa, ayudar en el amasado, colocar la masa en moldes, ayudar a decorar, empaquetar una vez que se ha horneado, etcétera. Se podría iniciar vendiendo con conocidos y, a medida que el emprendimiento crezca, buscar un mayor mercado en algunos establecimientos; por ejemplo, en fiestas o por internet.

- **Venta de huevo orgánico.** El mercado de la comida saludable es cada vez más importante. Si en casa se tiene patio, pueden poner una pequeña granja con algunas gallinas para producir huevo orgánico. Se podría empezar a venderlo con los vecinos y, a medida que el emprendimiento prospere, incluso en cadenas comerciales. Habrá que encargarse del cuidado y alimentación de las aves y de mantener limpio su espacio.
- **Venta de reciclados.** Hay muchos materiales como el PET, papel, cartón, vidrio, periódico, aluminio que se pueden recolectar y llevarse a centros de reciclaje obteniendo un ingreso por cada kilogramo recolectado. Es una iniciativa que contribuye a la protección del medio ambiente y donde la mayor inversión es el tiempo. Se puede invitar a los conocidos a que guarden esos materiales y, conforme crezca la recolección, se pueden colocar algunos contenedores en casa o en algunos espacios públicos.
- **Fabricar gel desinfectante casero.** Quizás este será un producto que consumiremos durante un buen tiempo. Aquí podría haber una opción para realizarlo en casa, pues relativamente es fácil su preparación. La Organización Mundial de la Salud (OMS) tiene una guía práctica para elaborarlo con cuatro ingredientes: alcohol, agua oxigenada, agua hervida o destilada y glicerina líquida. Se le puede dar una buena presentación al colocarlo en ciertos recipientes y crear un logotipo con alguna marca.
- **Escribir un blog.** Muchos jóvenes tienen cierto dominio sobre algún tema y les gusta compartir sus conocimientos. Si se les facilita redactar, podrían crear un blog y obtener ingresos, ya sea mediante la venta de publicidad, ofreciendo productos o servicios, o recibiendo donaciones si su trabajo es adecuado para sus lectores, entre otras actividades.
- **Escribir cuentos, libros.** Los niños y jóvenes suelen tener facilidad para crear historias. Aun siendo pequeños

pueden hacer sus propios libros y publicarlos, incluso desde que empiezan a escribir. Si aún no saben hacerlo, nosotros podemos ser sus redactores. Por ejemplo, a la par que yo comencé a escribir este libro, mi hijo que tenía cinco años, y que ya iniciaba a leer y escribir, hizo también el suyo, lo cual le ayudó a agilizar su lectura y escritura, y lo publicó antes que yo. Anima a tus hijos a hacerlo.

- **Vender fotografías.** Hay niños y jóvenes que son muy buenos tomando fotografías y muchas de ellas se quedan en el baúl de los recuerdos. Hay sitios en internet donde podrían venderlas y, cada vez que alguien las compre, obtendrían ingresos por hacer algo que les gusta y para lo que tienen talento.
- **Jardinería.** En diferentes estudios se ha documentado que el contacto con la naturaleza es muy importante para el desarrollo de los niños, ya que les ayuda, entre otras cosas, a favorecer la atención, la curiosidad por explorar y la creación de actitudes de cuidado del medio ambiente. Desde pequeños los podemos introducir en las actividades de cultivo, cuidado de las flores y plantas, y poda del pasto o los árboles. Si no sabemos de esto, podemos incluso aprender con los hijos, como ha sido mi caso. A cierta edad podrían trabajar haciendo este tipo de labores para los vecinos o creando huertos, incluso en espacios reducidos, consumiendo y vendiendo lo que ahí produzcan.

Te recomiendo que el emprendimiento lo desarrollen en familia. Para que tengas una guía para empezar, te comparto un ejercicio que me sugirió mi amigo Mario Romero, director de Impact Hub Ciudad de México.

EJERCICIO 3

Detectando oportunidades de emprendimiento

Cada miembro de la familia puede aportar al menos cinco respuestas a cada una de las preguntas siguientes, y ponerlas en algún papel y en una pared a la vista de todos. Los más pequeños también pueden aportar ideas.

¿Qué es lo que más necesitan las personas?	¿Qué les gusta o desean las personas?
De lo que consumen las personas, ¿en qué productos tienen menor satisfacción?	¿Qué cambios se están presentando en la forma de consumir?

Una vez que se han aportado las ideas, encuentren oportunidades comunes y qué solución podrían desarrollar.

Detecten sus talentos.

- Cada miembro de la familia haga una lista de al menos cinco talentos que tenga. Ejemplo: "Soy bueno para escribir poemas", "Puedo realizar con facilidad manualidades", "Soy muy bueno para contar historias", "Se me facilita mucho el ajedrez", "Puedo tocar instrumentos con gran destreza", "Soy muy bueno para la jardinería", entre otras.
- Con la lista de talentos encuentren cómo se podrían reforzar los talentos de cada uno complementándolos con los de los otros miembros de la familia.

Encuentren lo que les gusta o aman.

- Cada miembro de la familia haga una lista de al menos cinco actividades que les gusta hacer y les hacen sentir feliz. Por ejemplo: "Me hace sentir feliz ayudar a las demás personas", "Me apasiona cuidar a los perritos", "Me vuelve loco tomar fotografías de las plantas", "Me encanta hacer cálculos mentales", "Soy muy feliz al plantar árboles".
- Conjunten los talentos con las actividades que a la familia le da felicidad hacer. Con esto encontrarán algo que les apasione.

- A partir de lo anterior, podrían hacer una lista de todo aquello por lo que les pagarían y así encontrarán algún emprendimiento que podrían realizar entre todos. Qué mejor que hacer algo que les apasione. Disfrutarán hacerlo y te aseguro (mamá, papá) que le dejarás una enseñanza invaluable a tus hijos para toda la vida.
- Para concluir el ejercicio te sugiero que les des a tus hijos 40 pesos (dos dólares) y que a partir de las ideas que surgieron busquen hacer crecer ese dinero en un máximo de dos horas. Aun cuando ganen muy poco aprenderán que con sus ideas y llevándolas a la práctica pueden ganar dinero.

Como bien dice Chris Guillebeau en su libro *The $100 Startup* cuando empieces a pensar como emprendedor, notarás que las ideas de negocios pueden surgir de donde sea. Si tus hijos aprenden pronto a generarse diferentes fuentes de ingreso y a no depender solo de una, en una etapa temprana de su vida adulta podrán ser millonarios y no tendrán que trabajar por dinero sino por gusto, por hacer algo que realmente les apasione.

Imagina a una joven que a sus dieciocho años tuviera ya un emprendimiento propio exitoso. ¿Cómo te imaginas a esta joven? ¿Qué cualidades tendría? ¿Cómo sería el nivel que tendría de cada una de ellas? Completa la siguiente tabla con el nivel que consideras que tendría para cada cualidad.

Si tus hijos aprenden pronto a generarse diferentes fuentes de ingreso y a no depender solamente de una, en una etapa temprana de su vida adulta podrán ser millonarios

¿Qué cualidades tiene una joven de dieciocho años con un emprendimiento propio?

	NIVEL		
	Bajo	**Medio**	**Alto**
Facilidad para tomar decisiones			
Autoconfianza			
Creatividad			
Liderazgo			
Facilidad para enfrentar problemas y resolverlos			
Facilidad para ayudar a los demás			
Facilidad para expresarse ante más personas			
Optimismo			
Disciplina			
Disposición a ponerse retos altos			
Receptividad			
Perseverancia			
Facilidad para administrar el dinero			
Deseo de aprender			

Seguramente la mayoría de tus respuestas se ubican en un nivel medio o alto. Tendría muchas cualidades no cognitivas desarrolladas que, como vimos en el capítulo anterior, son determinantes para que las personas sean exitosas. ¿Ves lo importante que resulta que tus hijos sean emprendedores? Emprender no solo puede ayudar a tu hijo a desarrollar sus talentos, también a desarrollar diferentes habilidades no cognitivas.

Un buen maestro es una guía, es alguien que inspira, que pone el ejemplo, orienta, corrige, motiva, acompaña y formula preguntas poderosas.

¿Cómo puedes ayudar a tu hij@?

No olvides que tú eres el/la maestr@. Un buen maestro es una guía, es alguien que inspira, que pone el ejemplo, orienta, corrige, motiva, acompaña y formula preguntas poderosas. Tú eres el principal promotor de hábitos y actitudes adecuadas.

- **Cúmplele.** A muchos padres se les hace fácil prometer algo a sus hijos, pero luego se les presenta otra cosa en el camino a la que le prestan más atención y ya no cumplen las promesas que hicieron a sus hijos. Eso genera desconfianza y distanciamiento. ¿Le volverías a prestar dinero a alguien que no te pagó? Seguramente no, porque ya no confiarías en esa persona. Cuando no les cumplimos nuestras promesas a los hijos, también dejan de confiar en nosotros. La confianza es fundamental para conocerlos, para que se acerquen a ti y platiquen contigo. Si te comprometiste a apoyarle en comprar algunos insumos para su emprendimiento, en trabajar juntos o en dedicarle tiempo para jugar como recompensa por alguna actividad que realizó, cúmplele, pues eso fortalecerá la relación con tu hij@. En caso de que ocurra algo verdaderamente importante que te impida cumplirle, explícaselo, hazle sentir importante y asume compromisos.
- **Impúlsale.** Muchos niños o jóvenes comienzan a emprender y después de un tiempo dejan de hacerlo. Tu papel será muy importante para que tu hij@ se mantenga motivad@, muéstrale cómo va avanzando y asegúrate de que obtenga ciertas recompensas. Es importante saber que se avanza. Comparte con más personas que estimen a tu hij@ sus avances. Eso también le va a generar un mayor compromiso a tu hij@. Reconoce su esfuerzo cuando consideres que valga la pena hacerlo. Cuéntale historias de personas que tuvieron éxito. Mantente motivado para motivarle; piensa en cómo será su futuro si

aprende estas habilidades y que lo que tú hagas será determinante.

- **Ponle el ejemplo.** Así como los maestros te enseñaron poniéndote el ejemplo primero para que tú lo hicieras después, así también podrás ayudar a tus hijos. Recuerda las historias de los multimillonarios; aun cuando sus padres eran pobres, les pusieron el ejemplo y enseñaron a sus hijos a emprender. Tú le puedes apoyar en ciertas actividades que domines, pero si le vas a enseñar a ganar dinero, será importante que tú le muestres cómo lo ganas tú y que también realices acciones para incrementar tus ingresos y cuidar las finanzas del hogar.
- **Acompáñale.** No le dejes sol@. Algunos padres piensan que con comprarles insumos les están ayudando mucho a sus hijos y los dejan a ellos hacer el resto. Los buenos maestros te acompañan para que aprendas, están cerca de ti en tu proceso de aprendizaje, observan cómo lo haces, te aconsejan, te corrigen. Compra con ella o con él, enséñale a comparar precios y a hacer cuentas, ayúdale a calcular lo que va a ganar por las actividades que va a realizar, involúcrate con tu hij@ en todo el proceso creativo, trabaja e investiga con ella o él, ayúdale a expandir su mercado.
- **Aprendan juntos.** Para tus hijos será muy significativo que tú aprendas con ellos, incluso ellos pueden llegar a enseñarte y eso los hace sentirse muy bien. Juntos pueden emprender si tú no lo has hecho antes.
- **Permítele que se equivoque.** Las personas nacemos siendo persistentes. Observa cómo un bebé desde los primeros segundos de nacido puede succionar para alimentarse, cuántas veces intenta ponerse boca abajo hasta que lo logra, cuántas veces se arrastra hasta que logra gatear, cuántas veces intenta incorporarse hasta que logra mantenerse en pie, cuántas intenta caminar y se cae hasta que consigue hacerlo. Es decir, la buena noticia es

que nacemos con una alta dotación de las habilidades necesarias para tener éxito en la vida. Las recriminaciones, el saber que fallaste, que cometiste errores, entre otros factores, van generando que esa persistencia se reduzca. Equivocarse es parte del aprendizaje y eso lo tienen que saber tus hijos. Es normal cometer errores; lo importante es aprender de ellos. Comenta con tus hijos los momentos en que te has equivocado y qué aprendizaje te ha dejado. Como decía Tomás Alva Edison: "No fracasé, solo descubrí novecientas noventa y nueve maneras de cómo no hacer una bombilla". La mayoría de los emprendedores exitosos falla y vuelve a intentar hasta tener éxito.

- **Diviértete.** Si tú te diviertes, seguramente tus hijos también lo harán. Hay que disfrutar el proceso de aprendizaje; el juego en todas las etapas será muy importante. Juega con tus hijos, disfruta enseñarles y aprender con ellos.
- **Pregúntale.** Trata de no imponer las tareas o el emprendimiento a desarrollar. Es mejor hacerle preguntas acerca de lo que le gustaría hacer, qué problema podría resolver, cómo se desarrollaría, qué se obtendría, etcétera. Formula preguntas para que tu hij@ construya su propio punto de vista y no para que acepte el tuyo. Que sea ella o él quien haga las propuestas, quien plantee en qué se va a enfocar. Los niños y jóvenes pueden tener muy buenas ideas y tu labor consistirá en que tu hij@ las exprese. Eso le empoderará, le ayudará a tomar decisiones y a asumir responsabilidades. En su libro (*Fusito: El niño que quiso cambiar el mundo)*, mi hijo de seis años plantea soluciones a ciertas problemáticas a nivel mundial como la contaminación o la pobreza desde su perspectiva. Nuestra labor consistió en preguntarle: "¿Cómo lo harías?", "¿qué crees que podría funcionar?" y todas las ideas que propone salieron de su cabeza. Él desde muy pequeño gana

dinero y todas las ganancias las destina a apoyar a niños con cáncer.

Las personas nacemos con una alta dotación de las habilidades necesarias para tener éxito en la vida.

Gracias a uno de mis jefes, Adolfo Albo, aprendí que hacer preguntas puede ser de gran ayuda para que las personas muestren su potencial. Con él trabajé en un área de análisis económico, donde yo me encargaba de hacer estudios acerca del tema migratorio, pero cuando llegué ahí no tenía ninguna experiencia al respecto. "¿Qué te gustaría lograr?", "Si lo logras, ¿qué te aportará", "¿Qué es lo importante para ti en esto", "¿Qué puedes hacer para generar más impacto?", "¿Qué puedes aprender de esto que estás haciendo?" eran algunas de las preguntas que me hacía y que yo reflexionaba, dándome cuenta de que aun cuando nunca había trabajado ese tema podía hacer aportaciones importantes. Hicimos una revista acerca de migración que llegó a ser citada en diferentes medios internacionales como *The New York Times, The Washington Post, USA Today,* entre otros. Gracias a ello, recibimos una invitación para presentar ante legisladores hispanos, de Sacramento, California, nuestros estudios acerca de la contribución de los migrantes mexicanos e hispanos a la economía americana. También se seleccionó a nuestra institución para coordinar las Jornadas de la Sociedad Civil del Foro Mundial sobre Migración y Desarrollo en 2010. Luego hicimos un *Anuario de Migración y Remesas* que quizá es uno de los compendios estadísticos más completos acerca del tema a nivel mundial. Así que formular preguntas poderosas en verdad funciona.

Si le enseñas a tu hijo que equivocarse es malo, quizás logres que deje de intentar.

Si vas a apoyar con recursos a tus hijos, te recomiendo que les prestes dinero y que, una vez que ellos cuenten con los recursos, te lo devuelvan, con el fin de que asuman mayor responsabilidad de sus propias finanzas.

Si has llegado hasta aquí, ya tienes herramientas para dar el primer paso en la educación financiera de tu hij@ y poder construir su primer pilar. ¿Crees que con algún emprendimiento tu hij@ pueda obtener esos quinientos mensuales de los que hablamos antes y que en la vida adulta podrían llevarle a ser millonari@? Revisa opciones y te darás cuenta de que puede ser eso y más.

Ganar dinero a temprana edad no será suficiente para tener estabilidad financiera en la edad adulta. Hay muchas personas que ganan mucho dinero, pero viven con grandes problemas financieros; por ello es importante que le enseñes lo que verás en las páginas restantes.

IDEAS PARA LLEVAR

Actividades sugeridas para construir el pilar 1

Para todos en casa:

» Conversen con frecuencia en casa con los hijos acerca del trabajo que realizan los padres para obtener dinero. Se puede hacer incluso jugando.

» Platiquen en casa del trabajo en equipo. Asignen tareas a cada uno de los miembros del hogar y aseguren su cumplimiento.

» Conversen sobre los que podrían hacer si en el hogar tuvieran más dinero, qué beneficios les daría, cómo podrían apoyar a otras personas.

» Aplique los principios para generar hábitos adecuados a fin de empezar a generar un gusto por las responsabilidades asignadas.

» En caso de que lo consideren adecuado, establezcan actividades por las cuales los hijos podrían recibir un pago de parte de los padres. Ellas deben ser opcionales y no ser parte de sus deberes en casa.

» Revisen ejemplos de personas que a través de la educación lograron tener mayores capacidades para tener más ingresos.

» Conozcan historias de empresas exitosas. ¿A qué se debe su éxito? ¿Qué problemática resuelven? ¿Por qué algunas empresas venden productos con mucho éxito que en muchos hogares se pueden desarrollar mejor? ¿Qué podrían aplicar ustedes en casa a partir de esas experiencias?

» Realicen un emprendimiento familiar. Previamente menciono diferentes ejemplos que niños y jóvenes podrían realizar. El emprender ayudará mucho a que tu hij@ desarrolle diferentes habilidades no cognitivas, sepa cómo se gana el dinero y conozca sobre formas en las que puede obtener ingresos pasivos o activos y potenciar sus talentos.

» Faciliten que los abuelos, tíos u otros familiares comenten con tus hijos acerca de las actividades que ellos realizan para obtener dinero.
» Platiquen con frecuencia con los hijos acerca de lo que a ellos les gustaría ser de grandes. Indaguen sobre las responsabilidades, lugares de trabajo, lo que se requiere para lograrlo, los beneficios personales y la contribución que podrían hacer a la sociedad.
» Hagan diferentes actividades que fomenten la creatividad en los hijos.
» En familia realicen juegos que promuevan la atención, la concentración, la memoria, el pensamiento lógico y la resolución de problemas. Al final del capítulo anterior puedes encontrar más actividades para favorecer las diferentes habilidades cognitivas y no cognitivas.
» Fomenten la lectura y cuenten constantemente cuentos o historias acordes a la edad de tus hijos acerca de la importancia del trabajo o historias de algunos personajes que llegaron a ser exitosos y cómo han ayudado a otras personas.

Para niños de tres a cuatro años:

» Los emprendimientos más adecuados a esta edad pueden ser aquellos con actividades que impliquen manualidades sencillas.
» Que tu hij@ realice mediante el juego de los hábitos actividades domésticas como guardar sus juguetes en cajas y en su librero, limpiar su mesita y sus muebles, tirar las cosas a la basura, ayudar a recoger los platos, ayudar a tender su cama, poner la mesa de forma sencilla, o

guardar sus cuentos.

- Puedes incluir en el juego otros hábitos que busques fomentar como vestirse sin ayuda, bañarse solo, hacer ejercicio, comer saludable, lavarse los dientes, decir por favor y gracias, dormir temprano, leer un cuento y muchas más.
- Permítele descubrir, explorar, responde sus preguntas, ofrécele posibilidades de desarrollar sus habilidades, gustos e intereses.
- Que juegue sobre conceptos de conteo y matemática básica con el dinero:
    - Por ejemplo, dos monedas de un peso equivalen a dos pesos, cinco monedas de un peso equivalen a cinco pesos.
    - Jugar a reconocer billetes y monedas. Agruparlos por color, tamaño y forma.
    - Enseñarle a utilizar el operador 'y'. "La moneda es pequeña y redonda".
    - Enseñarle a utilizar el operador 'o'. "Hay pocas o muchas monedas".
    - Jugar con ella o él a que te vende ciertos productos; pueden ser sus juguetes u otros objetos de la casa, e intercambiarlos por ciertos objetos para que empiece a conocer relaciones: el valor de una pelota equivale a dos muñecos, etcétera.
    - Realizar sumas y restas adecuadas para su edad. Ejemplo, ¿Si tienes tres juguetes y pierdes dos, cuántos te quedarán?

Para niños de cinco a seis años:

- A esta edad ya puede tener un mayor involucramiento en un emprendimiento.
- Que tu hij@ realice de forma divertida actividades

domésticas como: ordenar su cuarto, recoger la basura, hacer su cama, limpiar y guardar bien los platos, doblar la ropa, poner la mesa completa. El juego de los hábitos visto en este capítulo te puede ayudar en esta tarea.

» Ayúdale a fomentar ciertos hábitos como hacer ejercicio, comer saludable, lavarse los dientes, bañarse a cierta hora, preparar su mochila para la escuela, dormir temprano, decir por favor y gracias, compartir, ayudar a alguien, leer libros, ahorrar, gastar adecuadamente, donar, invertir contigo, etcétera.

» Que siga descubriendo y explorando. Observa a tu hij@ con frecuencia para conocer cuáles son sus deseos, qué intereses muestra, qué hace con pasión, qué habilidades empieza a desarrollar, ofrécele posibilidades de practicar diferentes actividades relacionadas con ello.

» Que juegue sobre conceptos de conteo y matemática básica un poco más avanzados:
  - Clasificar las monedas y los billetes por su valor.
  - Jugar a que vende ciertos productos, pueden ser sus juguetes u otros objetos de la casa, que establezcan un precio y que los padres le orienten si los precios son adecuados y por qué.
  - Que aprenda agrupaciones de números. Por ejemplo, con una bolsa llena de monedas, que hagan grupos y diga cuántos grupos de dos obtienen o cuántos de tres.
  - Realizar operaciones matemáticas acordes a su edad.

» Que juegue con diferentes escenarios donde trabaje y reciba un pago. Padres e hijos se pueden disfrazar de diferentes profesiones como médicos, policías, bomberos y mucho más.

» Que juegue a diseñar el dinero, por ejemplo, con hojas de papel que pinte y le ponga la denominación y que con ello pueda comprar objetos de la casa.

Para niños o jóvenes de siete a quince años:

» Aquí ya puede tomar una responsabilidad aun mayor en su emprendimiento.
» Que realice de forma divertida actividades domésticas acordes a su edad: usar la lavadora, colgar y doblar la ropa limpia, ayudar a limpiar la casa, preparar una comida simple, comprar una lista en el mercado, realizar reparaciones sencillas en casa, entre otras.
» Probalemente tu hij@ ya realiza algunas acciones que le apasionan y lo hace con cierta facilidad aun con poca práctica. Quizá sea un talento que es importante le ayudes a seguir desarrollando.
» Puede seguir realizando el juego de los hábitos para reforzar y/o promover hábitos positivos: actividades domésticas, escolares, relacionados con sus talentos, de salud, financieros (ahorro, inversión, donación, gasto), entre otras.
» Que realice juegos que busquen desarrollar sus habilidades financieras:
  - Expresar en otras monedas el precio de algunos bienes. Por ejemplo; este celular que en México cuesta 2,000 pesos, en EUA costaría 100 dólares.
  - Entretenerse con juegos como AFORTUNADAMENTE que busca desarrollar conocimientos, habilidades y actitudes hacia el dinero casi sin que los jugadores se den cuenta.
  - Realizar ciertos ejercicios matemáticos, acordes a su edad.

- Dale cierta cantidad de dinero (por ejemplo, dos dólares) y que en no más de dos horas logre incrementarlo.
- Puede realizar pequeños trabajos fuera de casa para promover el valor de ganar dinero.

A partir de los dieciséis años:

- Si ya tuvo la experiencia de realizar un emprendimiento en familia, ya podría tener su propia compañía.
- En caso de que no haya hecho algo en familia, es momento de hacerlo (arriba describo cómo podrían empezar a descubrir oportunidades).
- Otra opción es tener una ocupación de tiempo parcial que complemente sus actividades escolares.
- Deberá leer libros acerca de educación financiera. A lo largo de este libro podrás encontrar varias referencias.

4

PILAR 2. ADMINISTRACIÓN DEL DINERO. ENSÉÑALE A AHORRAR... JUGANDO

> Nadie puede tener éxito en la vida sin ahorrar. No hay excepciones a esta regla, y nadie puede escaparse de ella.
>
> NAPOLEÓN HILL

En la mayoría de las metas generalmente se involucra el dinero y está prácticamente en todas las actividades que realizamos. La falta de este, que deriva la mayoría de las ocasiones de una carencia de educación financiera, es la que en muchos casos impide que los sueños se materialicen. Sin embargo, en ese terreno es donde, por lo regular, menos preparación los padres dan a sus hijos. Cabe señalar que la mayoría de las veces no es su culpa, pues tampoco a ellos les enseñaron acerca del tema.

La mayoría de los padres que tratan de enseñar a sus hijos acerca del dinero empiezan por el ahorro. Voy a ejemplificar esto con una historia. Notarás que me gusta mucho esta herramienta pedagógica.

> La falta de dinero, que deriva la mayoría de las ocasiones de una carencia de educación financiera, es la que en muchos casos impide que los sueños se materialicen.

Guadalupe y Ernesto querían enseñarles acerca del dinero a sus dos hijos, Ana y Miguel, de cinco y seis años, respectivamente, ya que consideraban que eso era muy importante para tener un mejor futuro. Para ello, a cada uno le compraron una alcancía de yeso. La de Ana era en forma de unicornio y la de Miguel si bien era en forma de cochinito tenía los colores del hombre araña. Los pequeños al recibir sus alcancías se pusieron muy contentos ya que eran de sus personajes favoritos. En ese momento, Guadalupe y Ernesto le dieron a cada niño una moneda para que empezaran a ahorrar, y ambos pequeños las depositaron y agitaron sus alcancías con alegría por el sonido que se producía, e imaginaron el momento en que las romperían, y cada uno la llevó a su cuarto.

Al día siguiente, nuevamente Ana y Miguel pidieron otras monedas a sus padres para depositarlas en sus alcancías; con gusto, los papás se las dieron y los niños con felicidad las introdujeron e imaginaron cómo se verían por dentro con más monedas. Las primeras dos semanas casi a diario los niños escuchaban el sonido que se producía cada vez que introducían una moneda, ya que tanto padres como hijos se recordaban hacerlo, y los pequeños buscaban asomarse y meter sus ojitos lo más que podían para ver si ya se había llenado la pancita o alguna de las patitas de su alcancía.

Entre la tercera y cuarta semana fue en siete ocasiones, cuando cada uno puso una moneda en su alcancía. Al tercer mes solo pusieron cinco monedas y a partir de ahí ocasionalmente se ponía dinero, y cuando los niños les recordaban a sus padres, estos ya no con la misma emoción de antes les daban las monedas.

Después de 11 meses, y en una mañana de verano, aún sin que las alcancías estuvieran llenas decidieron romperlas. Guadalupe y Ernesto consideraron que era buen momento para enseñar a sus hijos la importancia de contribuir económicamente en casa, así que los papás dijeron a sus hijos que tomarían la mitad de lo que cada uno tenía para realizar una parte de los pagos de los servicios que todos utilizaban en casa. Les agradecieron a sus hijos por esta contribución y les hablaron de la importancia que todos colaboren en casa. Con el resto, los padres sugirieron a los niños comprarse algo que pudieran utilizar para su escuela y algo más para darse un gusto y recompensar su esfuerzo. Siguiendo esa recomendación, Ana se compró un portalápiz y una paleta de chocolate; mientras Miguel, además de un helado de vainilla, compró tres sacapuntas con diferentes formas: helicóptero, casco de futbol americano y zanahoria.

Después de aquella mañana en que rompieron sus alcancías, los niños no volvieron a ahorrar (perdón porque la historia no haya tenido un final feliz).

Hay hogares donde no se incentiva el ahorro, y en los pocos donde se busca hacerlo ocurre algo similar a la historia anterior. Al principio, el dinero se guarda con cierta frecuencia, pero después disminuye y con ello, solo cuando alguien llega a recordarlo, se guarda el dinero.

Una vez que la alcancía se llena, se rompe o se vacía y los hijos o los padres comprarán algo que les guste, o bien, se usará el dinero para alguna necesidad de la casa. Después de ello, raramente se seguirá ahorrando. Por tanto, los hijos no adquirirán el hábito del ahorro; al llegar a la adolescencia el ahorro será solo ocasional y cuando empiecen a ganar dinero será cuando pongan en práctica lo (poco) que saben y, en la mayoría de los casos, eso los llevará a cometer muchos errores financieros.

Los beneficios de enseñarles a ahorrar adecuadamente a tus hijos serán muchos. A lo largo de este capítulo verás herramientas prácticas con las que les podrás enseñar que ahorrar es fácil, que esta práctica se convierta en un hábito y empiecen a ejercitar los diferentes usos que se le pueden dar al dinero para que no se queden con la idea de que el dinero es solo para gastar.

4.1 ¿Para qué ahorrar?

> El hábito del ahorro es una educación; fomenta cada virtud, enseña autocontrol, cultiva el sentido del orden, entrena la previsión y amplía la mente.
>
> T.T. MUNGER

Stephen Covey en su libro clásico *Los 7 hábitos de la gente altamente efectiva* nos invita a comenzar con una finalidad en la mente. En el libro más vendido acerca de la búsqueda de empleo y cambio de profesión, *¿De qué color es tu paracaídas?*, Richard Bolles comenta que hay tres formas de tomar decisiones para el futuro:

1. Suerte, cuando tomas decisiones en función de lo que viene.
2. Seguir el camino según te indique tu intuición.
3. Diseñar los pasos que quieres seguir. En este último caso requieres hacer un trabajo de introspección y autoconocimiento generando todos los recursos y habilidades que necesitarás en tu camino.

Napoleón Hill, quien escribió uno de los libros de autoayuda y de negocios más relevantes de todos los tiempos, *Piense y hágase rico,* señala que el deseo es el primer paso hacia la riqueza y tiene que ser lo suficientemente fuerte para que nos lleve a la acción. Ese propósito inicial se debe poner por escrito, así como las acciones que se han de seguir y el plazo en el que se ha de obtener.

Estos libros, que han sido adquiridos por millones de personas en varios países, sugieren encontrar aquellos propósitos que nos impulsen y desarrollar planes para llegar a ellos en función de los recursos con que contamos.

El ahorro implica dejar de comprar ahora para comprar después, por ello es importante que lo que venga después te motive para hacerlo. Las metas financieras deben motivarnos, nos dicen a dónde queremos llegar, qué queremos obtener y una vez que nos las fijamos podremos encontrar los caminos que nos lleven a ellas. ¿Para qué ahorrar hoy si no esperamos un beneficio mañana?

> El ahorro implica dejar de comprar ahora para comprar después, por ello es importante que lo que venga después te motive para hacerlo.

Las personas nos motivamos a ahorrar cuando sabemos para qué utilizaremos ese dinero. Así como los adultos nos proponemos metas financieras como irnos de viaje, pagar un curso, la universidad de los hijos, arreglar la casa, comprar un auto o una casa, etcétera, los hijos también deberían tener un propósito por el cual ahorrar. Lo ideal es empezar con metas financieras pequeñas y que se puedan alcanzar rápidamente, como un dulce o un juguete, a fin de que no se desesperen y vayan teniendo las recompensas que los motiven a seguir ahorrando. En los hijos de mayor edad se pueden establecer metas financieras un poco más grandes como un libro, una computadora, un videojuego o un viaje. Incluso en los jóvenes es importante que las metas más grandes vengan después de que hayan obtenido metas pequeñas y que ya hayan ido construyendo el hábito del ahorro. No es recomendable empezar por una meta que demande muchos recursos financieros ya que podría tomar mucho tiempo, generar desesperación y hacer que el proceso sea cansado y que no se quiera repetir.

> Para que un hábito se vaya formando es importante la repetición, que haya un monitoreo de cómo avanzamos, incentivos sociales y que tengamos recompensas por lo que hacemos.

Como vimos antes, para que un hábito se vaya formando es importante la repetición, que haya un monitoreo de cómo avanzamos, incentivos sociales y que tengamos recompensas por lo que hacemos. Todo esto debemos buscar que se cumpla en el ahorro. Tu hij@, al proponerse algo y lograrlo, mejorará o fortalecerá su autoconfianza.

4.2 Ahorren en familia

> El talento gana partidos, pero el trabajo en equipo y la inteligencia ganan campeonatos.
>
> MICHAEL JORDAN

De preferencia tu hij@ debe ahorrar del dinero que gane, debe saber que el dinero es suyo, que lo obtuvo y no que fue un regalo; muchas veces, cuando algo no nos cuesta, lo apreciamos menos. Antes vimos que puede recibir pagos por ciertas actividades en casa o bien desarrollar un emprendimiento en familia.

Algo importante que quiero enfatizar es que el ahorro de los hijos es de ellos y que, si bien nosotros los orientamos en qué gastar, no debemos ser los padres quienes decidamos qué se hace con ese dinero ahorrado por ellos sin tomarlos en cuenta. En una ocasión me comentó "V" (una amiga) que ella empezó a ahorrar con sus hijos adolescentes, que eran muy constantes al hacerlo fijándose fechas y que habían prometido no tocar ese dinero hasta que se llenara la alcancía. Un día, ella tenía que realizar algunos pagos y no tenía dinero de su quincena para hacerlo; entró a la habitación de sus hijos, donde tenían la alcancía, la rompió y tomó una buena parte del dinero. Al llegar de la escuela sus hijos encontraron la alcancía rota y que el poco dinero que quedaba estaba ahora en un recipiente. Desde luego, le preguntaron a su mamá qué había pasado. Ella les comentó que tomó el dinero para realizar pagos urgentes. A los jóvenes les generó una enorme conmoción lo que hizo su mamá y no quisieron volver a ahorrar.

Ahorra con tu hij@

Como vimos antes, los incentivos sociales son muy importantes. Muchos adultos para adelgazar hacen retos con otros conocidos y el que adelgace obtiene algún premio; al menos, en el periodo que dura el reto se logran obtener resultados visibles. También hay quienes, si bien podrían hacer ejercicio en su casa, prefieren pagar un gimnasio ya que ahí se motivan al ver a otras personas esforzarse.

En el caso del ahorro, en 2016 se publicó el artículo "*How to Help Poor Informal Workers to Save a Bit: Evidence from a Field Experiment in Kenya*" donde se muestran los resultados de varios experimentos para incentivar el ahorro en un grupo de personas en Kenia; mensajes de texto con recordatorios para ahorrar; una moneda dorada que se tenía en casa, a la vista de los miembros del hogar, y que se marcaba cada vez que se ahorraba y, por último, pagos del 10 o 20 por ciento por los ahorros realizados. ¿Qué crees que fue lo más efectivo? La moneda dorada, superando incluso a los incentivos monetarios, ya que al tenerla en casa y verla diario todos los miembros de la familia se motivaban para ahorrar y se recordaban que tenían que hacerlo. Este es otro ejemplo de lo importante que son los incentivos sociales.

> Si quieres ayudar a tu hij@ a ahorrar, tú también deberás hacerlo.

Los padres podemos ayudar con incentivos similares. Es importante que tus hijos te vean ahorrar, que ahorres con ellos y que lo hagas de forma recurrente. Para tus hijos, hacerlo contigo, será mucho más divertido. Nosotros, los adultos, ¿qué tan motivados nos sentiríamos a hacer algo si alguien nos dijera "tú hazlo y yo te veo"? Aunque fuera nuestro jefe en el trabajo, algún compañero o nuestra pareja en la casa, seguramente no mucho. ¿Por qué esperaríamos a que un niño sí se motive al hacerlo él solo?

Unos buenos amigos tienen un pequeño hijo y han buscado fomentarle el hábito del ahorro desde los tres años, cuando le compraron una alcancía. Al inicio de la contingencia sanitaria en 2020, para no intercambiar monedas o billetes con los proveedores que llegaban a su casa, y para darles cantidades exactas, empezaron a tomar dinero de la alcancía de su hijo. Si ellos hubieran tenido sus propios ahorros en casa, no habrían tenido necesidad de hacer aquello desincentivando al pequeño para seguir ahorrando. Así que (mamá, papá) si quieres ayudar a tu hij@ a ahorrar, tú también deberás hacerlo.

Se debe establecer una frecuencia para ahorrar y respetarla, por ejemplo, diario, cada semana o cada quince días. Al principio lo más relevante no es la cantidad de ahorro sino la frecuencia con la que se haga para generar el hábito (recuerda el ejemplo del lavado de dientes). Tu papel va a ser fundamental para lograr que se cumpla. Podrías poner un recordatorio en el celular o en un calendario visible indicar las fechas en las que estarán ahorrando y cumplir efectivamente con ese compromiso de ahorro.

También, puedes incluir el ahorro en el juego de los hábitos que vimos en el capítulo anterior y, cada vez que alguien ahorre, suma puntos.

Ahorren con alcancías transparentes

Tanto los padres como los hijos deben tener alcancías de los mismos tamaños y transparentes. ¿Por qué transparentes? Esa será nuestra "pizarra", como en el experimento del hospital que vimos en el capítulo 1. Al ser transparente, los niños, jóvenes y adultos podrán monitorear su avance. Ver que la cantidad de dinero aumenta, los motivará. Quizá te ha pasado que has estado en alguna carrera y en algún momento sientes que ya no puedes seguir, pero al ver cerca la meta recobras fuerzas y logras llegar. Cuando sabemos que avanzamos, nos motivamos; cuando estamos cerca de lograrlo, aumenta el entusiasmo.

Todos deben darse cuenta de que están avanzando, de que con cada moneda que ponen en la alcancía, esta se va llenando. El incentivo social se generará si todos en casa ahorran, incluso los hijos querrán competir con los padres. Jueguen en familia la competencia del ahorro. Por ejemplo, las alcancías se pueden hacer en casa con PET, no es necesario comprar una. Cada persona le puede poner su propio diseño, quizá su nombre, algún dibujo, y hacer uso de su creatividad. Esta actividad les generará a los hijos un mayor sentido y compromiso hacia el ahorro.

Cuando empiecen esa tarea, la primera alcancía de cada integrante de la familia debe ser pequeña para que rápidamente logren llenarla y cumplan, así, su primer propósito. Todas las alcancías deberán estar colocadas en un lugar visible de la casa donde todos los miembros de la familia las puedan ver, pues así todos recordarán que deben ahorrar tal y como sucedió en el experimento que se hizo en Kenia.

Así como los hijos se fijaron alguna meta, los padres también deben hacerlo y compartirla con todos. Ello hará que el juego sea más entretenido y se disfrutará ahorrar. Incluso se pueden fortalecer los lazos de unión entre padres e hijos.

4.3 Método de los cinco propósitos para el ahorro

> La determinación es pasión y perseverancia
> para alcanzar metas a muy largo plazo.
>
> Angela Lee Duckworth

En una conferencia, Dan Ariely, uno de los principales exponentes de la economía conductual, comentó que en el futuro todos somos personas maravillosas porque hacemos ejercicio, bajamos de peso, ahorramos, nos quitamos los vicios, otros, y que estaremos mejor ya que vamos a cumplir los propósitos que nos hacemos (obviamente él estaba siendo irónico). Lo cierto es que generalmente esos propósitos suelen ser vagos: "El siguiente año ya voy a ahorrar"; o dejamos la responsabilidad sobre ciertas circunstancias: "Si la economía mejora, me pongo a estudiar inglés", "Si me dan el aumento, nos podemos ir de vacaciones". Si verdaderamente queremos alcanzar esas metas tenemos que ponerlas por escrito, fijarles fecha y hacer un plan.

En una cartulina o alguna hoja grande de papel (por ejemplo, formato A1) cada uno escriba un único propósito (lo que comprará con su ahorro) y el costo de eso que se comprará, así como cuándo lo hará. Para iniciar, te sugiero que sea cada semana cuando se cumplan los propósitos, los fines de semana preferentemente. Intenten que las metas que cada uno se proponga tengan un costo bajo y parecido, y asegúrense de que todos la alcancen cada semana. Coloquen esa tabla en un lugar visible para todos los miembros del hogar. Si hay pequeños en casa y aún no saben escribir, utilicen dibujos. Las metas pueden ser un helado, una fruta, un pan, un lápiz, unas galletas, unos dulces, un comic, algo con un costo relativamente pequeño, pero que a cada uno le genere satisfacción comprarlo. Aquí lo importante será que tus hijos aprendan que ahorrar es fácil.

TABLA PARA LOS CINCO PROPÓSITOS DE AHORRO			
Persona	**¿Qué voy a comprar?**	**¿Cuánto cuesta?**	**Día de la semana en que voy a comprarlo**
Hij@ mayor			
Hij@ menor			
Mamá			
Papá			

Todo el dinero de la alcancía deberá ser para un único fin y gastarlo en ello. Que tus hijos sientan esa satisfacción de haber obtenido algo a partir de las acciones que realizaron. Lo importante es que aprendan que el dinero no es relevante en sí mismo, sino por lo que puedes hacer con él.

Con este método de los cinco propósitos para el ahorro, que pueden hacer los pequeños y los grandes, aprenderán lo fácil que es ahorrar y rápidamente obtendrán una recompensa que los motivará a seguir haciéndolo. Muchos adultos no ahorran porque consideran que es complicado, que no tienen suficiente dinero para hacerlo, que ahorrar es un

> Con el método de los cinco propósitos para el ahorro, aprenderán lo fácil que es ahorrar y rápidamente obtendrán una recompensa que los motivará a seguir haciéndolo.

sacrificio. Aplicando lo que aquí te sugiero, ayudarás a tus hijos a no esgrimir esos pretextos.

Tú como padre debes tener paciencia durante el proceso, estás preparando a tus hijos para una carrera larga y para llegar a la meta deben entrenarse muy bien. Si dedicas tiempo en la preparación de tus hijos, verás poco a poco los resultados.

Una vez que lograda la primera meta, hay que proponerse otra utilizando la misma alcancía y puede ser de un costo similar para alcanzarla la semana siguiente. Se requiere empezar a fomentar la repetición en el ahorro. Nuevamente, una vez logrado el segundo propósito habrá que ir por uno adicional y de manera gradual se puede subir un poco la meta de ahorro. Si este primer proceso ya se realizó al menos cinco veces de forma continua (en poco más de 30 días ya se habrán sentado bases para generar el hábito) ya estarán en posibilidades de dar el paso siguiente.

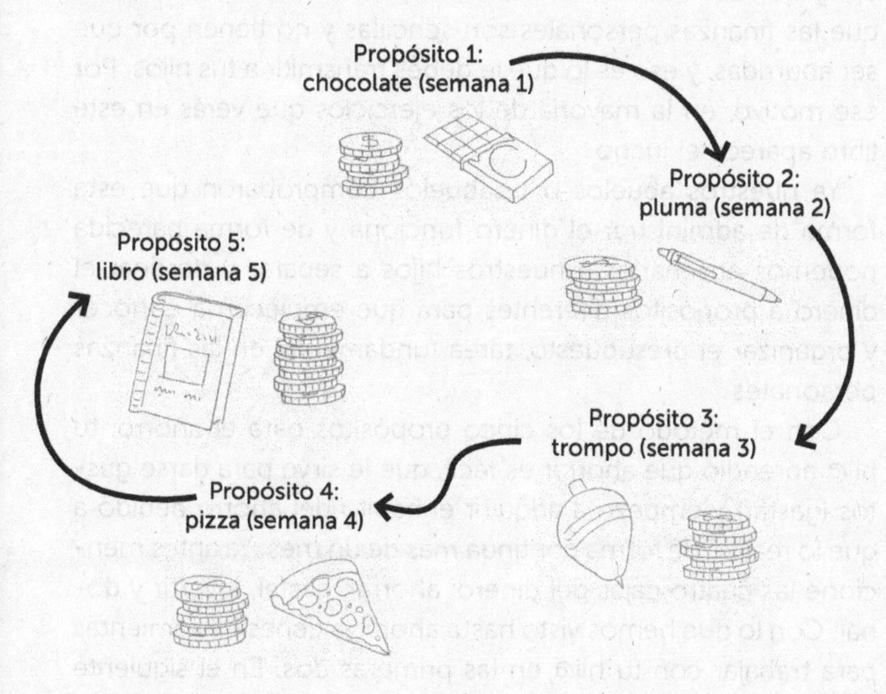

4.4 Las 3-4 alcancías para tu hij@

> Las finanzas personales son aproximadamente un 80% conducta y solo un 20% conocimiento intelectual.
>
> DAVE RAMSEY

He escuchado a muchas personas decir: "¿Cómo le hicieron los abuelos para mantener a tantos hijos y darles escuela a todos? Yo con mi salario actual no podría". Siguiendo una administración sencilla del dinero. Antes, lo que a menudo se hacía es que el día de quincena o el día de pago los responsables del hogar separaban el dinero según el uso que le darían: la renta, servicios de la casa, comida, deudas, ahorro, otros. La forma de separarlo era en sobres o recipientes. Sabían con exactitud cuánto dinero recibían en el hogar y en qué lo iban a gastar y se apegaban a lo que habían destinado para cada rubro. Recuerda que las finanzas personales son sencillas y no tienen por qué ser aburridas, y eso es lo que le debes transmitir a tus hijos. Por ese motivo, en la mayoría de los ejercicios que verás en este libro aparece el juego.

Ya nuestros abuelos o bisabuelos comprobaron que esta forma de administrar el dinero funciona y de forma parecida podemos enseñarles a nuestros hijos a separar y destinar el dinero a propósitos diferentes para que empiecen a conocer y organizar el presupuesto, tarea fundamental en las finanzas personales.

Con el método de los cinco propósitos para el ahorro, tu hij@ aprendió que ahorrar es fácil, que le sirve para darse gustos (gastar) y empezó a adquirir el hábito del ahorro debido a que lo realizó de forma continua más de un mes. Ya antes mencioné las cuatro cajas del dinero: ahorrar, gastar, invertir y donar. Con lo que hemos visto hasta ahora ya tienes herramientas para trabajar con tu hij@ en las primeras dos. En el siguiente capítulo profundizaremos en el gasto. Ahora incorporaremos las dos que faltan: invertir y donar, por ello te recomiendo que tu hij@ tenga tres alcancías y después cuatro, las cuales puede denominar y distribuir de la forma siguiente (entre paréntesis te propongo una distribución porcentual la cual te puede servir de referencia):

Método de las 3-4 alcancías

Necesidades y gustos (60%)

Alrededor de los 16 años

Necesidades (40%) | **Gustos (20%)**

Las necesidades son diferentes a los gustos. Esto lo revisaremos en el capítulo del gasto y tu hij@ deberá aprender la diferencia. Por facilidad, y dado que el 3 es una cantidad que el cerebro puede gestionar con eficacia, en las etapas iniciales del ahorro te sugiero que inicie con 3 alcancías y por ello los gustos y las necesidades van en una sola. Las necesidades de los más pequeños deben enfocarse en ellos (sus útiles escolares, por ejemplo); los más grandes ya podrán contribuir a las necesidades del hogar a fin de que vayan teniendo mayor responsabilidad financiera.

Emprendimiento-inversión (30%)

Es muy importante que tu hij@ emprenda para que desarrolle muchas habilidades no cognitivas. Por eso, parte de lo que reciba deberá destinarse a este fin.

Aquí puede incluir lo que van a ocupar para los insumos de su emprendimiento. A medida que vaya obteniendo mayores ingresos por él, y ya no se ocupe el 30% sugerido para esta alcancía, los recursos restantes los podrá invertir.

En el capítulo de las inversiones trato este tema a detalle.

Donación (10%)

Aquí irán los recursos que se destinarán a ayudar: por ejemplo, para compartir con niños de casas hogar o de menores recursos, llevar comida a personas en hospitales o ayudar a animalitos.

Son el tipo de acciones que alimentan el alma y que es grato hacerlas, a la vez que enseñan a tu hij@ a compartir, a aprender que el dinero sirve también para ayudar y a valorar lo que tiene.

> Con el método de las 3-4 alcancías aprenderán que el ahorro es sencillo, a gastar únicamente lo que ganan, empezarán a poner en práctica el hacer que el dinero genere más dinero al invertirlo, podrán tener ingresos pasivos y ello los motivará a seguir ahorrando e invirtiendo.

Con la distribución propuesta, tus hijos sabrán que, si reciben diez monedas de igual valor, seis irán a la primera alcancía (necesidades y gustos), tres a la segunda (emprendimiento-inversión) y una a la tercera (donación). A partir de los dieciséis años aproximadamente ya pueden tener una mayor responsabilidad financiera y contribuir a los gastos del hogar, por lo que es buen momento para separar la primera alcancía en dos: una para las necesidades y otra para los gustos. En la primera se incluyen gastos del hogar (renta, despensa, servicios del hogar, necesidades personales como los útiles escolares o vestido y calzado); la sugerencia es destinar 40 por ciento del ingreso. En la alcancía de los gustos entran los juguetes, videojuegos, una salida al cine, los gastos de vacaciones, el entretenimiento en general.

Con el método de las 3-4 alcancías empezarán a tener una herramienta básica para el control del dinero, algo que a muchos adultos se les suele complicar. Aprenderán que el ahorro es sencillo (pueden ahorrar cantidades pequeñas), a gastar únicamente lo que ganan, empezarán a poner en práctica el hacer que el dinero genere más dinero al invertirlo, podrán tener ingresos pasivos y ello los motivará a seguir ahorrando e invirtiendo.

Este método, una vez que ya se ha aplicado con regularidad y se ha adquirido el hábito, se puede combinar con productos financieros. Por ejemplo, lo que se tiene en las alcancías de necesidades y gustos se puede depositar en cuentas de ahorro bancarias cada determinando tiempo, o bien, parte de lo que se tiene en la alcancía de emprendimiento-inversión se puede llevar a instrumentos de inversión para menores o adultos, dependiendo de la edad de tus hijos.

Establezcan metas familiares

Haz partícipes a tus hijos de las metas familiares como un viaje en familia, comprar una televisión o un automóvil. Pueden poner también la "pizarra" e indicar de manera gráfica y visible la meta de dinero a la que tienen que llegar para que todos vean cómo van avanzando y acercándose a ella. Eso les generará emoción a tus hijos, los comprometerá a ahorrar y a proponer ideas para llegar más rápido.

En su pizarra pueden poner el objetivo del ahorro, el monto al que tienen que llegar y semana a semana indicar el ahorro que lograron, el ahorro que se va acumulando y la cantidad que hace falta para alcanzar la meta. A continuación, te pongo un ejemplo donde la familia se propone juntar diez mil para un viaje.

EJEMPLO DE UNA META FAMILIAR ⟶ VIAJE			
Meta de ahorro		**$10,000**	
	AHORRO	AHORRO ACUMULADO	FALTANTE
Semana 1	500.00	500.00	9,500.00
Semana 2	700.00	1,200.00	8,800.00
Semana 3	800.00	2,000.00	8,000.00
Semana 4	1,000.00	3,000.00	7,000.00
Semana 5	1,200.00	4,200.00	5,800.00
Semana 6	1,000.00	5,200.00	4,800.00
Semana 7	1,000.00	6,200.00	3,800.00
Semana 8	1,400.00	7,600.00	2,400.00
Semana 9	1,100.00	8,700.00	1,300.00
Semana 10	1,300.00	10,000.00	——

No es necesario que sea una tabla, puede ser una alberca que se va llenado conforme se acercan a la meta establecida de ahorro, un animal que van coloreando a medida que tienen más ahorros, entre otros.

El juego del ahorro les enseñará a tus hijos que lo relevante es la meta y no el dinero que te ayuda a llegar a ella. También, a establecerse metas y esforzarse por alcanzarlas, a realizar con frecuencia y de forma divertida el ahorro, y a empezar a generar y fortalecer el hábito. Aprenderán también que no hay nada de malo en tener dinero, que les sirve para darse algunos gustos, les puede ayudar a alcanzar sus sueños y también a ayudar a otras personas.

4.5 La libreta de ahorros

> La organización no se trata de la perfección; se trata de eficiencia, reducir el estrés y el desorden, ahorrar tiempo y dinero y mejorar su calidad de vida en general.
>
> CHRISTINA SCALISE

En el capítulo 1 mencioné que uno de los elementos que lleva a muchos adultos a tener un descontrol de sus finanzas es el no hacer cuentas. Debido a ello, no saben con precisión cuánto ganan y, mucho menos, cuánto y en qué gastan; no planifican, emplean de forma inadecuada su dinero e incurren en deudas que no pueden pagar por lo que terminan metiéndose en serios problemas financieros. En los capítulos siguientes detallo un poco más el tema con el objetivo de que en casa se tengan más herramientas para ejercer un mejor control de las finanzas.

El método de las 3-4 alcancías, sin duda, les dará una herramienta para el control del dinero. Acá veremos otra. Desde niños o en la adolescencia, si no lo hiciste antes, puedes inculcarles a tus hijos el hábito de «hacer las cuentas», como lo hacían John Rockefeller y Carlos Slim al usar una libreta de ahorros en la que anotaban sus ingresos y egresos. Incluso Rockefeller en un libro menciona que la conservó toda su vida por lo importante que fue para él esa herramienta.

En un cuaderno pueden trazar una tabla como la siguiente, misma que irán llenando periódicamente. Al principio puede ser cada semana, pero si hay hijos que reciben ingresos más de una vez a la semana, de preferencia que lo hagan cada vez que lo reciben y también cada que gastan. Este registro lo pueden empezar a llevar una vez que ya han generado el hábito del ahorro con su alcancía transparente y tienen ya ciertas habilidades numéricas como leer, escribir y ordenar números naturales. Podría ser desde los siete años, registrando los números sin decimales y posteriormente hacerlo incluyendo centavos, alrededor de los diez años.

MIS AHORROS			
Fecha	Ingreso (Dinero que entra)	Egreso (Dinero que sale)	Ahorro (Ingresos-egresos)
Total			

Te propongo que, como hacían los padres de los multimillonarios, destines un día a la semana para revisar con tu hij@ su libreta de ahorros y darle consejos acerca de cómo está empleando su dinero y cómo hacerlo mejor. Te sugiero (mamá, papá) que tú también hagas este registro y que también lo revises con tu hij@. Incluso, pídele consejos. "¿Qué gastos me sugieres reducir?", "¿Qué podríamos hacer para incrementar los ingresos?". Ello le permitirá abrir su mente a más posibilidades.

Esta será una herramienta que les empezará a enseñar a tu hij@ el orden con que deben manejarse las finanzas personales, y si lo hace con frecuencia desde la niñez o la adolescencia, se convertirá en parte de su vida y sus probabilidades como adulto de tener mayor estabilidad financiera serán más elevadas.

Con esto le quedará claro a tu hij@ lo que realmente es el ahorro y no creerá, como algunos adultos, que al comprar ahorran solo porque obtuvieron algún descuento. ¡Gastar no es ahorrar!

Si tu hij@ está en el bachillerato se pueden poner como meta ahorrar para la universidad. Revisa con ella o con él costos de las carreras. Para el caso de México, el Instituto Mexicano para la Competitividad (IMCO) tiene un sitio web[20] donde calcula los costos que en promedio cuestan las carreras tanto en universidades públicas como en las privadas, con lo cual podrían establecer una meta realista del ahorro que tendrían que hacer, así como plantear acciones para obtener los recursos que le permitan estudiar la carrera en la universidad que se proponga.

4.6 Algo más de ahorro

> Un centavo ahorrado es un centavo ganado.
>
> BENJAMÍN FRANKLIN

El ahorro no se trata solamente de poner dinero en algún lugar como una alcancía. También es no gastar en lo que no necesitamos y cuidar lo que tenemos. Puedes ahorrar en especie con tus hijos. Recuerda que el ejemplo es muy importante. Los padres somos para los hijos, sobre todo en los primeros años, el modelo a seguir; si nos ven ahorrar, también ellos lo harán. En casa puedes realizar diferentes acciones que tus hijos verán y que tanto a ti como a ellos les ayudarán a ahorrar. A continuación, te comparto una serie de consejos prácticos que nosotros aplicamos en casa y que también te podrían ayudar a ahorrar, a cuidar el planeta y enseñarles a tus hijos a hacerlo.

1. Aprovecha el agua con la que te bañas. Pon una cubeta donde caiga el agua antes de obtener la temperatura

[20] http://imco.org.mx/comparacarreras/

ideal, le puedes dar muchos usos y ahorrarás un poco de dinero, además de cuidar el planeta. En cada baño se pueden ahorrar entre cuatro y cinco litros de agua, lo que a la semana equivale a entre veintiocho y treinta y cinco litros y en un año estamos hablando de más de 1,450 litros de agua por persona.

2. Al lavar los trastes, primero enjabónalos todos y después enjuágalos todos, pues así ahorrarás agua. También puedes poner un recipiente donde caiga el agua con la que enjuagas los trastes, podrías colarla y darle otros usos como regar las plantas o emplearla para el inodoro. De verdad que ahorrarás miles de litros de agua en un año, dependiendo de qué tantas comidas se realicen en casa, pero bien podrías ahorrar más agua que en el caso anterior.
3. Siempre que puedas, utiliza agua fría. Esto te permitirá ahorrar gas.
4. Trata de usar la lavadora siempre con cargas completas y no con cargas a medias. Con ello ahorrarás agua, jabón, electricidad y quizá gas. Pueden crear una lavadora manual con un palo de escoba, una cubeta y una botella de PET y tendrán una forma divertida de lavar la ropa sin usar la electricidad.
5. Si tienes internet en casa, conecta tu celular al WiFi y desactiva tus datos para no gastarlos. Tu bolsillo te lo agradecerá.
6. Por la noche o cuando no utilices tu celular, desconecta el Wifi o ponlo en modo avión. Así consumirá menos batería y con ello ahorrarás en electricidad.
7. Consume contenido gratuito en internet en lugar de pagar suscripciones. Afortunadamente en internet puedes encontrar un sinnúmero de opciones para todos los gustos. No es necesario pagar para divertirse.
8. Si te es posible cultiva tus propias verduras y frutas. Es barato, ecológico y le puedes dar una gran enseñanza a

tus hijos. Existen muchas ideas incluso para espacios reducidos. En un viaje que realizamos a Canadá, mis hijos vieron un pequeño huerto, nos sugirieron que hiciéramos algo así y llegando a casa nos pusimos a hacerlo. Para los niños fue muy divertido y más cuando consumieron lo que ellos mismos habían sembrado.

9. Cuando exista calor puedes secar la ropa que laves al aire libre. Es más económico que usar la secadora y también ayudarás al planeta.
10. Apaga la luz de cualquier habitación cuando no la utilices. En esto podemos jugar con nuestros hijos a que alguno de ellos sea el vigilante de la luz por una semana y que se encargue de avisar o apagarla en alguna habitación que esté encendida y nadie la esté ocupando. Verás que los hijos son muy buenos haciendo esto y hasta te llegarán a indicar cuando seas tú quien deje las luces encendidas sin que se utilicen.
11. Desconecta aquellos aparatos eléctricos que puedas o que no utilices y usa focos ahorradores. Así ahorrarás en el consumo de energía eléctrica.
12. Recicla algunos bienes en casa y dale otros usos. Este tipo de actividades les ayudarán mucho a tus hijos para su creatividad. Muchas de las libretas que se emplean para los apuntes en la escuela no se utilizan en su totalidad, y las hojas que no se emplearon en diferentes libretas podrían utilizarse para hacer una nueva, por ejemplo.

El reciclaje y su talento los ha llevado a ser grandes

Desde 2006, Favio Chávez, un técnico ambiental, llegó a trabajar con niños y jóvenes recicladores de basura en una comunidad ubicada alrededor del depósito de basura Cateura, el más grande de Asunción, Paraguay, y quería enseñarles a ser músicos; sin embargo, como el mismo Favio lo ha comentado, un violín podía costar más que algunas de las casas en Cateura, no había forma de enseñarles a tocar instrumentos sin instrumentos.

La solución fue utilizar los restos de basura para fabricar instrumentos que emitieran sonidos musicales como los de violines, guitarras, flautas, saxofones, trompetas, trombones y más.

Con mucha ilusión los niños y jóvenes se preparaban y se esforzaban para llegar a ser músicos y así nació la Orquesta de Reciclados de Cateura que ha dado conciertos en una gran cantidad de países como Brasil, Argentina, EUA, Canadá, Noruega, Alemania, Francia y Japón, entre otros. El dinero que han ganado ha servido para apoyar a la comunidad y que entre todos reduzcan su situación de pobreza.

Esta historia es un ejemplo de cómo la creatividad y la perseverancia, aun cuando se tienen condiciones económicas desfavorables, pueden ayudar a las personas a mejorar su situación económica.

4.7 Cuentas de ahorro para tu hij@

> La sabiduría consiste en saber cuál es
> el siguiente paso; la virtud, en llevarlo a cabo.
>
> David Starr Jordan

En 2018, mi esposa, mis hijos y yo fuimos a una fiesta infantil de la escuela de uno de mis hijos donde conocimos a algunos de los padres de sus compañeros, y con uno de ellos (le llamaré "O") me la pasé platicando una buena parte de la fiesta. Al principio nos presentamos y comentamos en qué trabajábamos.

Yo le platiqué que me dedicaba a los temas de educación financiera y él también trabajaba en el sector financiero. Hablamos de lo importante que era enseñar a los hijos acerca del dinero (algo raro en una fiesta) y él me comentó que su pequeño hijo de tres años ya tenía una cuenta de ahorro bancaria, y me preguntó mi opinión al respecto. Antes de responder, le pregunté si ahorraban en casa, me dijo que no, que consideraron importante que su hijo ya tuviera su cuenta para empezarlo a introducir en la bancarización. También, le pregunté cómo había sido el proceso con el pequeño para abrir la cuenta y cómo le daban seguimiento. Me dijo que primero le platicaron a su hijo que le abrirían una cuenta en el banco para que empezara a ahorrar, luego lo llevaron a una sucursal, trataron de explicarle lo que ahí se hacía. Después de abrir la cuenta, le dijeron al pequeño que iba a ahorrar cada semana para después poder comprarse algunas cosas. Le pregunté a "O" si creía que su hijo comprendía el concepto de ahorro, lo que era una cuenta o lo que significaba tener dinero en el banco. Él me dijo que no, pero consideraba que a medida que platicaran con su hijo y que fueran a depositar, al niño le quedaría claro de qué se trataba eso de ahorrar. Tres años después nos hemos seguido viendo, su hijo continúa teniendo su cuenta, pero rara vez ponen dinero en ella, según lo que me platicó.

Las cuentas de ahorro, y en general los productos financieros, van a favorecer las capacidades financieras de tus hijos, y los adultos con mayores capacidades son más propensos a acumular mayor riqueza económica. De acuerdo con los estudios de la Organización para la Cooperación y el Desarrollo Económico (OCDE), los estudiantes de quince años con cuentas bancarias tienen mayores niveles de educación financiera que aquellos que no las tienen según la información de los ejercicios de PISA (*Programme for International Student Assessment*). Por ello, es importante que tus hijos experimenten tener acceso a cuentas bancarias; sin embargo, como en todas las herramientas financieras, debe existir una introducción adecuada.

Emplear una cuenta de ahorro para empezar a generar el hábito de ahorrar en los niños no considero que sea la mejor opción. No tiene los incentivos sociales que lo motiven a hacerlo (ver a sus papás o a sus hermanos ahorrar continuamente) y al principio es complicado obtener algunas gratificaciones inmediatas; si bien puede realizar el monitoreo a través de los medios electrónicos, será algo abstracto y no será sencillo que comprendan el concepto del ahorro si no lo ven de forma tangible.

Por tal razón, el acceso a las cuentas de ahorro en tu hij@ debe ocurrir cuando ya se haya generado el hábito del ahorro en casa, cuando su pensamiento abstracto se haya desarrollado (alrededor de los once años inicia esta etapa), y se haya adquirido el hábito de registrar los ingresos y gastos, se tengan ciertas habilidades matemáticas y ya se sepa leer, escribir y ordenar números naturales de cualquier cantidad de cifras, fracciones y números decimales, que le permitan interpretar adecuadamente un estado de cuenta. Esto puede ocurrir alrededor de los doce y trece años. De esta forma se aprovecharán mucho más los beneficios que ofrece el acceso al sistema financiero.

Todo ello es el siguiente nivel de ahorro y se puede combinar con el método de las 3-4 alcancías, que antes mencioné. Lo que se va acumulando en las alcancías de gustos y necesidades, por ejemplo, se puede depositar después en cuentas de ahorro cada determinado tiempo (semanal, quincenal, mensual), o bien, cada vez que se logre cierto monto de ahorro. Esto le enseñará que con su dinero puede obtener ganancias y empezará a conocer y a aplicar conceptos como «interés», «rendimiento», «inflación»; relevantes para el bienestar financiero, lo cual le generará mayor autoconfianza a la vez que empezará a prepararse para administrar cuentas más sólidas y otros productos financieros como una tarjeta de crédito.

¿Qué se debe considerar para abrir una cuenta de ahorro para tu hij@?

En México hay diferentes instituciones autorizadas por la Comisión Nacional Bancaria y de Valores (CNVB) como bancos, Sociedades Financieras Populares (sofipos) y Sociedades Cooperativas de Ahorro y Préstamo (socaps) que ofrecen cuentas de ahorro tanto para adultos como para menores de dieciocho años. Puedes revisar el Padrón de Entidades Supervisadas de la CNBV para conocer cuáles se encuentran en operación. Las cuentas de ahorro bancarias están protegidas por el Instituto para la Protección al Ahorro Bancario (IPAB) hasta por 400 mil

UDIs (unidades de inversión).

Si tu hij@ es mayor de edad puede acercarse directamente a alguna de las instituciones antes señaladas y abrir una cuenta a su nombre donde puede empezar a guardar sus ahorros. A partir de los quince años, tus hijos pueden abrir una cuenta bancaria básica de forma autónoma, y después de los dieciséis años si ya trabajan puede abrir una cuenta de nómina presentando la documentación solicitada por las instituciones financieras.

Antes de los quince años las cuentas deben ser abiertas por los padres o tutores. Por lo general, para solicitar estas cuentas es necesario acudir a una sucursal con la identificación oficial vigente de la madre, el padre o el tutor, comprobante de domicilio no mayor a tres meses y el acta de nacimiento del menor. Antes de ello, puedes realizar por internet una investigación de las instituciones que ofrecen este producto y las condiciones que ofrecen. Pueden llenar la tabla siguiente con lo que obtengan de su investigación junto con tu hij@, ya sea mayor o menor de edad:

- Revisen el monto mínimo requerido para abrir la cuenta. En algunas instituciones no te solicitan alguna cantidad, pero habrá otras que sí lo hagan.
- Por lo regular, estas cuentas no te cobran comisión por manejo de cuenta. De cualquier forma, revisen las comisiones que te podría cobrar, por ejemplo, si no se cumple con el monto mínimo requerido cada mes o cuando se saca dinero de un cajero que no pertenece a tu institución.
- Casi siempre, las cuentas de ahorro ofrecen intereses bajos, incluso algunas cuentas no ofrecen este beneficio o lo hacen a partir de cierta cantidad. Una opción son los instrumentos de inversión que veremos más adelante, pero vayamos paso a paso. El interés será importante para que tus hijos empiecen a aprender que pueden poner a trabajar el dinero, que con él pueden ganar más dinero y que, aun cuando el interés puede ser pequeño, la ganancia puede aumentar si el saldo se incrementa.

- También te sugiero que revisen la ganancia anual total (GAT) que es un indicador del rendimiento total que se ofrece por los recursos depositados a un plazo determinado, y considera la tasa de interés y los costos o comisiones. Se expresa en términos porcentuales tanto nominales como reales. Por ejemplo, si depositaste 1,000 pesos y el interés de la cuenta es 3 por ciento anual y te cobran una comisión de 1 por ciento, la GAT nominal será de 2 por ciento, por lo que al año recibirás 1,020. Para obtener la GAT real deberás restar la inflación; si la inflación esperada es de 3 por ciento, en nuestro ejemplo anterior la GAT real será -1 por ciento. ¿Qué significa una GAT negativa? Que la ganancia que recibirás no compensa el valor que el dinero pierde por la inflación. Aun así, es preferible esto a tenerlo en casa, ya que ahí pierde más valor; el siguiente año seguramente podremos comprar menos productos con una cierta cantidad de dinero, ya que los precios tienden a subir año con año.
- El acceso a la banca *online* le facilitará a tu hij@ la gestión del dinero en su cuenta, y podrá darle seguimiento a los movimientos que realiza para llevar un control de todo lo que ingresa y sale de su cuenta. Hagan una lista utilizando la siguiente tabla para poder comparar las diferentes opciones y elegir la mejor.

TABLA PARA COMPARAR PRODUCTOS DE AHORRO					
Nombre de la cuenta / Institución	Monto requerido para apertura	Comisiones que cobra	Tasa de interés	GAT nominal	¿Ofrece banca *online*?

Este tipo de análisis se debería realizar siempre que se contrate un producto financiero. Si tu hij@ sabe cómo hacerlo, cuando tenga una mayor responsabilidad financiera tomará decisiones informadas en la contratación de sus productos y servicios, y no le ocurrirá como a muchos adultos que desconocen las características de lo que adquieren y no los aprovechan del todo, además de que pagan por elementos que no requieren.

Una vez que se contrate la cuenta, con cierta periodicidad (de preferencia por semana) realicen depósitos a su cuenta y revisen juntos su estado de cuenta para que tu hij@ vea que su ahorro está aumentando, pues eso le motivará a seguir haciéndolo. Al principio, puedes apoyar a tu hij@ a interpretarlo y, si lo hacen con regularidad, aprenderá lo útil que es, ya que ahí está toda su información, desarrollará el hábito de revisarlo y sabrá tomar decisiones que mejoren su vida adulta.

Conforme tu hij@ va ahorrando en su cuenta y va adquiriendo mayor conocimiento para administrarla e interpretar su estado de cuenta, podrá asumir mayor responsabilidad e independencia. Al igual que con el resto de los hábitos donde primero le pones el ejemplo, le acompañas, le orientas y después lo dejas hacer por sí solo, en este caso puedes, poco a poco, reducir la periodicidad con que acompañas a tu hij@ para revisar su estado de cuenta y le orientas.

Cuando tu hij@ tenga su cuenta puedes aprovechar para explicarle cómo funcionan los bancos. Con el dinero que ahí las personas depositan los bancos se lo prestan a alguien más, quien a su vez lo usa para comprar o para poner un negocio y hacer crecer el dinero. Cuando los bancos prestan el dinero cobran una cantidad adicional llamada interés y de ahí les pagan a personas que depositan su dinero en el banco y también a las personas que trabajan en el banco.

4.8 Conviene que tu hij@ ahorre pronto para su retiro

> Puedes ser joven sin dinero, pero no puedes ser viejo sin él.
>
> TENNESSEE WILLIAMS

"¿Hablar con mi hijo de su retiro? Es muy joven, falta mucho tiempo" probablemente es algo que muchos padres pensarían. Sin embargo, si tu hij@ empieza pronto a ahorrar podrá tener un mucho mejor retiro, un retiro realmente digno. El retiro o jubilación se asocia con júbilo, gozo; sin embargo, muchas personas que llegaron ya a una edad para dejar de trabajar lo siguen haciendo debido a que no tomaron acciones adecuadas. Lo ideal es que esa etapa se disfrute y se cuente con los recursos para financiarla. En México hay quienes cuentan con AFORE (una cuenta individual donde contribuyen además del trabajador, los patrones y el gobierno), que les permitirá contar con recursos para esa etapa.

El retiro o jubilación se asocia con júbilo, gozo; sin embargo, muchas personas que llegaron ya a una edad para dejar de trabajar lo siguen haciendo debido a que no tomaron acciones adecuadas.

Te pongo algunos números que son muy ilustrativos de lo importante que es empezar pronto. En este cálculo supongo que una persona vivirá quince años de sus ahorros; los gastos en la etapa de retiro representan 70 por ciento de los que se realizaban cuando se trabajaba, ya que se reducirán algunos como transporte, ropa, educación de los hijos, quizá la hipoteca de la casa y el mismo ahorro para el retiro. Considero una inflación anual de 4 por ciento, que el dinero se mete a una cuenta de inversión que ofrece 7 por ciento anual y que no se cuenta con AFORE u otro plan de retiro.

Bajo los supuestos anteriores, si una persona empieza a ahorrar para su retiro a los diecisiete años, con destinar 7.5 por ciento de su ingreso al mes podría financiar su retiro. Si alguien empieza a los veinticinco años, tendría que destinar poco más de 10 por ciento; cuando empieza a hacerlo a los 45, casi 30 por ciento. ¡Gran diferencia! Si lo hace a los 60, ya no habría forma de ahorrar para vivir adecuadamente en la etapa en que ya no trabajaría.

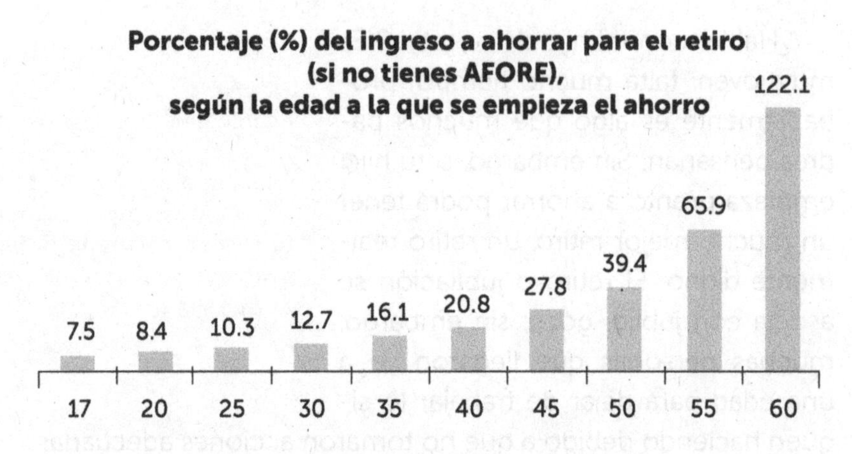

Supuestos: Inflación anual 4%, rendimiento de la inversión 7%, después del retiro los gastos se reducen 30%, edad de retiro 65, 15 años para vivir del ahorro.

Así que nunca será temprano para que tus hijos empiecen a ahorrar para su retiro. Tú podrás ayudarlos mucho, y si empiezan siendo niños, será mucho más fácil. En el tema de inversiones abordo este punto.

IDEAS PARA LLEVAR

Actividades sugeridas para fomentar el ahorro

Para todos en casa:

» Comenten con regularidad en casa acerca de los ingresos que reciben y los usos que pueden darles.

» Conversen acerca de los beneficios que brinda ahorrar, y cómo son las personas que ahorran.

» Diseñen una alcancía para cada miembro de la familia. Podría ser una botella de PET o algún material que sea transparente para que todos puedan observar cómo va incrementando la cantidad de dinero que ahí se deposita. Que cada uno la pinte y la decore a su gusto. Hagan el compromiso de que cada determinado día se depositará dinero en la alcancía. Inicien con el método de los cinco propósitos.

» Realicen metas familiares de ahorro; por ejemplo, para comprar una televisión, realizar un viaje, otro.

» Jueguen con los hijos a que ellos son los vigilantes en cierta actividad; por ejemplo, asegurarse de que la luz o la televisión se apaguen cuando no se utilicen.

» Si es posible cultiven sus propias frutas y verduras en casa.

» Busquen en la casa objetos que suelen desecharse como botellas, cajas de cereal, botes de leche, cepillos de diente, rollos de papel sanitario, y entre todos encuentren nuevas formas de usar estos objetos. Esta actividad busca que los hijos trabajen su creatividad, aprendan a ahorrar dinero y ayuden al medio ambiente.

» Revisen planes de ahorro para el retiro de los hijos. Entre más pronto se haga, les será más sencillo ahorrar.

» Agradézcanse cuando alguien apoye a ahorrar en casa: "Gracias por apagar la luz ya que así podemos ahorrar dinero y ayudamos al planeta".

A partir de los tres años:

» Conversa con tu hij@ que, así como ella o él guarda piedras, hojas, dibujos, tú también guardas dinero y qué se puede hacer con él.
» Conversen acerca de la importancia de cuidar lo que tienen en casa y que cuando un juguete se rompe ya no tiene la misma utilidad.
» A esta edad puede empezar a ahorrar dinero con una sola alcancía transparente y aplicar el método de los cinco propósitos para el ahorro.
» Que tu hij@ se plantee metas de ahorro de muy bajo costo y que rápidamente pueda alcanzar.

A partir de los cinco o seis años:

» A partir de esta edad ya se pueden introducir las tres alcancías transparentes en casa: necesidades y gustos, emprendimiento/inversiones y donación.
» Conversa con tu hij@ acerca de cómo se siente cuando ocupa el dinero para darse un gusto, comprar algún insumo para su emprendimiento o compartirlo con alguien más.
» Explícale que por los servicios en casa (agua, luz, teléfono, gas, otro) se tiene que pagar y que ella o él puede ayudar a reducir este tipo de gastos.
» Comenta con tu hij@ cómo han adquirido algunos de los bienes que tienen en casa.
» Que tu hij@ analice cómo son las personas que ahorran.
» Cuando tu hij@ apoye a lavar trastes muéstrale por qué al enjabonarlos todos y después enjuagarlos todos a la vez gastan menos agua.

A partir de los ocho años:

- » Que tu hij@ analice para quién es más fácil lograr ciertos objetivos, para alguien que ahorra o para quien no lo hace.
- » Realiza con cierta frecuencia con tu hij@ actividades donde no se tenga que ocupar algún servicio de la casa, como la electricidad, el gas, el agua, otro.
- » Que comience a plantear metas mayores de ahorro. Foméntale que debe ahorrar con regularidad en sus tres alcancías.
- » Motívale a tener su libreta de ahorro para que ahí registre sus ingresos y sus gastos (considera la inclusión de los centavos, según sus habilidades matemáticas) y cada semana conversa con tu hij@ sobre cómo emplear adecuadamente el dinero.
- » Cuando te apoye a lavar ropa, que trate de usar la lavadora siempre con cargas completas, si es posible secar al aire libre o usar agua fría y explícale las ventajas.

A partir de los diez años:

- » En su libreta de ahorro que registre sus ingresos y sus gastos (que incluya decimales al anotar las unidades monetarias, en función de sus habilidades matemáticas) y cada semana conversa con tu hij@ sobre cómo emplear de la mejor manera el dinero.
- » Que se plantee metas de ahorro aún mayores. Foméntale con regularidad el ahorro en sus tres alcancías.
- » Muéstrale cómo registras tú los ingresos y gastos del hogar y pídele consejos a tu hij@ sobre el uso que podrían darle al dinero.
- » Pídele que te apoye a llevar el registro mensual de algunos de los gastos en servicios que se hacen en casa, como el gas, el teléfono, otro.
- » Pide consejos a tu hij@ sobre cómo aprovechar mejor los servicios que emplean en casa.

A partir de los doce o trece años:

- Apoya a tu hij@ a investigar acerca de las diferentes cuentas de ahorro que existen en diferentes instituciones, analícenlas y compárenlas. Tu hij@ podría utilizar la tabla que presenté antes como referencia.
- Después de decidir la mejor opción, abran su cuenta de ahorro.
- Ahorren con cierta periodicidad y, con tu apoyo que tu hij@, revise cada semana el estado de cuenta.
- Dialoguen con frecuencia acerca de los usos que tendrá el dinero que está ahorrando en su cuenta de ahorro.
- Hagan un cálculo de lo que costaría estudiar el bachillerato tanto en una escuela pública como en una privada y hagan una meta de ahorro al respecto.

A partir de los dieciséis años:

- Tu hij@ ya puede tener cuatro alcancías en casa: necesidades, gustos, emprendimiento-inversión y donación.
- Puede empezar a ahorrar para la universidad si es que no lo ha hecho.
- Apoya a tu hij@ a reflexionar acerca de aquellos gastos pequeños (en transporte, golosinas, refrescos, propinas, otros) y cómo impactan en sus finanzas.
- Que diariamente registre sus ingresos y gastos. Si bien puede seguir haciéndolo en su libreta de ahorros, podría usar la computadora o algunas aplicaciones de cálculo.
- Motiva a tu hij@ a pensar en su futuro a largo plazo y plantearse metas altas.
- Investiguen acerca de productos de ahorro para el retiro.
- Si bien tú le pudiste ayudar desde recién nacido, a partir de aquí puede empezar a ahorrar para el retiro por su cuenta.

5

PILAR 2. ADMINISTRACIÓN DEL DINERO. ENSÉÑALE A GASTAR

El hombre que sabe gastar y ahorrar es el más feliz porque disfruta de ambas cosas.

SAMUEL JOHNSON

Como comenté anteriormente, en el año 2000, cuando estudiaba la licenciatura, compraba productos en el centro de la Ciudad de México que después mi mamá vendía en la ciudad de Minatitlán a fin de que pudiéramos hacer que el dinero que yo recibía nos generara más dinero. En una ocasión, mientras compraba, aprendí una gran lección que me dio mi amigo Julio, compañero de la licenciatura. Al principio, si bien yo llevaba una lista de lo que requería, compraba en las primeras tiendas que me encontraba. Un día, Julio iba conmigo, yo estaba comprando osos de peluche, y cuando ya había escogido e iba a pagar me preguntó: —¿Aquí es el lugar más barato donde los puedes conseguir?—. —La verdad, no lo sé— respondí. Afortunadamente no los compré ahí, pues más adelante encontré los mismos peluches a un mejor precio. Y así aprendí lo importante de comparar al comprar.

Si desde la niñez o la juventud le enseñas a tu hij@ a comprar, de adulto evitará caer en la trampa del gasto en la que muchos adultos caen y quedan atrapados gran parte de su vida, perdiendo dinero y poniendo en riesgo su patrimonio.

Aunque parezca algo trivial, saber gastar tiene su chiste. Implica comparar, planificar, obtener el mayor provecho de los productos, adquirir productos que realmente utilices, comprar para agradarte a ti y no para querer agradar a otras personas, no pagar si lo puedes obtener de forma gratuita, conocer los efectos de tus compras en tus finanzas, saber distinguir entre tus necesidades y tus deseos, conocer los periodos más adecuados para comprar, no rebasar tu capacidad de endeudamiento cuando compras a crédito, saber a qué renuncias cuando eliges ciertos productos, saber decir no a ciertas compras y que no sean la publicidad u otras personas las que determinen en gran medida lo que posees.

Si desde la niñez o la juventud le enseñas a tu hij@ a comprar, de adulto evitará caer en la trampa del gasto en la que muchos adultos caen y quedan atrapados gran parte de su vida, perdiendo dinero y poniendo en riesgo su patrimonio. En este capítulo obtendrás herramientas que te ayudarán en esa tarea.

5.1 Bolsas bonitas y no tan bonitas para el dinero

> Si deseas ser rico, simplemente pasa tu vida construyendo activos.
>
> ROBERT KIYOSAKI

Imagina que en el mercado venden dos tipos de bolsas:

1. Aquellas que son bonitas y elegantes, con las que las personas te dirán frases como: "Qué bien te ves", "Qué bonito está esto que traes", "¿Dónde la compraste?". Su peculiaridad es que tienen unos pequeños (o grandes) orificios por los cuales se sale el dinero.
2. Bolsas que no son tan bonitas, con las que no te dirán frases de halago, pero están bien cerradas y no se les sale el dinero; al contrario, después de cierto tiempo pueden

hacer que tengas más y así podrías comprar las bonitas si lo quisieras.

No importa la cantidad de dinero que tengas, podrías encontrar alguna adecuada para ti entre los dos tipos de bolsas. En algunas conferencias les he preguntado a los participantes qué tipo de bolsa preferirían; la respuesta mayoritaria siempre ha sido la número 2 (las no tan bonitas).

¿Qué ocurre en la realidad? La mayoría de las personas adquiere el primer tipo de bolsas. Algunos ejemplos de ellas son los productos «milagro», los coches últimos modelos, la ropa de marca, los teléfonos de moda, las pantallas de televisión cada vez más grandes que se ponen en las casas (aunque casi no quepan), etcétera; es decir, todo aquello que hace que salga dinero de nuestro bolsillo. Algunos ejemplos del segundo tipo de bolsas son los metales o divisas que poseemos, las propiedades que nos generan una renta o las cuentas de inversión que hacen que nuestro dinero gane más dinero y que nos permitirían comprar el primer tipo de bolsas.

Las bolsas bonitas son los pasivos y, las no tan bonitas, los activos. Robert Kiyosaky aprendió de su padre rico (como él llama a la persona que lo educó en los temas de dinero) que si quería ser rico debía pasar su vida construyendo activos, mientras que si quería ser pobre o miembro de la clase media debía construir pasivos. No saber la diferencia es lo que ocasiona los problemas financieros en el mundo real. Muchas personas consideran que la casa donde viven o el auto para el uso del hogar son una inversión (activos) aun cuando no les generen un solo centavo, sino que, incluso, mes con mes les hacen incurrir en gastos. Son de esas bolsas por donde se va el dinero. No quiere decir que esté mal pagar por productos y servicios que no nos generan ganancias, pero sí es importante tener claridad de lo que es un pasivo y un activo.

> La falta de reflexión y paciencia, en muchos casos lleva a las personas a comprar pasivos; si esperaran y compraran activos podrían adquirir más bienes que les darían satisfacción.

Cuando un auto es un medio a través del cual ofrecemos servicio de transporte, nos genera un ingreso mes con mes y el monto acumulado que obtenemos es superior a lo que gastamos por él, es un activo. De igual forma, una casa llega a ser un activo cuando nos da una ganancia, es decir, cuando obtenemos un ingreso acumulado superior al costo, y éste puede ser a través de una renta mensual o cuando después de un tiempo la vendemos por un precio superior al cual la compramos.

La falta de reflexión y paciencia, en muchos casos, lleva a las personas a comprar pasivos; si esperaran y compraran activos podrían adquirir más bienes que les darían satisfacción. Si tú no lo has hecho bien, aun así, podrás apoyar a tu hij@ a hacerlo adecuadamente. Con lo que hemos visto hasta ahora ya tienes herramientas que te ayudarán a enseñarle a generar sus propios activos. Como señalé antes, el activo más importante va a ser su propia capacidad para generar dinero y esta se empieza a construir desde edades tempranas.

5.2 ¿Cómo gastamos?

> Hemos construido un sistema que nos persuade a gastar el dinero que no tenemos en cosas que no necesitamos para crear impresiones que no durarán en personas que no nos importan.
>
> EMILE HENRY GAUVREAY

Dan Ariely en su libro *Las trampas del deseo* muestra que las personas podemos ser predeciblemente irracionales y ello lo reflejamos en muchas de las compras que hacemos. Estos comportamientos nos pueden llevar a gastar de forma descontrolada, sin importar nuestra edad o estrato social:

- **Comparaciones fáciles**. En muchos casos, al gastar, no se compara, o solo se hacen comparaciones superficiales.

Dan Ariely pone un ejemplo en su libro. En una ocasión encontró un formato de suscripción anual a la revista *The Economist* que ofrecía tres opciones:

- Acceso a todos los artículos *online* por cincuenta y nueve dólares.
- Versión impresa por ciento veinticinco dólares.
- Acceso *online* y versión impresa por ciento veinticinco dólares.

Como ves, las dos últimas opciones tienen el mismo costo. —¿Cuál elegirías? —preguntó Ariely a 100 estudiantes del MIT (Instituto Tecnológico de Massachusetts) y encontró que dieciséis preferían la primera opción mientras ochenta y cuatro optaban por la tercera. Dado que nadie seleccionó la opción intermedia, Ariely la eliminó y realizó nuevamente la pregunta a otros cien estudiantes; ahora solo treinta y dos eligieron la última opción. Ese pequeño señuelo, que podría parecer absurdo, pudo cambiar las decisiones de más de la mitad de los consumidores.

Algunos restaurantes suelen incluir platillos muy caros en la carta, que, aunque nadie pida, pueden inducir a los clientes a pedir el segundo en precio; otros inducen a sus clientes a comprar más armando paquetes cuyo costo conjunto resulta más bajo al costo total que se pagaría comprando cada producto por separado. En algunas tiendas, cuando se quiere vender un determinado producto, se le suele colocar entre uno más pequeño y barato y otro más grande y costoso.

Si una persona se enfrenta a tres alternativas, y dos de ellas son muy semejantes, tenderá a elegir la mejor de aquellas dos. Así, cuando se quiere vender un producto novedoso y tiene que competir con otros en el mercado, lo que hacen algunas empresas para inducir a su elección es sacar una versión desmejorada y a un precio ligeramente menor. Como ves, en muchas de las compras nos ponen el anzuelo y lo mordemos.

- **"Mil pesos (o dólares) no siempre valen mil".** Imagina que quieres adquirir un teléfono cuyo valor es de dos mil pesos en la tienda que te queda más cercana, y que en la siguiente tienda venden el mismo teléfono en mil, pero tienes que caminar dos kilómetros. ¿Irías a la tienda siguiente? Seguramente sí, estarías gastando 50 por ciento menos. Ahora, imagina que quieres adquirir un auto y que en la tienda cercana vale 101,000 pesos y en la siguiente donde tienes que caminar dos kilómetros vale 100,000 pesos. ¿Irías a la siguiente tienda? Muchas personas no lo harían. En ambos casos son mil pesos los que gastarías de más al comprar si no caminas los dos kilómetros, y en ambos casos salen de tu bolsillo. Muchas veces así se toman las decisiones de compra, sin analizar adecuadamente el impacto en las finanzas.

- **Aparentar.** En una ocasión, una amiga con la que trabajaba me pidió que la acompañara a comprar una bolsa de mano debido a que el fin de semana iría a una boda. Cuando llegamos a la sección de las bolsas, ella comenzó a observarlas y tomó una; mientras nos dirigíamos a la caja a pagar, le pregunté la razón por la cual la escogió y con mucha seguridad me contestó: —Esta bolsa tiene la letra C—. Le dije en tono de broma que mejor buscara una que tuviera la letra "A", puesto que ella se llamaba Adriana. Luego me aclaró que esa bolsa era de una marca reconocida. Algunas veces, así es como gastamos nuestro dinero; pensando no en si la mercancía nos gusta, ni en el precio o qué uso le vamos a dar y por cuánto tiempo, sino en si seremos aceptados o si el producto será bien visto por los demás.

Cuando empecé a trabajar en el Gobierno de la Ciudad

de México en 2005, vivía en un multifamiliar al sur de la Ciudad de México donde había varios departamentos, los cuales eran modestos, de alrededor de 70 m^2. Algo que llamaba constantemente mi atención es que varios de mis vecinos tenían autos lujosos y que, según mis cálculos, en algunos casos superaban el valor de los departamentos. Quizás algunos de mis vecinos gastaban por encima de sus ingresos, probablemente contrayendo deudas innecesarias. Este tipo de comportamientos suele ser común y se lo transmitimos a nuestros hijos, quienes observan la forma en que gastamos y cuando son adultos repiten estos patrones. Es muy probable que si los padres guían sus patrones de compra por la posible aceptación que tendrán de parte de la sociedad, sus hijos también lo harán. Lo malo de todo esto es que no podemos ir con las personas por las cuales gastamos a pedirles que nos ayuden a pagar nuestras deudas.

- **Aprovechar las ofertas.** En un taller que impartí en 2016, Santiago, uno de los asistentes y quien me ha permitido compartir su experiencia, relató cómo «aprovechó» el Buen Fin (un evento que se realiza durante el mes de noviembre en México y que consiste en la venta de productos de parte de algunas tiendas con promociones o descuentos, parecido al *Black Friday* en EUA). Un viernes, cerca de las 8 p.m., él todavía se encontraba en su oficina, pero quería terminar su trabajo lo más pronto posible, pues pensaba en las ofertas que se podría estar perdiendo. Tan pronto terminó, salió corriendo a una tienda departamental que estaba muy cercana a su trabajo. Al llegar, vio a mucha gente comprando, buscó rápidamente productos que tuvieran al menos 50 por ciento de descuento para poder hacer una muy buena compra, comentó. Encontró una vajilla con 60 por ciento de descuento y la tomó. Después siguió recorriendo la tienda, escogió unos zapatos, luego unas camisas y, por último, un par de corbatas. Su compra fue más de 9,000 pesos (450 dólares) y los pagó con su tarjeta de crédito. Dentro del taller revisamos cuál de los bienes que compró era realmente necesario para él. ¡En realidad ninguno! Esa noche él se pudo haber ido a su casa tranquilamente, sin comprar ningún producto y sin ninguna deuda. Sin embargo, se fue contento por haber "ganado" al comprar con descuentos y, a la vez, preocupado por lo que tenía que pagar. Dos semanas después de su compra vio en otra tienda la misma vajilla que él había comprado y estaba sin descuento, y aun así el precio era menor del que él había pagado con 60 por ciento de descuento. ¡Sintió mucho enojo! Ahí se dio cuenta de que siempre, al comprar, es mejor comparar. Se tardó más de año y medio en liquidar su deuda y terminó pagando poco más de 13,000 pesos (650 dólares). Se dio cuenta de que en realidad «el aprovechar las ofertas» le salió caro. Lo que le ocurrió a Santiago es algo bastante común. Muchas personas van a las tiendas «para ver qué encuentran», para «aprovechar las ofertas», pero pueden endeudarse al adquirir productos innecesarios.

Aunque parezca broma, muchos adultos no saben gastar su dinero y adquieren productos que en realidad no necesitan justificándose con frases como: "Es que me salió muy barato", "Tenía que aprovechar", "No tenía algo así", "Lo compré por si se descompone el que tengo". Si desde niños aprendiéramos a comprar, podríamos evitar situaciones donde nos endeudamos poniendo en riesgo nuestro patrimonio.

- **Emergencias.** La pandemia ocurrida en el mundo en 2020 llevó a muchas familias a realizar gastos mucho más allá de los habituales y a ocupar sus ahorros cuando se tenían o a endeudarse en caso de que no se contara con recursos para hacer frente a esta situación. Ante la disminución del consumo, muchas empresas quebraron, se enfrentó una crisis con la que muchas personas quedaron sin empleo y varias tuvieron que recurrir a endeudarse. Las emergencias son otro ejemplo de las situaciones que llevan a muchas personas a descontrolar sus gastos. Por ello, es recomendable contar con un fondo para ese fin, el cual debe ser de entre tres y seis meses de los gastos del hogar, ya que, si se llega a perder el empleo, se tendrán esos meses para obtener otra fuente de ingresos y subsistir sin endeudarse.

- **Poco autocontrol**. Las compras llevan en muchas ocasiones emociones detrás y queremos tener cuanto antes aquellos bienes que nos gustan. En 1960, se realizó un experimento con un grupo de niños en edad preescolar a los que se les daba la opción de recibir un malvavisco enseguida o dos malvaviscos si podían esperar 15 o 20 minutos sin comerse el que tenían. Se descubrió que el tiempo que un niño en edad preescolar podía retrasar la gratificación era muy buen predictor de sus vidas futuras. Aquellos niños que aguantaron más tiempo sin comerse el malvavisco tuvieron en general mejores resultados académicos en la universidad, se alimentaban mejor, continuaron con estudios adicionales, alcanzaban sus metas de forma más efectiva, lidiaban mejor con la frustración y el estrés. Al igual que los niños, muchos adultos quieren tener las cosas ¡pero ya! y por eso compran con poco control.

> A veces cuesta mucho trabajo decir NO a las personas, pero también a los productos y más si estos son nuevos.

- **No hacer cuentas.** ¿Cuánto ganaste el mes pasado? Si le hacemos esta pregunta a una persona es muy probable que nos diga una cifra cerrada y aproximada, pero difícilmente sabrá la cantidad incluyendo centavos. ¡La mayor parte de las personas no sabe con exactitud cuánto gana! Si no se conocen los ingresos, es poco probable que se conozcan con precisión los gastos. En 2019, Fernando, un conocido que sabe que me dedico a estos temas, se acercó a mí para pedirme que lo apoyara. Me comentó que estaba preocupado ya que no sabía bien en qué se le estaba yendo el dinero. Dos años antes él había vendido una casa que le heredó su papá por 500,000 pesos (25,000 dólares), con lo cual pagó sus deudas y le quedaron 330,000 pesos (16,500 dólares), dinero que se propuso mantener para imprevistos. Él pensaba no tocarlo ya que consideraba que su salario le alcanzaba para cubrir sus gastos; sin embargo, poco a poco se lo fue gastando y cuando conversó conmigo solo le quedaban alrededor de 50,000 pesos (2,500 dólares). Yo le sugerí hiciera una planeación de en qué y cuánto iba a gastar el mes siguiente (faltaban dos días para que empezara) y que anotara todos sus posibles gastos, incluyendo aquellos que pudieran ser muy pequeños, y luego cada día registrara los gastos que iba realizando y los comparara con lo que había planeado; le dije que hiciera este ejercicio al menos durante un mes. Él siguió mi recomendación y me comentó al día siguiente: —Creo que voy a poder ahorrar como 8 por ciento de mi salario—. Al cuarto día me llamó y me dijo: —Parece que solo ahorraré como 2 por ciento porque tuve unos gastos de salud de mis hijos—. Al sexto día me volvió a llamar y me dijo: —La verdad, hay gastos que no había registrado: unos cursos de mis hijos, el mantenimiento que pago en la unidad donde vivo, un seguro y en otros pensé que gastaba menos como en transporte o comida, por lo que más que ahorrar voy a gastar como 10 por ciento más de mi salario—. Fernando descubrió dónde se le estaban yendo sus ahorros. Afortunadamente contaba con ese dinero y no tuvo que recurrir a solicitar préstamos.

Si bien la actividad de registrar sus gastos a Fernando le tomaba menos de 5 minutos al día, me comentó que al principio era muy estresante para él hacerlo; incluso los primeros días llegó a tener dolores de cabeza. Sin embargo, continuó haciendo esta actividad y fue siendo más sencilla conforme pasaban los días. Yo le sugerí que hiciera cambios paulatinos y no de golpe (es como si nos pusiéramos a correr un maratón sin prepararnos). Al segundo mes, canceló una suscripción a un gimnasio al que raramente iba, cambió el plan de televisión de paga, redujeron una de las comidas que hacían los fines de semana fuera de su casa y aún siguió gastando por encima de sus ingresos. Al tercer mes, tomó otras acciones: disminuyó sus gastos de telefonía celular, los gastos de tintorería y servicios de limpieza, y todavía siguió gastando sus ahorros. Continuó el proceso y al sexto mes logró equilibrar sus gastos con sus ingresos; fue a partir del séptimo mes que pudo empezar a ahorrar y dejar de tomar de sus ahorros. Para un adulto puede resultar muy estresante hacer cuentas y muchas veces preferimos no hacerlo para «vivir más felices», cuando en realidad eso nos aleja de la felicidad y nos puede generar discusiones familiares y hasta problemas de salud.

La anterior es una práctica muy favorable para el buen control de las finanzas personales. Es una tarea muy sencilla de realizar que nos toma menos de 5 minutos al día y de verdad nos brinda un control enorme de nuestro dinero. Podemos utilizar una hoja de papel y lápiz o hacerlo en la computadora en una hoja de cálculo de Excel; hay un gran número de Apps que podemos descargar en nuestro celular para llevar este control. Yo, tradicionalmente, lo hacía en Excel, pero para entrarle a la modernidad descargué una App y empecé a hacerlo en mi celular. Francamente no me adapté (¡espero que no sea por una cuestión de edad!), así que regresé al tradicional Excel y ahí lo hago todos los días, con excepción de los fines de semana, cuya información la registro los lunes. Cada uno puede encontrar la forma que más se le facilite, pero lo importante es hacerlo. Si todos los adultos tuviéramos esa costumbre, tendríamos un gran control de nuestro dinero y no tendríamos problemas financieros, ni necesidad de pedir créditos sin saber si los podremos pagar. Sabríamos perfectamente en qué se nos va el dinero y podríamos planificar mejor a corto y a largo plazos. Como ves, las finanzas personales no son complicadas. Solo requieren de cierto orden y disciplina.

A continuación, te presento una tabla que te puede ayudar para registrar a diario tus ingresos y gastos.

REGISTRO DE INGRESOS Y GASTOS DIARIOS			
Ingresos	**Fecha**	**Monto**	**Ingreso Activo (A) Ingreso Pasivo (P)**
Trabajo (sueldos, honorarios, asesorías, actividad empresarial, otros)		$	A
Rentas		$	P
Rendimientos		$	P
Venta de bienes		$	A
Total de ingresos		$	
Gastos	**Fecha**	**Monto**	**Necesidad (N) Deseo (D)**
Despensa		$	N
Colegiaturas		$	N
Café		$	D
Servicio de agua		$	N
Telefonía móvil		$	N
Renta / Mantenimiento / Hipoteca		$	N

REGISTRO DE INGRESOS Y GASTOS DIARIOS			
Gastos	**Fecha**	**Monto**	**Necesidad (N) Deseo (D)**
Crédito de ato		$	N
Galletas		$	D
Salida al cine		$	D
Transporte público		$	N
Helado		$	D
Refresco		$	D
Total de gastos		**$**	
Ahorro **Diferencia (ingresos - egresos)**		**$**	

Al final de la tabla anterior aparece el ahorro, que es igual a los ingresos menos los gastos. La forma de lograr que esto sea positivo es teniendo orden en las finanzas y destinando una porción del ingreso de forma regular para este fin. En el método de las 3-4 alcancías tanto tú como tu hij@ tienen otra herramienta que les ayudará en el control de los gastos.

Te sugiero realizar una tabla de registros de ingresos y gastos que puedas colocar en un lugar visible de la casa, que tu hij@ te apoye a llenar y donde periódicamente realice las cuentas. De preferencia fórrala con un material plástico transparente para que se pueda borrar fácilmente o si tienes un pizarrón también es una buena opción. No es necesario que sean todos los gastos ni todos los ingresos, tu hij@ puede empezar con algunos y dependiendo de su edad y sus habilidades matemáticas los podría registrar sin decimales y hacer las sumas para un periodo corto (por ejemplo; cada dos días) y poco a poco incrementarlo (cada semana, cada quince días); a medida que vaya adquiriendo mayores habilidades para sumar cantidades más grandes. De lo que se trata es poco a poco generar el hábito. También puedes incluir esta actividad en el juego de los hábitos que vimos en el capítulo 3.

A medida que realices esto con tus hijos ellos tendrán más preguntas y estarán abiertos a aprender más. Te comparto que una ocasión con mis hijos estábamos realizando esta actividad y mi hijo mayor registró el monto de un café que compré. Él me dijo: —Esto es un gasto hormiga papá—. Yo me sorprendí ya que yo hasta ese momento no les había comentado que a aquellos gastos pequeños que se realizan con regularidad se les suele llamar así. —¿Dónde aprendiste eso? —le pregunté. —Con el señor Gianco —me respondió. Resulta que en una ocasión participé en un programa de televisión donde fuimos invitados a hablar de finanzas personales mi amigo Gianco Abundiz, uno de los pioneros en estos temas en México, y yo, y ahí él explicó sobre este tipo de gastos y lo hizo tan bien que mi hijo, de seis años, lo pudo comprender al ver el programa.

5.3 La paradoja del gasto

> Si compras cosas que no necesitas, pronto tendrás que vender cosas que necesitas.
>
> Warren Buffet

Por lo general, alguien con escasa educación financiera gastará el ingreso que recibe, no ahorrará ni invertirá, por lo que no conservará nada de lo que gana. En realidad, administrará de manera inadecuada su dinero por lo que sus gastos superarán a sus ingresos.

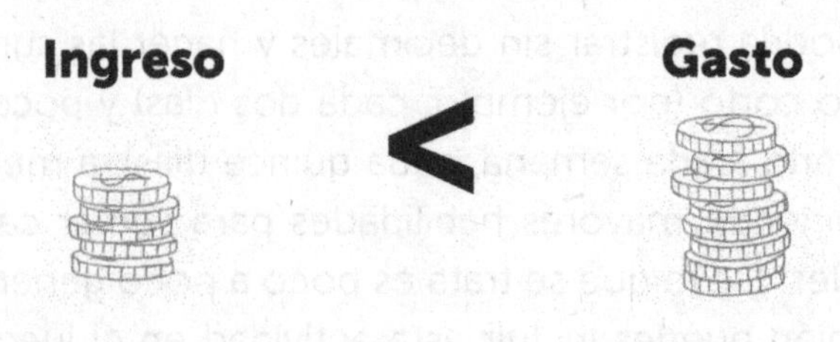

Recurrirá a pedir prestado y, por el dinero que pida, tendrá que pagar intereses. De esta manera, su deuda no será por la cantidad que gastó, sino que será mayor, es decir, perderá dinero.

Su ingreso posterior lo tendrá que repartir en dos partes: una para sus gastos y otra para pagar la deuda y el interés que generó. Las deudas son consecuencia de una administración inadecuada, por lo que será difícil reducir gastos, y como resultado no se podrá pagar toda la deuda de inmediato por lo cual seguirá pagando intereses y, por ende, se seguirá perdiendo dinero.

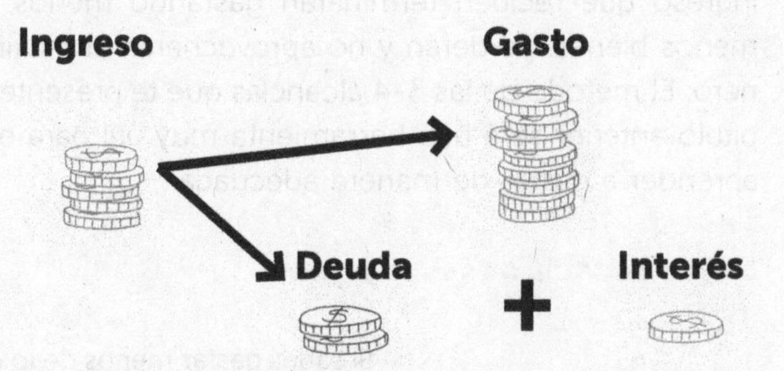

Así, el deudor habrá caído en una trampa en la que perderá dinero y, para salir de ella, tiene dos opciones: aumentar sus ingresos o reducir sus gastos. En caso de que se recurra al incremento de ingresos, tradicionalmente la vía será por la venta de bienes necesarios. De manera que, por gastar más, se terminará adquiriendo menos bienes o vendiendo algunos de los que se tienen.

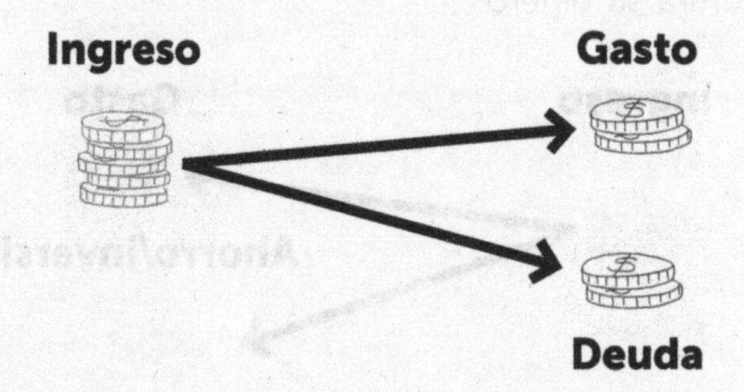

> Las personas por gastar más del ingreso que reciben terminarán gastando menos, teniendo menos bienes, perderán y no aprovecharán al máximo su dinero.

Desafortunadamente, muchas personas caen en la trampa del gasto por no tener una adecuada educación financiera y ahí quedan atrapadas gran parte de su vida. Son varias las razones que llevan a las personas a caer ahí, como ya vimos antes; la apariencia, la falta de autocontrol, las emergencias, el querer aprovechar las ofertas, no analizar y comparar al comprar, no hacer las cuentas, entre otras.

De manera contradictoria, las personas por gastar más del ingreso que reciben terminarán gastando menos, teniendo menos bienes, perderán y no aprovecharán al máximo su dinero. El método de las 3-4 alcancías que te presenté en el capítulo anterior será una herramienta muy útil para empezar a aprender a gastar de manera adecuada.

La importancia de saber gastar

> Si sabes gastar menos de lo que ganas,
> has encontrado la piedra filosofal.
>
> BENJAMIN FRANKLIN

Si alguien sabe gastar, con el tiempo podrá gastar más y aprovechará mejor su dinero. Veamos por qué. Quien sabe gastar tendrá gastos menores a sus ingresos, con lo que ahorrará. Si además ha construido el pilar 3 que veremos más adelante, invertirá su dinero.

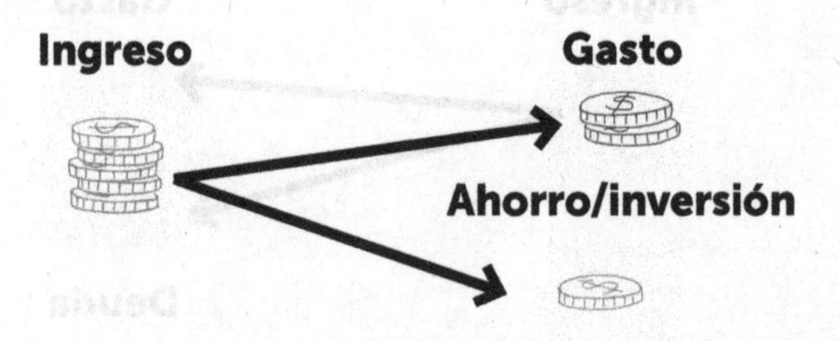

Conforme pasa el tiempo, esa persona mantendrá su forma de gastar por lo que continuará ahorrando y, si invierte, obtendrá más dinero con ello, es decir, ganará dinero con su dinero.

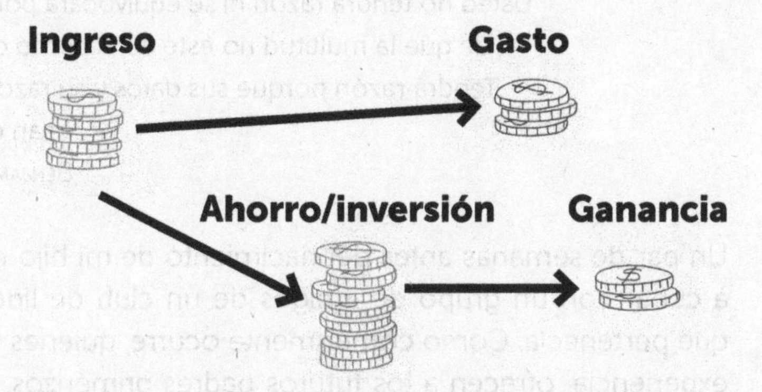

De continuar así, después de cierto tiempo, el dinero que gana de sus inversiones podrá superar su nivel de gastos e incluso su nivel de ingresos. Así podrá elevar su nivel de gastos, financiando una parte de sus ingresos y otra parte de sus ganancias. Esta es una muy buena forma de darte gustos, tomar del dinero adicional que tu dinero gane.

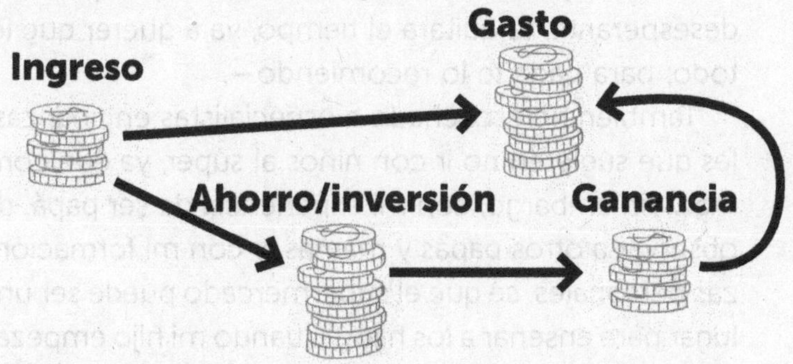

A diferencia de la paradoja del gasto, este es un círculo virtuoso donde se establecen las personas educadas financieramente. Este círculo inicia con gastos que son menores a los ingresos, lo cual permite tener ahorros y esa es la importancia que tiene (mamá, papá) el enseñarle a tu hij@ a gastar de manera adecuada.

5.4 Enséñale hábitos adecuados de compra con lo que más compran

> Usted no tendrá razón ni se equivocará por el hecho de que la multitud no esté de acuerdo con usted. Tendrá razón porque sus datos y su razonamiento sean correctos.
>
> BENJAMIN GRAHAM

Un par de semanas antes del nacimiento de mi hijo mayor fui a cenar con un grupo de amigos de un club de liderazgo al que pertenecía. Como comúnmente ocurre, quienes ya tienen experiencia, ofrecen a los futuros padres primerizos una gran cantidad de recomendaciones sobre diversos temas relacionados con los hijos: cómo dormirlos, cómo bañarlos, acerca de la comida, lo que sí se debe y lo que no se debe hacer y mucho más. Ahí, una amiga, cuyos hijos ya estaban entrando a la adolescencia, me dijo: —Un consejo que te doy es que NUNCA lleves a tu hijo al supermercado a hacer la despensa contigo. Es desesperante, te quitará el tiempo, va a querer que le compres todo; para nada te lo recomiendo—.

También he escuchado a especialistas en finanzas personales que sugieren no ir con niños al súper, ya que comprarás de más. Sin embargo, con mi experiencia de ser papá, después de observar a otros papás y mamás, y con mi formación en finanzas personales, sé que el supermercado puede ser un excelente lugar para enseñar a los hijos. Cuando mi hijo empezaba a darse cuenta de las cosas, mi esposa y yo pudimos enseñarle acerca de las frutas y verduras que muy rápidamente empezó a reconocer. Nos podíamos pasar cerca de dos horas comprando la despensa y nuestro hijo aprendía. Cuando tenía alrededor de tres años, le decíamos que pusiera en su carrito o su canasta dos manzanas o tres peras, por ejemplo, y eso nos sirvió mucho para que empezara a comprender los números. Esta actividad la hemos seguido realizando también con nuestra hija.

Así que ir con ella o él a comprar la despensa, te puede servir mucho para enseñarle cosas importantes a tu hij@ en las diferentes etapas de su vida: en sus primeros años, a reconocer frutas y verduras u otros objetos; a tomar algunos objetos con ciertos dedos para estimular su motricidad fina; a tocar objetos con diferentes texturas para para fortalecer su estimulación sensorial; a darle sentido a los números para que aprenda a contar. Más tarde, si así se lo enseñas, aprenderá y pondrá en práctica hábitos adecuados de compra y conocerá las diferentes formas de pagar.

Analizar: planear y comparar

Si bien las compras se realizan en establecimientos o de forma virtual, es en casa donde debiera iniciarse el proceso mediante la planeación. Saber qué requieres comprar y no llegar, como vimos antes, a una tienda a ver qué te encuentras y qué está de oferta, te evitará comprar productos que no requieres y, en consecuencia, que gastes de más.

> Si tus hijos forman el hábito de la planeación al gastar, tendrán un mayor control financiero, manejarán mejor los impulsos o emociones que conlleva hacer compras y seguramente no tendrán problemas de deudas en su futuro.

¿Cómo empezar a adquirir el hábito de planear al comprar? Las compras del súper son una gran opción, ya que se hacen con frecuencia, todos consumen algo de lo que se compra y en casa todos pueden participar en su planeación, lo cual favorece adquirir ese buen hábito. Lo mejor es tener una lista que todos en casa puedan ver; por ejemplo, en la puerta del refrigerador, y ahí se vaya anotando lo que van a comprar. No es necesario hacerla en un solo día, sino que se puede llenar conforme algún producto se termine o alguien se acuerde de lo que se requiere comprar y que todos en casa participen. Es importante que involucres a tus hijos, pues desde pequeños podrán participar dando sugerencias sobre lo que hay que comprar. Esta lista la pueden llevar cuando vayan al supermercado y es importante que se apeguen a ella. Si se realizó adecuadamente y algo no está en ella, no debiera comprarse aun cuando esté en oferta o se trate de algo novedoso.

Muchas personas van al súper sin saber cuánto van a gastar y, en ocasiones, se sorprenden o asustan por lo que llegan a pagar.

¿Lo quiero o lo necesito? Es una pregunta que es importante hacerse al comprar algo. El dinero nos sirve para darnos gustos y a menudo partimos de ello para enseñar a nuestros hijos en qué ocupar el dinero. Es importante diferenciar nuestros gustos de aquello que realmente necesitamos. Los productos que vayan a comprar los pueden clasificar en necesidades y deseos cuando se trate de una necesidad, o cuando se trate de un gusto en una columna especial, como se muestra en el siguiente cuadro. En conjunto pueden definir qué es una necesidad, pero no se requiere ser tan estricto que solo lo indispensable para vivir se clasifique como tal. Por ejemplo, para un niño puede ser necesario tener juguetes o ciertos útiles escolares. Para un adulto, una necesidad puede ser un teléfono y, un deseo, el teléfono de última moda. Lo importante de esto es empezar a comprar con mayor conciencia y orden a fin de aprovechar mejor el dinero.

Si a esta lista se le añade una columna con el costo aproximado, se estará haciendo un presupuesto, herramienta fundamental en las finanzas personales. Si practicas esto de manera constante, empezarás a formar el hábito en tus hijos.

Aquí pueden incluirse las 3-4 alcancías que vimos en el capítulo anterior para que cada miembro del hogar tome recursos de su respectiva alcancía y pueda comprarse algo que desee o necesite.

LISTA DE PRODUCTOS PARA COMPRAR EN EL SÚPER				
Producto	**Cantidad**	**Necesidad**	**Deseo**	**Costo**
Huevo	12	✓		$
Pizza	1		✓	$
Leche	4 litros	✓		$
Manzana	4 pzas.	✓		$
Galletas	1 caja		✓	$
Pollo	1	✓		$
Helado	1 litro		✓	$
Pescado	5 pza.	✓		$
Cereal	1 caja	✓		$
Chocolate	3 pzas.		✓	$
Costo total				$

Podemos reforzar el hábito de analizar mientras examinamos cómo se colocan los productos: ¿Dónde están los de primera necesidad? ¿A la entrada o en la parte trasera? Como ejercicio puedes pedir a tus hijos que ellos revisen la caducidad de los productos y que analicen cómo se acomodan. Por lo regular, los productos que tardan menos en caducar son colocados más a la mano de los compradores y, los que tienen mayor margen de caducidad, se ponen en la parte de atrás.

Enséñale a tu hij@ que, al comparar productos por internet, es preferible navegar de modo incógnito para evitar que se registre el historial de búsqueda y ello genere que la tienda busque incentivar la compra con publicidad.

Muéstrale a tu hij@ que una buena compra es cuando algo que requieres lo obtienes con descuento y no cuando compras algo que no requieres solo porque tiene descuento. A lo largo del año habrá muchas posibilidades ya que las tiendas ofrecen diferentes promociones: las del Día del Niño, del Día de la Madre, del Día del Padre, de San Valentín, las ventas nocturnas, las de verano, las de invierno, las del Buen Fin (en México) o las del *Black Friday* (en EUA).

Cuando las promociones sean de descuentos sobre descuentos, por ejemplo 40%+20%, pídeles a tus hijos adolescentes que te ayuden a hacer el cálculo. Algunos adultos simplemente suman 40%+20%=60% y pueden creer que el descuento es mayor del que realmente obtendrán. Por ejemplo, si algo cuesta 1,000 pesos alguien podría pensar que pagará 400 pesos, lo cual no es cierto, ya que al aplicar el primer descuento de 40 por ciento se obtienen 600, y al aplicar el segundo descuento el resultado es de 480 pesos.

Compras para el emprendimiento de tu hij@

En el capítulo 3 hablé sobre la relevancia de que tu hij@ emprenda. Favorecerá varias de las habilidades no cognitivas que le ayudarán a tener un mejor futuro. A través del emprendimiento también puede mejorar sus habilidades de compra. Estas compras son en "bolsas no tan bonitas" a las que les entra más dinero.

En su emprendimiento de galletas, mis hijos al principio participaban en la elaboración, venta, recepción del dinero de las ventas y en la colocación de este en dos alcancías: una para gustos y necesidades, y en otra para donar. Después de algunos meses, incorporamos una tercera alcancía (emprendimiento/inversión) y, a partir de ahí, empezamos a trabajar las compras: tomaban de su alcancía para comprar los insumos, primero empezamos con la harina y cuando íbamos al supermercado no solo escogíamos cualquier marca, sino que buscamos que ellos compararan. Les decíamos: "la primera cuesta 15 pesos y la segunda 13. ¿Cuál les convendría llevar?" y ellos decidían. Después de que ya empezó a ser algo habitual comparar precios de la harina, empezamos a incorporar más productos: mantequilla, azúcar, entre otros. Recuerda que todo se tiene que hacer de forma divertida. Al principio el precio puede ser la variable relevante, después se pueden introducir otros elementos relacionados con la calidad.

Así, con su emprendimiento tu hij@ no solo puede aprender a ganar dinero, sino que también puede aprender hábitos adecuados de compra. Estas compras las puede realizar con los recursos de su alcancía "emprendimiento-inversión". Al principio quizás le quedará muy poco en esa alcancía o nada, ya que se ocupará en las compras del emprendimiento; sin embargo, conforme vaya progresando su emprendimiento le llegará a quedar más dinero y ahí es donde entrará la inversión, de lo que hablaremos más adelante.

Dependiendo de su edad, también puede registrar estas compras en su libreta de ahorros, que mencioné en el capítulo anterior. Ahí se empezará a dar cuenta de cómo van evolucionando sus gastos conforme pasa el tiempo. Incluso podrá pensar en alternativas que le ayuden a reducirlos o a incrementarlos a un ritmo menor.

El hábito de registrar sus gastos le servirá para controlar también aquellos pequeños que sumados pueden dar grandes cantidades. Muchos adultos llegan a gastar, sin darse cuenta, una alta proporción de sus ingresos de esa manera imperceptible.

5.5 Comportamiento de rebaño

> Reflexionar serena, muy serenamente, es mejor
> que tomar decisiones desesperadas.
>
> Franz Kafka

En el verano de 2012 fui a la ciudad de Madrid durante una semana a una capacitación por parte de mi trabajo. Asistimos personas de diferentes países de América Latina y, al igual que la mayoría de mis compañeros, llegué un domingo para empezar la capacitación el lunes. La primera noche cené en el hotel con un compañero proveniente de otro país y, a media cena, me mostró su celular con un mensaje de su hijo de diecisiete años quien le pedía una camisa y un par de zapatos de marcas muy lujosas. —¿Cómo ves a este angelito? —me preguntó. Ello ocurrió justo después de que conversamos lo que habíamos hecho en el transcurso del día. Yo le comenté que había tomado un autobús de turistas y que había visitado, entre otros lugares, la Puerta del Sol, la Plaza Mayor y el Museo Nacional del Prado. Él me contó que se la había pasado haciendo compras en las calles José Ortega y Gasset y en Serrano, donde existen tiendas muy lujosas y de marcas con costos muy elevados, y que en ese primer día se había gastado más de 4,000 dólares (80,000 pesos mexicanos). Después de que terminó de quejarse de su hijo, yo le pregunté: —¿Y quién le habrá enseñado ese tipo de compras a tu hijo?—. Me contestó: —Yo, ¿verdad? —y luego él mismo se respondió: —Pues sí —y casi se atraganta con el solomillo que estaba cenando.

¿Habrá algún niño de cuatro o cinco años que les pida a sus padres que le pongan ropa de marcas reconocidas? ¿Dónde se aprenderá a comprar así? En efecto, principalmente en casa. ¿Te has preguntado alguna vez por qué compras determinadas marcas? Nuestras compras y nuestra forma de comprar están influenciadas por nuestro entorno (familia, amigos, redes sociales, publicidad, otro). Muchas veces elegimos marcas populares porque las asociamos con mayor calidad. Por lo regular, cuando alguien desea comer y se encuentra con dos restaurantes juntos, si no tiene referencia sobre alguno de los dos, entrará donde haya más gente comiendo. Este efecto es conocido como comportamiento gregario o de rebaño, y se presenta cuando los individuos están bastante influenciados por las decisiones de otros. Ejemplos de ello son que muchas personas tienden a comprar celulares de moda de ciertas marcas reconocidas, que muchos se suscriben en los canales de *Youtube* donde hay más suscriptores. Eso se aprovecha mucho en el *marketing* para inducir las intenciones de compra de los consumidores.

> Una buena compra es cuando algo que requieres lo obtienes con descuento y no cuando compras algo que no requieres solo porque tiene descuento.

Cuando las empresas anuncian ciertas promociones, como en el *Black Friday* en EUA o el Buen Fin en México, es común observar este tipo de comportamiento. Una recomendación que te hago es que tú evites comprar de forma compulsiva, ya que se suele gastar en productos innecesarios. Incluso, te sugiero que lleves a tus hijos adolescentes a las tiendas cuando hay este tipo de promociones, pero no vayan a comprar sino a analizar a las personas que están comprando, que observen cómo se comportan, si ellos analizan al comprar, si consideran que hacen compras razonadas y cómo pagan.

Será un ejercicio bastante interesante para ellos. Yo lo he hecho varias veces y de verdad te ayuda a tener mayor conciencia de este tipo de comportamientos y a evitarlos. Hay personas que antes de que las tiendas abran ya están formadas y se meten corriendo de forma desesperada como si lo que van a comprar fuera algo vital y muchas veces ni siquiera saben qué comprar; simplemente van para "aprovechar" y "hacer buenas compras". Esa no es la mejor forma de comprar, pues si adquieres algo por impulso, porque tenía un descuento, aun cuando sea el "súper descuento", si es una compra que no tenías planeada, estarás gastando de forma innecesaria por lo que no será el mejor uso que le puedas dar a tu dinero. Hay quien se llega a endeudar para hacer este tipo de gastos innecesarios, perdiendo dinero al pagar intereses y quitándose, además, la posibilidad de tener más recursos para adquirir bienes que realmente necesita.

Muchas personas terminan lastimadas por los empujones y quizás les sale más caro el médico que el descuento que obtienen. Me ha tocado observar a gente peleándose por cierto producto y a quienes, en el momento que ven a otros tomar algunos productos, ellos también lo hacen.

En una ocasión vi a un señor que tomó una chamarra y le pidió a la vendedora que se la apartara y que no se la vendiera a alguien más, pues no le alcanzaba con su tarjeta de crédito e iba a conseguir dinero para poder pagarla. Otra vez, trabajadores de la tienda llegaron con un montacargas y colocaron varias cajas con productos; de inmediato, varias personas se aproximaron a agarrarlas. Yo no pude ver qué contenían y me parece que muchos de los que las tomaron tampoco, pero como mucha gente las tomaba, también ellos lo hacían. Iban a pagar por algo que no tenían contemplado y que seguramente ni necesitaban.

Hay personas que compran a meses sin intereses porque creen que así ahorran. También, pueden comprar varios productos para aprovechar, siendo algunos de ellos totalmente innecesarios. Cuando compras a meses sin intereses pagas en abonos y tienes más tiempo para pagar, pero no te dan descuentos. Si bien tiene como ventaja que el dinero que no estás usando para pagar ahora lo puedes emplear para hacerlo crecer, muy pocas personas lo hacen y, por el contrario, al tomar varias promociones, pueden rebasar su capacidad de endeudamiento, no llegar a cumplir con los pagos a los que se comprometieron y terminan pagando altos intereses, ya que al no cumplir se cancelan las promociones de meses sin intereses.

En 2020, cuando inició la pandemia por el COVID-19, se presentó en los supermercados un fenómeno interesante: muchas personas compraron grandes cantidades de papel sanitario. Realmente no había una razón para que ello ocurriera, pero se presentó precisamente un comportamiento de rebaño y algunas personas veían que otras lo compraban y ellas también lo hacían; se podía ver a quienes iban a comprar únicamente ese producto y salían de las tiendas con sus carritos llenos de él.

> Numerosas personas destinan mucho tiempo a buscar ofertas de productos innecesarios; si ese tiempo lo aprovecharan en planificar sus finanzas aprovecharían mejor su dinero.

El comportamiento de rebaño no solo ocurre con los gastos pequeños, sino que también se presenta en aquellos que implican mayores recursos como las vacaciones. Muchas personas se imponen como meta visitar los lugares mayormente frecuentados. Hay quienes ven como un «deber» cambiar de auto cuando obtienen un mejor puesto de trabajo. Incluso, la zona en la que vives, el tipo de casa que tienes o los muebles que posees, pueden estar determinados por este tipo de comportamiento.

¿Cómo puedes enseñar a tu hij@ a evitar el comportamiento de rebaño?:

- Primero, poniendo el ejemplo y no basando tus compras en el "es que los demás lo tienen".
- Comprando de forma planificada.
- Enseñándole a distinguir entre necesidades y deseos.
- Estableciendo límites. Aun cuando tengas una buena posición económica es importante no dar todo lo que tu hij@ te pide o, sin que te lo pida, llenarle de regalos o premios. Muchos padres hacen esto para compensar el tiempo que no les dan a sus hijos.
- Retrasando las compras de los deseos. Si tu hij@ va a adquirir algún artículo que no es necesario, puedes alentarle a esperar: "¿Qué te parece si mañana o la siguiente semana lo compramos?". De esta forma, también trabajarás el autocontrol, una habilidad muy relevante para tener éxito en la vida como lo vimos antes.
- Empleando el dinero de su alcancía de gustos precisamente para eso. Cuando se usa el dinero de alguien más (por ejemplo, los padres) se puede tener un comportamiento de compra más impulsivo, ya que no cuesta mucho decir: "Mamá quiero esto". En cambio, si es algo suyo, lo cuidará más.
- Analizando los usos que le darán a lo que compran.
- Mostrando a tu hij@ cómo muchas personas caen en este tipo de comportamiento.
- Ayudándole a desarrollar su creatividad, autoestima, curiosidad, pensamiento crítico y muchas de las habilidades que ya comenté en el capítulo 2 de este libro.

- Emprender también le ayudará a empezar a ser un líder y crear sus propias ideas sin dejarse llevar por el comportamiento de los demás.

5.6 Los medios de pago

> Hacer es la mejor manera de decir.
>
> JOSÉ MARTÍ

Es importante que tu hij@ sepa todo lo que implica comprar, empezando por obtener el dinero para hacerlo y terminando por pagar para obtener un bien o un servicio. Los medios de pago se han ido modificando con el tiempo y quizás más adelante lo harán aún más debido al avance tecnológico, por lo que las capacidades financieras que se requerirán serán mayores. Desde la niñez o la juventud se pueden conocer las diferentes formas de pagar cuando se compra y de nuevo es importante enseñarles cómo usar cada una de ellas correctamente.

Efectivo

Cuando pagamos en una tienda con un medio de pago electrónico, como una tarjeta de crédito, para un pequeño no es claro cómo ocurre el proceso, cómo llega el dinero a la tarjeta o cómo sale de ella. Aun cuando acostumbres a pagar con tarjetas, trata de pagar algunos productos en efectivo, a fin de que tu hij@ conozca todo el ciclo del dinero. Cuando se paga con tarjeta puede no ser algo tangible para los niños.

Ya sea que adquieran productos para darse gusto o para su emprendimiento es importante que los niños y jóvenes practiquen tomar dinero de su alcancía (ver el método de las 3-4 alcancías) y pagar directamente con billetes o monedas a fin de que el proceso de pago sea algo tangible. Aún si no se ha implementado el método de las alcancías, cuando vayas a pagar le puedes dar ciertas monedas y billetes para que tu hij@ pague y reciba un bien, los podrías implementar desde sus tres años. Que le quede claro que se tiene que dar dinero, que previamente se ganó, para recibir un bien o servicio y que esa es la forma en que se compra. Esta simple acción puede tener un impacto muy importante en ella o él.

Tarjetas

Los medios de pago electrónicos más usuales son las tarjetas prepagadas, las de débito y las de crédito. Mediante ellas se dan instrucciones de pago para transferir dinero a la cuenta de la persona o negocio a quien le compramos algo. También se pueden hacer domiciliaciones. ¿Qué es esto? Autorizar que cada determinado tiempo (por ejemplo, cada 15 días o cada mes) se cargue automáticamente a la tarjeta bancaria el pago de un servicio como la luz, el teléfono o bien para una cuenta de inversiones.

Habla con tu hij@ sobre las tarjetas cuando las utilices, que sea como una conversación cotidiana. Desde los cinco o seis años puedes empezar a comentarles sobre ellas, pero dependiendo de su edad y sus conocimientos debe ser la profundidad de la explicación.

- **Tarjeta de prepago.** Con estas tarjetas únicamente puedes gastar la cantidad de dinero que pongas en ellas. Hay algunas tarjetas recargables que sirven para sacar dinero de cajeros automáticos o realizar compras en establecimientos o por internet. Si usas este tipo de tarjeta, explícale a tu hij@ cómo funcionan: que cada vez que haces uso de ella estás gastando un dinero que previamente abonaste a la tarjeta, que no pagas intereses por su uso, pero sí puedes pagar comisiones; también coméntale que con ellas no creas un historial crediticio, el cual te sirve para acceder a créditos como veremos más adelante.
- **Tarjeta de débito**. Cuando uses una tarjeta de débito explícale a tu hij@ que con ella pagas con el dinero que

tienes en tu cuenta bancaria por lo que no es posible hacer compras más allá de esa cantidad. Muéstrale que, cuando realizas un pago, el banco te lo resta inmediatamente de tu cuenta. Platícale que estas tarjetas suelen cobrar comisiones por mantenimiento de cuenta o por no tener un saldo mínimo. Coméntale cuál es el saldo mínimo que tú debes tener en tu cuenta para que no te cobren esa comisión. Muchos adultos desconocen esto y en ocasiones se llevan sorpresas cuando van a revisar su saldo.

- **Tarjeta de crédito.** Con la tarjeta de crédito compras primero y pagas después, ya sea al banco o a una tienda comercial. Muéstrale a tu hij@ que en este caso estás tomando un préstamo y, como todo préstamo, se pagan intereses. Podrías no hacerlo aprovechando las ventajas de pago que te ofrece este producto. Dialoga con tu hij@ sobre el interés que podrías pagar por tus compras. En el capítulo 7 abordo estos puntos. Para muchos adultos puede ser común endeudarse con las tarjetas de crédito. Ello ocurre por no usar como debe ser este producto que tiene muchas ventajas. Algunos pequeños pueden pensar que con estas tarjetas se puede pagar por siempre y parecería que algunos adultos también, ya que la llegan a usar en ocasiones sin considerar que es un dinero que tienen que pagar y sin saber si contarán con los recursos suficientes para hacerlo. A fin de que tu hij@ aprenda cómo funciona este producto y no cometa los errores de muchos adultos al emplearlo, puedes practicar con ella o él:
  - Cuando pagues con tarjeta explícale a tu hij@ por qué es importante que nadie conozca tu número de identificación personal, ya que en caso de perder la tarjeta o si se hiciera una copia de ella con cierto dispositivo, si no conocen tu número es más complicado emplearla para pagar con ella.
  - Adviértele por qué nunca debes perder de vista tu tarjeta cuando se la das a alguien más al pagar.

- A tus hijos adolescentes podrías darles la tarjeta y que ellos paguen siguiendo las instrucciones de seguridad que les has enseñado.
- Antes y después de pagar, muéstrale a tu hij@ el saldo de tu tarjeta y que vea que tu crédito disponible se ha reducido en la cantidad que compraste. Enséñale los días que tienes para liquidar esa compra sin pagar interés. Más adelante abordo con mayor detalle el uso adecuado de una tarjeta de crédito.
- Indícale que si alguien se comunica contigo diciendo que es una tienda o un banco para pedirte información confidencial sobre las cuentas (como tu NIP) NUNCA se debe proporcionar.

Pagos *online*

Si vas a hacer una compra en un sitio web o por teléfono, muéstrale a tu hij@ que si das los datos de tu tarjeta incluido el código de seguridad (CVV o CVC) que se compone de tres o cuatro números y se sitúa en la parte trasera de la tarjeta de crédito, alguien podría también emplear esa información y comprar con tu tarjeta. Por ello, lo adecuado es comprar con tarjetas digitales que se generan una única ocasión y con ellas se pueden hacer compras una sola vez.

Hay algunos proveedores de pago para compras *online*, como *PayPal*, donde los clientes se registran y pagan en ciertos comercios a través de ellos sin que la información del banco o tarjeta sea accesible para los comercios. Aun así, es preferible registrarse con tarjetas digitales.

Transferencias bancarias

Al realizar una transferencia bancaria se envía dinero desde una cuenta bancaria a otra del mismo banco o de otra entidad. Cuando transfieras dinero muéstrale a tu hijo cómo hacerlo de forma adecuada, que no debe utilizarse por seguridad un dispositivo que no es tuyo, ni conectarte a una red Wi-Fi pública, y no debes ingresar a páginas de internet del banco desde enlaces que te llegan por correo electrónico o por mensajes de texto. Por ejemplo, si vas a ingresar a la página web del banco desde una computadora, indícale que se debe verificar que es efectivamente la página web del banco y que debe haber un pequeño candado cerrado al principio de la barra de direcciones, que indica que el sitio es seguro.

Muéstrale cómo se reduce el saldo de tu cuenta con la cantidad de dinero que envías y que también desde tu celular es posible hacerlo siempre que entres a la página web del banco o desde una aplicación bancaria. Practica incluso con tu hij@ adolescente haciéndolo que te apoye a hacer transferencias, con tu supervisión, para que le quede claro todo el proceso.

Pagos a través del móvil

Este método de pago ha cobrado mayor relevancia en años recientes y es probable que lo siga haciendo en los años venideros. Existen diferentes formas de hacerlo: transferencia de dinero entre distintos usuarios, pagos móviles en el punto de venta a través de tecnología NFC, códigos QR o mediante monederos virtuales en forma de aplicaciones que almacenan los datos personales y bancarios de los usuarios. Si haces este tipo de pagos, muéstrale también cómo hacerlo.

5.7 Elegir es renunciar

> Nuestra conducta es una función de nuestras decisiones, no de nuestras condiciones.
>
> STEPHEN COVEY

Si te ganaras 10 millones en la lotería, ¿en que los emplearías? Podrías tener un sinnúmero de opciones. ¿Cuál sería el mejor uso que les podrías dar? Ello dependerá de muchos factores: tu situación económica en ese momento, tu estado de ánimo, tus hábitos, habilidades y conocimientos financieros, entre otros.

> La educación financiera nos ayuda a tomar mejores decisiones financieras dentro del mundo de posibilidades que tenemos.

En los capítulos previos me referí al sistema de pensamiento propuesto por Daniel Kahneman, el cual menciona que, por lo regular, tomamos decisiones rápidas basadas en nuestros conocimientos y experiencias. También te hablé acerca de la relevancia de ayudar a tu hij@ a desarrollar la reflexión cognitiva a fin de tener actitudes más sensatas y metódicas para tomar decisiones relevantes como las del dinero. Al final del capítulo 2, te presenté algunas ideas para fomentar diferentes habilidades tanto cognitivas como no cognitivas en tu hij@.

Antes, también hice mención acerca de los diferentes destinos que le podemos dar al dinero: gastar, ahorrar, invertir o donar. Dentro de cada uno habría diferentes opciones que se podrían tomar.

Una persona con escasa educación financiera difícilmente aspiraría a emplear ese dinero en el ahorro, la inversión o incluso la donación, donde el dinero tendría mayor impacto y aprovechamiento, ya sea multiplicándolo para ayudarse a sí mismo, ayudando a alguien más o a ambos. Las primeras opciones que tomaría son el pago de deudas y gastar el dinero, pero incluso en el gasto no haría el mayor aprovechamiento, pues cometería con seguridad muchos de los errores de los que he hablado en este capítulo y después de cierto tiempo quizás regresaría a una situación económica similar a la que se encontraba previa a recibir el dinero. En cambio, una persona con una educación financiera elevada analizaría las diferentes opciones y aprovecharía al máximo ese dinero.

La educación financiera nos ayuda a tomar mejores decisiones financieras dentro del mundo de posibilidades que tenemos. Por ello, es importante que tus hijos analicen las decisiones y comprendan los posibles resultados; que sepan que si gastan en algo están renunciando a la posibilidad de gastar en algo más, de tener más dinero para gastar aún más a futuro, de poder ayudar a alguien más, entre otros. Los economistas llaman costo de oportunidad a la alternativa a la que renunciamos cuando tomamos una decisión.

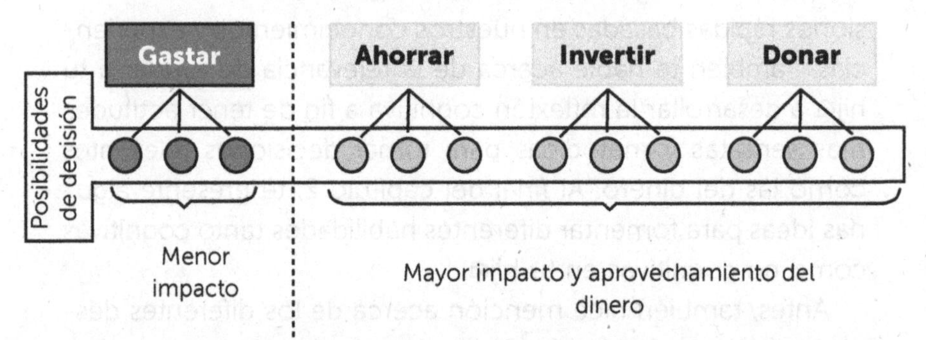

El método de los cinco propósitos para el ahorro, visto en el capítulo anterior, puede ayudar a empezar a trabajar la planeación en las compras, y como ahí vimos, nos podemos dar gustos y disfrutar del dinero con planeación. Es importante que tu hij@ tenga claro que cuando el dinero se gasta o se pierde, ya no se tiene. También puedes recurrir a las preguntas con el fin de apoyar a tu hij@ a construir su propio punto de vista: "¿En qué crees que podrías usar estos 100 pesos (o dólares)?", "¿Es el videojuego la mejor forma de emplear tu dinero o crees que pudiera haber otra?", "¿Habría otra compra que te haría sentir más contento?". Que sepa a qué renuncia cuando da cierto uso a su dinero.

5.8 Con el tiempo el dinero alcanza para comprar menos

> La inflación es un impuesto sin legislación.
>
> MILTON FRIEDMAN

Es importante que tu hij@ aprenda que el dinero que hoy tiene, a medida que pasa el tiempo, le permitirá adquirir menos bienes. Si en realidad tu hij@ comprende esto buscará medidas para proteger su dinero.

Lo anterior se refiere a la inflación que, de acuerdo con los economistas, es el incremento generalizado en el nivel de precios. A mí, cuando me explicaron esto estando en la universidad, me costó un poco comprenderlo, de manera que, si a un niño no se lo explicamos de forma adecuada, puede resultarle bastante complejo.

Debido a la inflación, el dinero pierde poder adquisitivo; es decir que, con cierta cantidad de dinero hoy, después de cierto tiempo podremos comprar menos. Por ejemplo, el 31 de enero de 2008 en la ciudad de México un kilogramo de tortilla costaba 8.40 pesos; con esa misma cantidad de dinero en 2014 se podían comprar 751 gramos y 610 gramos en 2021. Esto quiere decir que, si solo guardas una cantidad de dinero hoy, en el futuro te alcanzará para menos.

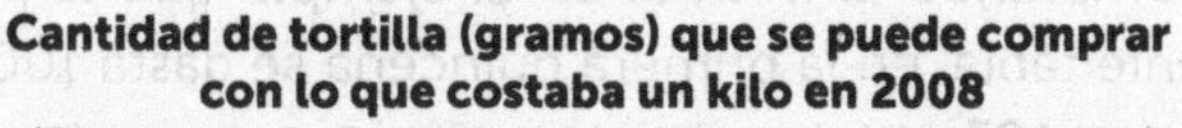

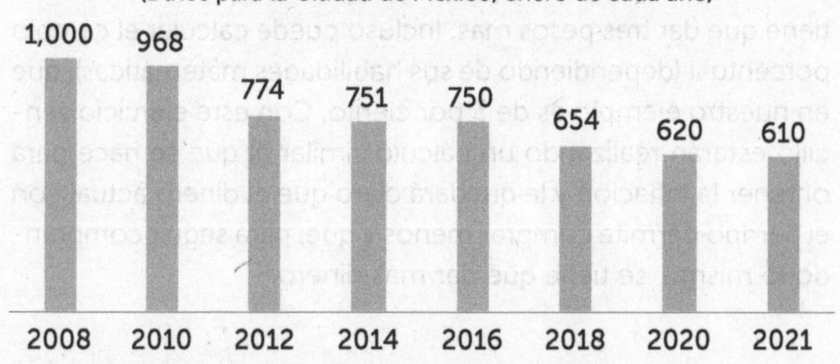

Fuente: SNIIM Sistema Nacional de Información e Integración de Mercados.

Muchos adultos tienen una idea de qué es la inflación y consideran que se refiere al incremento en precios; sin embargo, quizás algunos no comprenden cómo les impacta, ya que cuando algo te afecta, tomas medidas para solucionarlo. Si alguien siente frío, se pone un suéter; si el médico te dice que tienes el colesterol elevado, buscas alimentarte mejor. Otros, que quizá saben que les afecta, no saben cómo protegerse. Lo ideal es que tu hij@ tenga claridad de que la inflación le impacta y cómo puede proteger su dinero.

Primero, es importante que tu hij@ comprenda que la inflación le afecta negativamente. Si bien hay diferentes cuentos que buscan explicar lo que es la inflación y que podrían darle cierta idea, como hemos visto a lo largo de este libro, lo mejor es la práctica.

Te propongo otro ejercicio sencillo que podrán hacer en casa con tu hij@ a partir de sus nueve años aproximadamente y cuando vayan al súper. Escojan ciertos productos que compren con regularidad (entre 5 y 10) y que cada quincena, en una tabla como la siguiente pongan el precio de cada producto y, de preferencia, que sea del mismo lugar donde compran. Cada quincena se deberá sumar el costo de todos los productos y, con esto podrá saber cuánto dinero más tiene que dar para seguir comprando lo mismo. En el ejemplo que te pongo en la siguiente tabla, en la primera quincena se gasta 100 pesos y en la octava 103, por lo que para seguir comprando lo mismo tiene que dar tres pesos más. Incluso puede calcular el cambio porcentual (dependiendo de sus habilidades matemáticas), que en nuestro ejemplo es de 3 por ciento. Con este ejercicio sencillo estarán realizando un cálculo similar al que se hace para obtener la inflación y le quedará claro que el dinero actual con el tiempo permite comprar menos y que, para seguir comprando lo mismo, se tiene que dar más dinero.

MI INFLACIÓN EN CASA								
	Quincena							
	1	2	3	4	5	6	7	8
Precio del producto 1	20	20	20	20.5	20.5	20.5	20.5	20.5
Precio del producto 2	40	40	40	40	40.5	40.5	40.5	40.5
Precio del producto 3	30	30	30	30	30	30.5	30.5	30.5
Precio del producto 4	10	10	11	11	11	11	11	11.5
Suma	$100	$100	$101	$101.5	$102	$102.5	$102.5	$103
Diferencia con la quincena 1		0	1	1.5	2	2.5	2.5	3
Cambio % con respecto a la quincena 1		0.0%	1.0%	15%	2.0%	2.5%	2.5%	3.0%

Dado que el ejercicio anterior no es parte de los deberes de tu hij@ en casa, y puede ser opcional lo podrían incluir en las actividades con las que podría recibir un pago, como vimos en el capítulo 3.

5.9 Domingo o mesada. ¿Sí o no? ¿Cómo?

> Cada día de nuestra vida hacemos depósitos en los bancos de memoria de nuestros hijos.
>
> CHARLES R. SWINDOLL

Mamá, papá; es importante que tu hij@ desde pequeñ@ esté expuest@ a una práctica adecuada del gasto. En algunos hogares es común «el domingo» o «mesada», que es una cierta cantidad de dinero que se otorga a los niños, por lo regular en los fines de semana para que lo gasten en cosas que les gustan o que les proporcionan diversión. Esta práctica surgió en EUA a principios del siglo XX con el objetivo de compartir con los niños parte de los recursos familiares y enseñarles a gastar. Había quien criticaba que el dinero se diera a cambio de efectuar tareas domésticas o como premio a un buen comportamiento, pero parecía haber coincidencia en que era fundamental dar responsabilidad a los niños, fomentar la toma de decisiones propias y decidir en qué gastar.[21]

Algunos padres me han preguntado si recomiendo darles dinero a los hijos para que ellos gasten. Esto puede tener pros y contras, dependerá de cómo se les dé, del acompañamiento que se les dé y del uso que ellos le den al dinero.

> Darles dinero a tus hijos puede tener pros y contras, dependerá de cómo se los des, del acompañamiento que les des y del uso que ellos le den al dinero.

[21] Sosenski, Susana, Educación económica para la infancia: el ahorro escolar en México (1925-1945). *Historia Mexicana* [en línea], 2014, LXIV(2), 645-711[fecha de Consulta 28 de Enero de 2020], ISSN: 0185-0172. Disponible en: https://www.redalyc.org/articulo.oa?id=60046996004.

Ciertos padres optan por darles una cantidad regular a sus hijos cada determinado tiempo (semanal, quincenal, mensual) para que gasten en lo que ellos quieran, sin explicarles cómo obtuvieron el dinero y sin orientarlos en cómo gastarlo. Esto puede no ser favorable para enseñarles a gastar; los hijos lo pueden ver como un deber de los padres y, cuando se quieran cambiar las condiciones y dejar de darles (por ejemplo, cuando no se cuente con suficiente dinero o a partir de cierta edad), puede haber conflicto entre ellos, ya que los hijos quizás asumieron que aquello era una obligación de sus padres.

Otros padres suelen dar dinero a sus hijos como premio por algo que hacen: "Si haces esto te doy tu domingo", "Si cumples en la escuela ...", "Si te portas bien...", "Si arreglas tu cuarto...", "Si te comes todo...", y muchos más. Primero, no es adecuado darles dinero por sus deberes en casa, si así se les enseña, cuando hagan algo extraordinario querrán que se les premie. Como comenté en el capítulo 3, eso se puede convertir en una especie de soborno, ya que lo hijos harán algo por su premio y no por lograr un objetivo que puede ser deseable, como aprender más, apoyar en la casa, estar más saludables, entre otros. Otros padres, en lugar del premio pueden recurrir al castigo, y cuando un hij@ no hace algo que debía hacer, los padres restringen la mesada, no dándosela o reduciendo su monto; es decir, se hace un chantaje emocional que tendría un efecto parecido al del premio.

Hay padres que por diversas cuestiones no otorgan tiempo de calidad a sus hijos o en algún momento los castigaron o lastimaron, y llegan a sentirse culpables buscando la manera de compensarlos, ya sea consintiéndolos, dándoles juguetes o entregándoles el domingo o la mesada. No fijan límites y, lejos de ayudarlos, los perjudican. En este caso, el chantaje emocional ocurre de parte de los hijos que, al considerar que sus padres los tienen que compensar, les exigen y pueden acostumbrase a que ellos les resuelvan sus problemas, esforzándose poco por lograr sus objetivos.

Entonces, ¿se debe evitar darles dinero? No.

Como vimos en el capítulo 2, algunos multimillonarios recibían dinero de sus padres cada determinado tiempo. Así que no es malo darles para que practiquen los usos del dinero, pero, como todo, en las finanzas personales debe existir un acompañamiento adecuado. ¿Qué hicieron los padres de los multimillonarios? Orientaban a sus hijos sobre cómo emplear el dinero que ellos les daban tanto en el gasto, como en el ahorro y la inversión; les enseñaban a sus hijos a tener una adecuada administración al registrar sus ingresos y gastos, y los padres lo revisaban con ellos, los orientaban. Esta es la mejor forma de proceder al darles dinero.

Si en casa no se desea darles dinero o no se cuenta con las posibilidades para hacerlo, recuerda que el emprendimiento es una buena opción. Al igual que varios multimillonarios lo hicieron empezando a ganar dinero desde pequeños y guiados por sus padres, tu hij@ puede aprender a gastar adecuadamente.

Te platico, en mi casa, dado que mis hijos emprenden desde que tenían tres años, la mayoría de lo que tienen en sus alcancías proviene de lo que producen. También les damos dinero extra por apoyarnos a llevar, en una tabla grande, la contabilidad de ciertos gastos. Como vimos antes, el emprendimiento les permite que ellos sepan resolver diferentes situaciones que se les presenten.

¿QUÉ HACER CON EL DOMINGO O MESADA?	
Lo que sí:	**Lo que no:**
• Explicar cómo se obtuvo el dinero. • Acompañar y orientar a tu hij@ en cómo se utiliza el dinero. • Dar dinero por acciones que no forman parte de sus deberes. • Practicar el gasto planificado. • Practicar el ahorro y la inversión. • Hacer cuentas.	• Dar dinero sin orientación alguna. • Darlo como un premio. • Utilizarlo como un medio de presión. • Enfocarlo únicamente en el gasto. • Dar con pocos límites. • Dar para «comprar amor» o por falta de tiempo para los hijos. • Dar por los deberes en casa.

IDEAS PARA LLEVAR

Actividades sugeridas para enseñar a gastar a tu hij@
Para todos en casa:

- Conversen en casa con regularidad sobre lo que realizan en cierto día con el dinero. "De transporte, pago 50 pesos", "de despensa cada semana gastamos mil", "por las mañanas me compro un café que me cuesta 30 pesos", entre otros. Pide consejos a tu hij@ sobre la forma en que consideran que es adecuado gastar en casa.
- Apliquen el método de los cinco propósitos de ahorro (ver capítulo 4) para aprender a darse gustos a partir del ahorro.
- Apliquen el método de las 3-4 alcancías para empezar a introducir el tema de presupuesto y la planificación en las compras.
- Hagan en familia la lista del supermercado, que tu hij@ proponga también lo que se requiere comprar. Clasifiquen en una tabla las compras en dos rubros: necesidades o deseos. Antes de gastar propongan precios a los productos y estimen lo que se gastarían y después de gastar compárenlo con lo planeado y analicen a qué se debieron las diferencias. Con esto estarán trabajando el presupuesto, una herramienta fundamental para un manejo adecuado de las finanzas personales.
- Eviten las compras compulsivas o para agradar a otras personas y no a ustedes.
- Realicen acciones que favorezcan el desarrollo de la reflexión cognitiva a fin de tener actitudes más reflexivas y metódicas para tomar decisiones relevantes.
- Cuando vayan a comprar, lleven la lista de lo que requieren y apéguense a ella.

- Conversen sobre la utilidad de los productos que van a comprar: si es adecuado hacerlo en este momento, la satisfacción que obtendrán, los efectos sobre las finanzas del hogar, si el precio que se paga compensa el uso que se le dará. Que tu hij@ opine.
- En caso de dar domingo o mesada a tus hijos, explícales cómo se obtuvo el dinero y oriéntalos en cómo se utiliza lo que se les da; que practiquen el ahorro y la inversión, además del gasto planificado. En caso de que se les quiera dar como un pago, ofrecerlo por acciones que no forman parte de sus deberes y que son adicionales; por ejemplo, la limpieza del jardín cuando son pequeños, limpiar los zapatos de la familia, hacer presupuestos, redactar alguna historia o un ensayo, investigar cierta información, dar seguimiento a ciertos productos para calcular su inflación.
- Cuando tu hij@ tenga un deseo (por ejemplo, una golosina, un videojuego) trata de no comprarlo a la primera, aun cuando tengas las posibilidades de hacerlo, pero no le digas "no tengo dinero". Puedes preguntarle: "¿Qué podemos hacer para comprarlo?" o "¿Qué te parece si comparamos con otras opciones?", y trata de que, cuando vayas a comprarle algo, previamente lo platiquen y apéguense a ello. Así empezarás a trabajar el autocontrol y las compras planificadas.

A partir de los tres años:

- Conversa con tu hij@ sobre los usos que se le pueden dar al dinero (ahorro, inversión, gasto, donación).
- Muestra a tu hij@ que los bienes y servicios que adquirimos tienen distintos precios. Cuando vayan a comprar, muéstrale los precios y explícale por qué son diferentes.

- Junten cosas que toda la familia utiliza y cosas personales. Hablen sobre la finalidad de cada objeto y sobre cómo se sienten compartiéndolos con los demás. Con ayuda de los padres clasifíquenlos en cosas que pueden ser una necesidad y las cosas que pueden ser un deseo.
- Lleva a tu hij@ al súper o al tianguis con la lista que previamente se elaboró en casa y que pague en efectivo directamente algunos productos.
- Explícale por qué es importante cuidar el dinero y que cuando se gasta o se pierde ya no es de ustedes.
- Que se dé algunos gustos tomando dinero de su propia alcancía.

A partir de los cinco años:

- Lleva a tu hij@ al súper o al tianguis y que compare los precios de ciertos productos. Pregúntale, por ejemplo: "¿Cuál nos conviene llevar, este que cuesta 10 pesos o aquel que cuesta 15 pesos?".
- Que tu hij@ pague en efectivo y haga cuentas adecuadas para su edad, de lo que recibirá de cambio.
- Muéstrale a tu hij@ cómo se colocan los productos en el supermercado, de acuerdo con su caducidad.
- De su alcancía de gustos puede empezar a llevar dinero cierto día de la semana a la escuela (en caso de que exista la posibilidad de hacerlo) y acuerda con tu hij@ en qué puede gastar ese dinero. Esto le empezará a dar cierta independencia.
- Apóyalo a comprar para su emprendimiento, que tome dinero de su alcancía de emprendimiento/inversiones, llévalo a las tiendas, que compare precios de los productos que va a comprar y que directamente los pague.

A partir de los siete años:

- Que tu hij@ revise la colocación de los productos en las tiendas y que vea si ello puede influir en las decisiones de compra de las personas y por qué.
- Que tu hij@ compare si al comprar por cantidades mayores se obtiene un mejor precio. Por ejemplo, ¿cuánto cuesta cada kilogramo de azúcar en una bolsa de dos kilogramos, y cuánto cuesta en una bolsa de un kilogramo?
- Cuando vayan al supermercado dale una pequeña lista y que tu hij@, con tu supervisión, busque los objetos, los tome y directamente los pague y que trate de no gastar más del dinero que le das.
- Antes de comprar algo, pregúntale en qué más podrían emplear el dinero que están gastando.
- Analicen por qué algunos productos pueden costar más, a fin de saber si lo que pagas de más en algunos productos es mayor calidad o popularidad.
- Analicen si los juguetes que se muestran en los anuncios publicitarios son igual de atractivos que en la realidad.
- De su alcancía de gustos puede llevar dinero más de un día a la semana a la escuela (en caso de que exista la posibilidad de hacerlo) y acuerda con tu hij@ en qué puede gastar ese dinero. Esto le empezará a dar cierta independencia.
- Que tu hij@ te apoye a registrar ciertos ingresos y gastos y a realizar la suma cada determinado periodo (cada tercer día, cada una semana, cada quince días).
- Que tu hij@ apoye en el presupuesto para su fiesta de cumpleaños y el presupuesto en ciertas compras como la despensa.
- Apóyalo a comprar para su emprendimiento, que tome dinero de su alcancía de emprendimiento/inversiones,

llévalo a las tiendas, que compare precios de los productos que va a comprar y que directamente pague, que analice precio/calidad, que haga cuentas de lo que le darán de cambio.

» Conversa con tu hij@ sobre cómo funcionan las tarjetas.

A partir de los diez años:

» Que tu hij@ analice los anuncios de publicidad y descubra si existen elementos que buscan inducir las decisiones de compra de los consumidores.
» Que tu hij@ registre sus gastos, incluyendo los muy pequeños, en la libreta de ahorros (ver capítulo 4).
» Si van a un restaurante, revisar si hay algunos alimentos cuyo precio pudiera inducir las decisiones sobre lo que las personas piden.
» Ve con tu hij@ a las tiendas cuando haya promociones, no a comprar sino a analizar cómo compran las personas, si comparan al comprar, si se dejan llevar por las compras de otras personas, cómo pagan, entre otros.
» Cuando pagues con tarjetas muéstrale cómo se reduce el saldo de tu cuenta cuando es con tarjeta de débito y cómo se reduce tu crédito disponible cuando es con tarjeta de crédito.
» Que tu hij@ practique el comprar con las tarjetas siguiendo las recomendaciones de seguridad adecuadas y bajo tu supervisión.
» Explícale cómo hacer compras *online* y muéstrale que es preferible usar tarjetas digitales para no dar los datos de tu tarjeta física.
» Que registre con frecuencia sus ingresos y gastos en su libreta de ahorro.
» De su emprendimiento, que calcule los costos de producir una unidad. Que tome dinero de su alcancía de

emprendimiento/inversiones, acompáñalo a las tiendas, que compare precios de los productos que va a comprar y que directamente pague, que analice precio/calidad, que haga cuentas de lo que le darán de cambio.

A partir de los doce años:

- Explícale qué son los meses sin intereses. Muéstrale que al comprar así no tienes descuentos por las compras.
- Que te apoye en calcular descuentos dobles; por ejemplo, 50%+20%.
- Cuando vayas a realizar una transferencia bancaria, enséñale a tu hij@ cómo se realiza y que te apoye a hacerlo con tu supervisión.
- Que practique hacer conversiones de precios en otras monedas.
- Pídele que te apoye a interpretar y a analizar los estados de cuenta de tus tarjetas.
- Que te apoye a dar seguimiento a ciertos productos para calcular su inflación.
- Que te apoye a dar seguimiento en una tabla a algunos elementos relevantes (costo total, cantidad consumida, precio por unidad) de los servicios que consumen en casa como agua, energía eléctrica, gas, entre otros.
- Que te apoye a realizar estrategias para aprovechar mejor los servicios que ocupan en casa.
- Que tome mayor independencia en las compras para su emprendimiento.

A partir de los dieciséis años:

- Si van a comparar productos por internet, es preferible navegar de modo incógnito para evitar que se registre el historial de búsqueda y ello genere que la tienda busque incentivar la compra con publicidad.

- Que compare precios al comprar en al menos cuatro tiendas, ya sea *online* o de forma física.
- Que sepa cómo funciona una tarjeta de crédito. Le podrás ayudar con la información del capítulo 7.
- Que sepa que existen agencias de protección al consumidor a donde puedes acudir en caso de que un comercio no te cumpla. En México es la PROFECO.
- Que registre sus ingresos y sus gastos diariamente en una libreta, en una App o en una hoja de cálculo como Excel.
- Que realice presupuestos de forma cotidiana.
- Si ya recibe un ingreso por un empleo, oriéntale a emplear de manera adecuada ese dinero, que además del gasto planificado destine una parte al ahorro, otra a la inversión y otra a la donación. Que aplique el método de las 3-4 alcancías.
- Ya puede tener responsabilidad sobre algunos gastos personales.
- Que aprenda a reconocer cuando alguien se comunica contigo diciendo que es una tienda o un banco para pedirte información confidencial sobre las cuentas como tu NIP, nunca se debe proporcionar ese tipo de datos.

6

PILAR 3. MULTIPLICACIÓN DEL DINERO

> Nuestras vidas se definen por las oportunidades, incluso las que perdemos.
>
> F. SCOTT FITZGERALD

Este pilar, como te comenté antes, rara vez se trabaja en casa. Sirve para hacer que el dinero que ganamos se multiplique. El número por el cual se multiplicará dependerá de nuestros conocimientos y habilidades para la inversión y, al igual que los otros dos pilares, entre más pronto se aprenda, mayores probabilidades de éxito habrá. Es un pilar que resalta las diferencias entre ricos y pobres. Los ricos multiplican y los pobres dividen. Las personas con una alta educación financiera harán que su patrimonio crezca y podrán enseñar esto a sus hijos; mientras que quienes tienen una baja educación financiera si tienen algún bien como un terreno lo heredarán a sus hijos y éstos lo repartirán a su vez entre sus respectivos hijos, y así se hará hasta que no haya posibilidades de heredar a algunos de los descendientes.

> Los ricos multiplican y los pobres dividen.

Si tu hij@ fortalece el pilar 1 generará más dinero. No es lo mismo ganar cien que mil, pero si además fortalece el pilar 2 retendrá una mayor proporción de ese dinero, pues será mejor quedarse con 30 por ciento de 1,000 pesos que con 5 por ciento de 100. El pilar 3, que veremos en este capítulo servirá para que lo que tiene se multiplique por el mayor número posible y genere más dinero con su dinero. Convendría multiplicar los 1,000 por cinco o por 10 en lugar de uno o algo menor que uno como ocurre en muchas ocasiones. Te comparto que es un pilar que yo empecé a cimentar hasta que fui adulto y lo sigo haciendo; de haber empezado antes, mi patrimonio hoy sería mucho mayor y tendría la posibilidad de apoyar a más personas.

En el capítulo 1 te comenté que con 500 pesos mensuales (menos de 17 pesos al día) que se destinen a la inversión durante cuarenta años tu hij@ puede ser millonari@. ¿Este tiempo se puede reducir? Sí, como veremos en este capítulo.

Existe el mito de que para invertir se requiere mucho dinero; en realidad, en la mayoría de los países hay opciones para todos los presupuestos. En México hay una gran variedad de instrumentos: las AFORE en las que es posible invertir desde un peso, los cetes desde 100 pesos, fondos de inversión desde mil pesos, las Bolsas de Valores desde 100 pesos, entre otras. Así que contar con pocos recursos no debería ser una excusa para no invertir. También para los niños y jóvenes afortunadamente hay opciones.

El objetivo de este capítulo es proporcionarte las herramientas para que puedas enseñarle a tu hij@ a hacer crecer su dinero y que ella o él invierta. Te adelanto que desde sus primeros días de nacid@ es factible.

Al invertir tu hij@, no solo ganará, sino que también ayudará a otras personas a crear más riqueza. Cuando alguien invierte directamente (por ejemplo, a través de un emprendimiento) puede generar empleos; cuando pone sus recursos a disposición de alguna institución financiera, ésta los podrá prestar a alguien más, quien a su vez podrá contar

> Cuando una persona invierte no solo gana ella, también ayuda a otras personas a crear más riqueza.

con recursos para desarrollar más proyectos, lo que ayudará a que se generen más empleos. Si más personas invirtieran habría más recursos disponibles para crear riqueza y en general la sociedad estaría mejor. Hazle saber también esto a tu hij@.

6.1 Algunas opciones de inversión

> El secreto para ganar es una administración constante y consistente.
>
> Tom Landry

Sin importar a qué se vaya a dedicar posteriormente, tu hij@ puede aprender a hacer que su dinero trabaje para ella o él, lo cual le servirá mucho en su vida y al igual que todo lo que has visto a lo largo de este libro la forma de enseñarle puede ser sencilla y divertida.

En la tabla siguiente te presento diferentes opciones de inversión; Bolsa Mexicana (representada por el Índice de Precios y Cotizaciones), Bolsas de los EUA (representada por el índice S&P 500), cetes a 28 días y dólares. En todas ellas se puede invertir desde México, en varias también desde otros países y tu hij@, desde sus primeros días de nacid@, en algunas puede tener directamente una cuenta a su nombre.

El método de inversión con el cual te sugiero que enseñes a tu hij@ es de largo plazo y sin duda da resultado. Veamos qué ocurrió con estas opciones de inversión entre el año 2001 y 2020. ¿Cuánto habría ganado alguien que hubiera invertido en ellas durante ese periodo?

OPCIONES DE INVERSIÓN (2000-2020)					
Año	**Bolsa Mexicana* (Índice de Precios y Cotizaciones)-cierre**	**Bolsa de los EUA** (SP500)-cierre**	**Dólares* (pesos por dólar)-cierre**	**Cetes 28 días (promedio %)**	**Inflación anual de México* %**
2000	5,652.2	1,320.3	9.6	15.3	9.0
2001	6,372.3	1,148.1	9.2	11.3	4.4
2002	6,127.1	879.8	10.4	7.1	5.7
2003	8,795.3	1,111.9	11.2	6.2	4.0
2004	12,917.9	1,211.9	11.1	6.8	5.2
2005	17,802.7	1,248.3	10.6	9.2	3.3
2006	26,448.3	1,418.3	10.8	7.2	4.1
2007	29,536.8	1,468.4	10.9	7.2	3.8
2008	22,380.3	903.3	13.8	7.7	6.5
2009	32,120.5	1,115.1	13.1	5.4	3.6
2010	38,550.8	1,257.6	12.3	4.4	4.4
2011	37,077.5	1,257.6	13.9	4.2	3.8
2012	43,705.8	1,426.2	13.0	4.2	3.6
2013	42,727.1	1,848.4	13.1	3.8	4.0

OPCIONES DE INVERSIÓN (2000-2020)					
Año	**Bolsa Mexicana* (Índice de Precios y Cotizaciones)-cierre**	**Bolsa de los EUA** (SP500)-cierre**	**Dólares* (pesos por dólar)-cierre**	**Cetes 28 días (promedio %)**	**Inflación anual de México* %**
2014	43,145.7	2,058.9	14.7	3.0	4.1
2015	42,977.5	2,043.9	17.2	3.0	2.1
2016	45,642.9	2,238.8	20.6	4.2	3.4
2017	49,354.4	2,673.6	19.7	6.7	6.8
2018	41,640.3	2,506.9	19.7	7.6	4.8
2019	43,541.0	3,230.8	18.9	7.8	2.8
2020	44,066.9	3,756.1	19.9	5.3	3.2

Fuente:
*Banco de México.
**Yahoo Finanzas https://es-us.finanzas.yahoo.com/
***Consar https://www.consar.gob.mx/gobmx/aplicativo/siset/Series.aspx?cd=147&cdAlt=False

Por ejemplo, si queremos calcular el rendimiento entre 2019 y 2020 en la Bolsa Mexicana de Valores, tenemos que obtener el cambio porcentual en estos años dentro del Índice de Precios y Cotizaciones (IPC). Para ello habrá que aplicar la fórmula del cambio porcentual:

$$\textbf{Cambio porcentual} = 100 \times \frac{(\text{valor final - valor inicial})}{\text{valor inicial}}$$

Con los datos que aparecen al final de la segunda columna de la tabla anterior obtendríamos lo siguiente:

$$\textbf{Cambio porcentual (entre 2019 y 2020)} = 100 \times \frac{(44{,}066.9 - 43{,}541.0)}{43{,}541.0} = \mathbf{1.21}$$

De ese modo, alguien habría ganado en promedio 1.21 por ciento por la inversión en la Bolsa Mexicana de Valores que hubiera hecho en ese periodo. De igual forma se podrían calcular los rendimientos para el resto de los años y también en otras de las opciones de inversión que se muestran en el cuadro: SP500 y dólares. En el caso de los cetes ya aparece el rendimiento y no es necesario aplicar la fórmula anterior.

Si alguien hubiera invertido entre 2001 y 2020 en dólares habría multiplicado por 2.1 su dinero, por 3.3 si hubiera invertido en cetes y por 7.2 de haber invertido en la Bolsa Mexicana de Valores, como se muestra en la tabla siguiente. Ahí puedes ver que de las cuatro opciones que te presento, tres de ellas (la Bolsa de México, las Bolsas de EUA y la inversión en deuda gubernamental [Cetes]) ofrecieron rendimientos superiores a la inflación entre los años 2001 y 2020. En tanto, la inversión en dólares habría dado rendimientos ligeramente inferiores en este periodo. Algo importante a considerar es que los rendimientos pasados no garantizan rendimientos futuros. Por ejemplo, aunque en todo el periodo que estamos revisando la

Bolsa Mexicana de Valores otorgó mayores rendimientos que las de los EUA, desde 2013 los rendimientos de estas últimas han tendido a ser superiores a los de México.

RENDIMIENTO ACUMULADO EN EL PERIODO 2001-2020 EN DIFERENTES OPCIONES DE INVERSIÓN					
	Bolsa Mexicana	**Bolsa de los EUA**	**Cetes 28 días**	**Dólares**	**Inflación anual %**
Rendimiento acumulado	619%	184%	227%	107%	126%
Rendimiento promedio por año	10.4%	5.4%	6.1%	3.7%	4.2%
¿Por cuánto se habría multiplicado el dinero?	7.2	2.8	3.3	2.1	2.3

Nada garantiza que los rendimientos de este periodo de 20 años se mantendrán siempre en estas opciones. Habrá momentos en los que se ganará más con cierta inversión y en otros periodos con otras; incluso es posible observar disminuciones en ciertas ocasiones. Esto es lo que hace que muchas personas no se animen a invertir.

Como Benjamin Graham señala "Una operación de inversión es aquella que, después de realizar un análisis exhaustivo, promete la seguridad del principal y un adecuado rendimiento. Las operaciones que no satisfacen estos requisitos son especulativas".[22] Esto significa en términos menos técnicos que las inversiones no son juegos de azar, es importante tener una estrategia. Por lo regular, se recomienda para reducir el riesgo poner el dinero en varios instrumentos y a ello se le conoce como diversificación. Por ejemplo, si alguien hubiera distribuido

Las inversiones no son juegos de azar, es importante tener una estrategia.

[22] Graham, Benjamin, *El inversor inteligente*. Barcelona: Deusto, 2007, p. 35.

su dinero por igual entre todas estas inversiones, no habría obtenido en total el mayor rendimiento de estas opciones (10.4 por ciento en promedio al año), pero tampoco habría obtenido el menor (3.7 por ciento en promedio por año), y lo que habría ganado cada año sería 7 por ciento en promedio. En el capítulo 1 te mostré que con esa tasa y con solo 500 pesos al mes (menos de diecisiete al día) invertidos durante cuarenta años una persona tendría casi 1.3 millones.

Hay otras opciones de inversión, que no incorporé debido a la falta información para el periodo que consideré previamente y que también han ofrecido históricamente rendimientos superiores a la inflación e incluso que el 7 por ciento del que hemos hablado, una de ellas son las AFORE, de las que hablo más adelante.

A muchas personas les aterra la idea de invertir su dinero ya que consideran que pueden perderlo todo y ello genera que nunca inviertan y, por tanto, que no ganen.

Como ya se ha demostrado desde el experimento clásico de John Watson en 1920, el miedo se aprende. Él lo mostró con un niño de once meses que jugaba con una rata de laboratorio u otros animales con pelo, como un conejo, sin sentir miedo. Watson buscaba demostrar que el niño podía aprender a tener miedo a estos animales y para ello empezó a golpear una barra de hierro con un martillo cada vez que el niño jugaba con la rata. El pequeño, al oír el ruido mientras jugaba con el roedor, le empezó a temer, incluso cuando el ruido había desaparecido. El pequeño también trasladó este miedo a otros animales con pelo u otros objetos como un abrigo de piel. Desde luego, hoy sería muy criticado un experimento así.

> Desafortunadamente muchos padres enseñan a sus hijos desde pequeños a tener miedo.

¿Has notado que muchos hijos llegan a tener los mismos temores que sus padres? Desafortunadamente muchos padres enseñan a sus hijos desde pequeños a tener miedo: "Si sigues llorando, te va a llevar el policía", "Si no te duermes, va a venir un vecino por ti para llevarte a su casa", "Si te asomas ahí, te puede salir un monstruo", "Si te portas mal, te va a llevar el ropavejero". A veces lo hacen por querer protegerlos o para inducir a cierta acción; sin embargo, ello puede generar que se reduzca la curiosidad, la perseverancia, la autoconfianza u otras habilidades cognitivas que son muy relevantes para que las personas tengan éxito en la vida, como lo vimos en el segundo capítulo. El miedo a invertir también se puede aprender.

Hay personas que sienten temor de invertir aun cuando ni siquiera lo han hecho una vez y, por lo tanto, no han tenido una mala experiencia. Si ello sucede es porque así lo aprendieron, posiblemente se fue formando una creencia negativa a partir de lo que escucharon o vieron, y quizás en algunos casos no son situaciones reales. Te invito (mamá, papá) a que reflexiones cómo ha sido tu relación con las inversiones. Aquí también aparecen algunas de las habilidades no cognitivas (de las que he hablado antes) como el pensamiento crítico y la autoconfianza, que además del conocimiento serán relevantes para no tener esos temores a la inversión. Invertir se puede ver como algo natural si en casa también se realiza, si se habla de inversión, si se analizan opciones, si se aprende de la mejor forma. Por ello es importante que tú también lo hagas. Si no lo has hecho, la información de este capítulo también te servirá.

¿Cómo acumula riqueza alguien que ha formado sus tres pilares?

Con el esquema siguiente busco ilustrar la relevancia de construir de manera apropiada los tres pilares de la riqueza financiera. Una persona que ha formado adecuadamente el pilar 1 sabrá ganar dinero, pero podrá gastarse todo o casi todo si no tiene fortaleza en el pilar 2. En cambio, si ha fortalecido también su segundo pilar administrará mejor su dinero y mantendrá consigo una mayor proporción. Si no ha fortalecido de la mejor manera el pilar 3 no hará crecer su dinero. Si ya empieza a trabajar en este último pilar quizás podría obtener rendimientos como en el primer caso de 5 por ciento, donde llegar a acumular más de un millón le tomaría once años si invierte 70,000 cada año contra cuarenta y cinco años que le tomaría acumular la misma cantidad si invierte solo 6,000 al año.

Veamos qué ocurre con alguien que fortalece más el pilar 3 y puede obtener tasas de rendimiento como el 12 por ciento que se muestra en el esquema. Si ahorra solo 6,000 al año, le tomaría veintiséis años con esta tasa de rendimiento ser millonario, en vez de cuarenta y cinco con una tasa de rendimiento de 5 por ciento. ¿Ves la diferencia que puede generar tener bien cimentado el pilar 3? Desde luego, el mejor escenario es

AÑOS QUE TOMARÍA ACUMULAR 1 MILLÓN, SEGÚN MONTO DE INVERSIÓN ANUAL Y TASA DE RENDIMIENTO

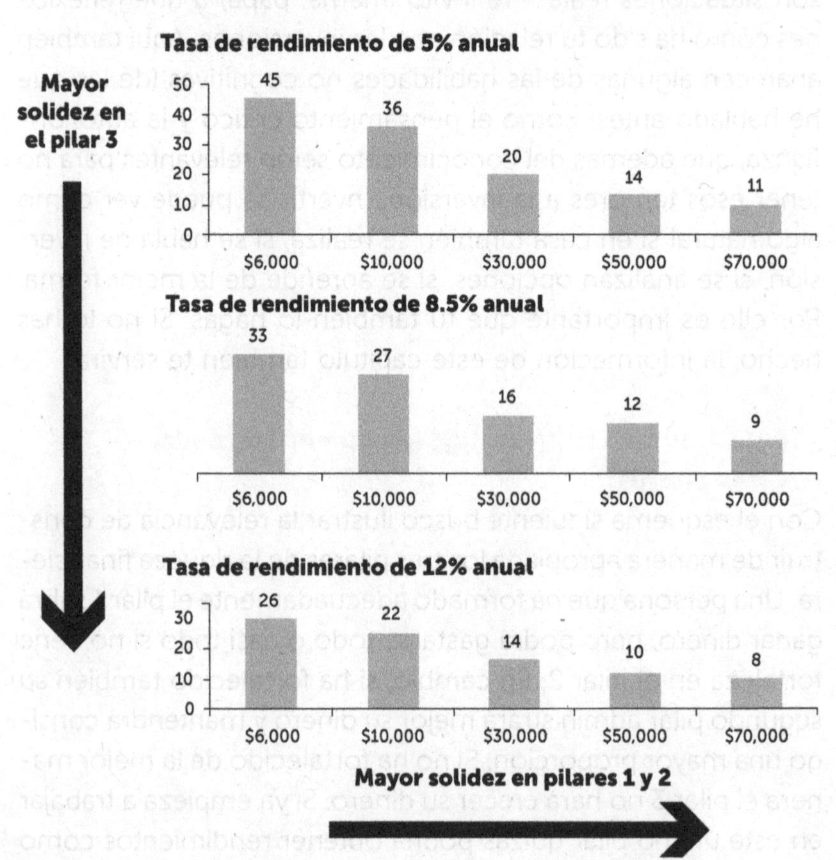

cuando se tiene solidez en los tres pilares. Por ejemplo, cuando alguien invierte 70,000 cada año y obtiene un rendimiento de 12 por ciento promedio anual, le tomaría solo ocho años ser millonario.

Para lograr ser millonario más rápido no se requiere ser un gran experto en finanzas, sino en aplicar elementos básicos de forma constante para obtener resultados:

1. **Invertir lo más posible.** Entre más se invierta, el monto que se gane tenderá a ser más alto. Las tasas de interés son porcentajes sobre lo que inviertes, si te dan el 10 por ciento ganarás más al invertir 100 pesos que al invertir 10.
2. **Obtener un buen rendimiento.** Entre mayor sea el rendimiento, el dinero se multiplica por un número mayor y más dinero se gana.
3. **Reinvertir lo que se gana.** Las ganancias son dinero que obtienes por tu dinero, por lo que después de ganar tienes más y, en el siguiente periodo, puedes invertir más y ocurrirá lo señalado en el punto 1.
4. **Constancia en el largo plazo.** Aplicar los pasos 1, 2 y 3 de forma constante, durante algunos años y establecer metas, saber a dónde quieres llegar.

Aplicando estos pasos, tu hij@ se puede volver millonario. No estoy diciendo que sea una tarea fácil, pues requiere de ciertos conocimientos, orden y disciplina, pero en el largo plazo sin duda es factible.

Entre más consolidados tenga alguien los 3 pilares de la riqueza financiera, más rápido se puede volver millonario.

Entre más consolidados tenga alguien los tres pilares de la riqueza financiera, más rápido se puede volver millonario. Como ves, nunca es tarde para empezar, pero si tu hij@ no lo hace, perderá la oportunidad de ganar mucho dinero.

Ya vimos que hay diferentes instrumentos para hacer que el dinero se multiplique. ¿Cómo le puedes enseñar a tu hij@ acerca de ellos? Continuemos con las páginas restantes de este capítulo.

6.2 Recompensa el ahorro de tu hij@

> La recompensa de una buena acción es haberla hecho.
>
> SÉNECA

Cuando tenía ocho años yo ya conocía la historia de John Rockefeller que mi papá me platicó y sabía que era posible dejar de ser pobre. Después de ganar algo de dinero por la venta de cohetes que te platiqué en el capítulo 3, y cuando tenía todavía un poco, empecé a ahorrar poniendo ese dinero en un bote de plástico donde luego a veces le metía una parte de lo que mis papás esporádicamente me daban para gastar en la escuela. En una ocasión, mi abuelita Venancia que vivía en un cuarto frente a nuestra casa se iba a trabajar, pero ya se había retrasado y, de irse en camión, habría llegado tarde por lo que quería tomar un taxi y no tenía cambio para pagarlo. Le pidió prestado a mi mamá, pero ella no tenía para prestarle. Yo escuché la conversación y le dije a mi abuelita: —Yo te presto—. Con voz incrédula, me dijo: —¿Tú?—. —Sí, —le respondí y se lo presté. A la semana siguiente me regresó el doble del dinero que le facilité. Yo me puse muy contento y seguí ahorrando.

En otra ocasión, mi papá no tenía dinero para el último día de la quincena y en lugar de que le pidiera a doña Ulbia, a quien recurría cuando se quedaba sin dinero, le dije que yo le prestaba, pero me tenía que regresar el doble, ¡poniendo en práctica lo que aprendí de mi abuelita! —¿Cómo te voy a regresar el doble? Si es dinero que yo mismo te he dado —me dijo. —Pero yo lo ahorro —le contesté. Finalmente, después de algunos minutos de discusión y sabiendo mi papá que no le quedaba de otra, aceptó. Al llegar la quincena me pagó y, efectivamente, me dio el doble de dinero. Mis ahorros, que en realidad no eran muchos, siguieron creciendo, seguí teniendo como «clientes» a mi abuelita y mi papá que de vez en cuando me pedían prestado y yo lo hacía con la condición de que me devolvieran el doble. Ahí aprendí que mi dinero podía trabar por mí y hacerme ganar más dinero.

> Tu dinero puede trabar por ti y hacerte ganar más dinero.

Desafortunadamente durante muchos años dejé de ahorrar y practicar la multiplicación del dinero. Cuando íbamos a construir un baño de ladrillos (antes te conté que el que teníamos era de lámina) puse todos mis ahorros para ello y con lo que yo tenía alcanzó para comprar 60 ladrillos. Me puse muy feliz y orgulloso de hacerlo; sin embargo, dejé de ahorrar por varios años. En muchos hogares ocurre esto cuando se llega a romper la alcancía, rara vez se retoma el ahorro.

En el capítulo 4 de este libro te comenté que para fomentar una acción como el ahorro y lograr consolidarlo como hábito se requieren de incentivos sociales (que más personas lo hagan en casa), gratificación inmediata (tener recompensas) y el monitoreo (saber que avanzas). Aun cuando ya conocía la importancia de ahorrar y ya tenía la experiencia de haberlo hecho, y además sabía que el dinero se puede multiplicar, al quedarme sin dinero ya no veía que avanzaba, además no tenía el incentivo social para hacerlo en casa, nadie más ahorraba y dejé de hacerlo. Los métodos que te mostré en el capítulo 4 te ayudarán a que la acción de ahorrar se convierta en hábito.

El juego de la inversión en casa

Federico Rubli, un reconocido economista mexicano, cuando su hijo Adrián tenía ocho años en 1994 se preguntó: "¿Cómo puedo enseñarle a mi hijo sobre el dinero y que sepa cómo invertir?" Pensó que ahorrar en el tradicional cochinito no era una buena práctica e iba en contra de la lógica de un economista y decidió hacer un experimento. Todos los domingos le daba cierta cantidad, alrededor de 100 pesos actuales (cinco dólares), luego empezó a trabajar el presupuesto y le pedía a Adrián que hiciera cuentas de cuánto dinero gastaría en la semana y si no se gastaba todo y una parte la dejaba con él, por ejemplo

50 pesos, él se los entregaría a la semana siguiente junto con una cantidad adicional. Después, le daba la opción de ganar más si su hijo dejaba el dinero más tiempo con él. De esta forma sencilla y divertida le enseñó qué es la inversión, así como el concepto del interés. Todo lo hacían jugando y era divertido para su hijo.

Luego, Federico introdujo algo adicional: emitió bonos. Ponía en una hoja de papel el nombre su hijo (quien recibiría el dinero), su nombre (ya que él pagaría), la cantidad que se pagaría y la fecha en que se pagaría ese bono. Su hijo debía conservar esa hoja ya que era la garantía de obtener su dinero de vuelta junto con su ganancia. De esta forma le fue enseñando a su hijo cómo funciona el mercado de bonos, donde se compran y venden títulos de deuda y donde se financian gobiernos y grandes empresas. Las empresas o gobiernos que emiten bonos para financiarse, al igual que Federico lo hacía con su hijo, prometen devolver el dinero prestado al comprador de ese bono, más unos intereses fijados previamente. A pesar de tener solo ocho años, entendió muy bien el principio y los domingos negociaba plazos y tasas con su papá.

Tiempo después, Federico agregó otro elemento: el tipo de cambio. Buscaba con su hijo en el periódico el valor del peso en dólares, y la cantidad que su hijo invertía con su papá la convertían a dólares. Esperaban el tiempo que ambos habían pactado para devolver el dinero (una o dos semanas) y veían de nuevo el tipo de cambio y convertían el dinero ya con los intereses acordados. Así, su hijo podía ganar tanto por el interés convenido al inicio como por los movimientos en el tipo de cambio. Todo fue muy divertido para su hijo y Federico comprobó que educar financieramente a los niños puede ser sencillo y entendible para ellos si se introduce el juego y la práctica con elementos de la vida real. Incluso se les pueden enseñar temas complejos desde temprana edad.

Educar financieramente a los niños puede ser sencillo y entendible para ellos si se introduce el juego y la práctica con elementos de la vida real.

Hoy, su hijo Adrián que ya es adulto, es profesor-investigador en el Instituto Tecnológico Autónomo de México y se dedica a enseñar a jóvenes temas sobre economía y tiene una gran estabilidad financiera.

6.3 Ganar intereses con los intereses

> La magia es un puente que te permite ir
> del mundo visible hacia el invisible.
> Y aprender las lecciones de ambos mundos.
> PAULO COELHO

Es importante que le presentes a tu hij@ cómo se multiplica el dinero según los intereses que gana. Si logra ahorrar 6,000 pesos en un año (500 pesos al mes) y ese dinero lo invierte y obtiene un 7 por ciento de interés anual, después de un año habrá ganado cuatrocientos 20 pesos (es el 7 por ciento de 6,000). Si deja esos seis mil en una inversión durante veinte años y cada año retira los intereses que gana (420), al final habrá ganado 8,400 pesos (420 x 20). ¿Cuánto dinero tendrá después de veinte años? Hay una fórmula que nos ayuda a saberlo; la del interés simple:

Dinero final = Dinero inicial x (1 + n x i)

Donde i la tasa de interés y n el periodo de tiempo que se invierte

Con la información anterior tendríamos:

Dinero final = $6,000 x (1+20 x 7%)= $14,400

Así después de veinte años tendría 14,400 pesos (sus 6,000 más los 8,400 que ganó).

¿Qué pasaría si su ganancia no la retira, y que cada año la invierte? Es decir, ganaría intereses sobre los intereses que ganó.

Hay otra fórmula, un poquito más compleja que la anterior; la del interés compuesto:

Dinero final = Dinero inicial x (1+i)^n

Donde el símbolo ^ indica que tenemos que elevar a la potencia n (el periodo de tiempo que se invierte) que en nuestro caso es 20 (años). Así tendríamos:

Dinero final = $6,000 x (1+7%)^20= $23,218.1

Habría ganado 61 por ciento más con su mismo dinero inicial, la única diferencia es que no habría retirado sus ganancias. El interés compuesto parece hacer magia con el dinero. Gráficamente así se ven las diferencias. Con el interés compuesto el dinero crece más rápido y entre mayor sea el plazo mayor tenderá a ser la ganancia.

El interés compuesto parece hacer magia con el dinero.

Un ejemplo de lo anterior lo presenta Morgan Housel en su libro *Cómo piensan los ricos: 18 claves imperecederas sobre riqueza y felicidad*, donde compara la riqueza de Jim Simons, jefe del fondo de inversión libre Renaissance Technologies con la de Warren Buffet, cuya historia abordé en el capítulo 2. El patrimonio neto de Simons ascendía en 2020 a 21,000 millones de dólares, contra el de Buffet de 84,000 millones, ello a pesar de que el primero tuvo una rentabilidad de 66 por ciento anual en promedio desde 1988, mientras que la rentabilidad obtenida por Buffet fue de 22 por ciento. ¿A qué se debió esto? ¿Por qué si Buffet ganaba un tercio de lo de Simons por cada dólar invertido logró acumular cuatro veces más que él? A que Warren Buffet empezó a invertir mucho más joven y tuvo el doble de tiempo que Simons para acrecentar su patrimonio. Como ves, empezar temprano paga muy bien.

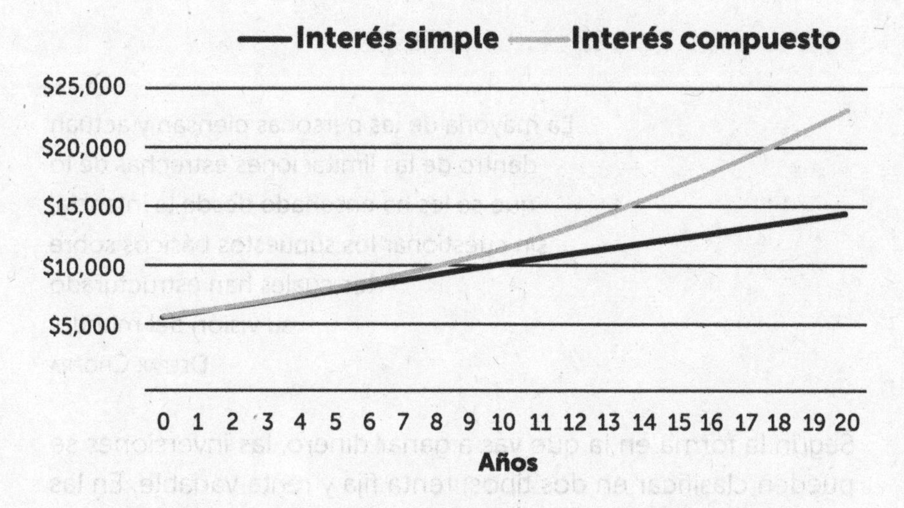

Volvamos a nuestro ejemplo, ¿qué pasaría si además de no retirar las ganancias tu hij@ invierte seis mil cada año? Después de un año ya vimos que habría ganado cuatrocientos veinte, que se añadirían a los seis mil iniciales y a los nuevos seis mil que invierte. Si esto lo hiciera durante veinte años al final tendría 263,191 pesos, lo cual se obtiene aplicando la fórmula del interés compuesto con aportaciones:

Dinero final = Dinero inicial x (1+i)^n + A[((1+i)^(n+1) – (1+i)) / i]

Donde A son las aportaciones que se realizan cada periodo

Con los datos planteados tendríamos

Dinero final =

$6,000 x (1+7%)^20 + $6,000x[((1 + 7%)^(20+1)–(1 + 7%))/ 7%] = $263,191

Es el resultado que te expuse en el capítulo 1. Todas estas fórmulas las puedes emplear con tu hij@, cuando ya tenga ciertos conocimientos matemáticos para ello, a fin de conocer cómo ganaría en diferentes escenarios de inversión.

6.4 La renta fija y la renta variable

> La mayoría de las personas piensan y actúan dentro de las limitaciones estrechas de lo que se les ha enseñado desde la infancia, sin cuestionar los supuestos básicos sobre los cuales han estructurado su visión del mundo.
>
> DEEPAK CHOPRA

Según la forma en la que vas a ganar dinero, las inversiones se pueden clasificar en dos tipos: renta fija y renta variable. En las primeras, en el momento en el que inviertes ya sabes la cantidad que recibirás, que dependerá del plazo en que invertirás tu dinero (por lo general, entre mayor sea el plazo mayor es la ganancia).

En cambio, en las inversiones de renta variable no conoces la cantidad que recibirás. Por tal motivo, las inversiones de renta fija son menos riesgosas, pero suelen ofrecer menores rendimientos; sin embargo, es importante analizar quién te promete la ganancia a cambio de darle tu dinero por un tiempo. No es lo mismo dárselo al amigo de un conocido o depositarlo en "Hazte ricachón en un día", que con una institución regulada y con años en el mercado, ya que, en las primeras, aunque te prometan darte mucho dinero por tu dinero puede ser que no te cumplan. Enséñale de forma práctica a tu hij@ cómo funcionan ambos tipos de inversiones. A continuación, veremos ahora cómo.

Cómo enseñarle sobre inversiones en renta fija

Federico Rubli le enseñaba sobre renta fija a su hijo cuando este último dejaba una cantidad con él y desde el inicio acordaban el monto que recibiría después de cierto plazo. Puedes hacer algo similar con tu hij@. Una vez que ha puesto en práctica el método de las 3-4 alcancías (visto en el capítulo 4)

> A largo plazo ganar intereses sobre intereses hace que el dinero se multiplique más rápido.

puede tomar una parte de su alcancía de Emprendimiento-inversión (siempre que no requiera todo para su emprendimiento) y que la invierta contigo (tú puedes jugar el rol de una institución financiera), fijen un plazo y el monto que le darás como interés (no tiene que ser algo elevado, lo importante es que aprenda que puede ganar dinero con su dinero). Después del tiempo pactado, regrésale su dinero con la ganancia.

En la renta fija, si bien cuando vas a invertir conoces lo que vas a ganar, si inviertes en un par de meses no necesariamente te darán lo mismo que hoy te dan, pues eso puede variar, ya que puede depender de varios factores como la situación económica de los países. Por ejemplo, previo a la pandemia por el COVID-19 las tasas de interés que se pagaban a nivel mundial por una inversión de renta fija solían ser más elevadas que durante la pandemia. Practiquen eso también, por ejemplo: "La tasa de interés anual que te doy este mes es de 12 por ciento". "Si inviertes el siguiente mes, la tasa de interés anual que recibirás es de 10 por ciento".

La tasa de interés anual sirve para calcular los rendimientos que se obtendrían en el periodo de inversión, por ejemplo, si la tasa es 12 por ciento y tu hij@ dejara su dinero un mes, habrá que dividir este valor entre 12 (ya que son los meses del año). De esta forma, ¿cuánto le regresarás si tu hij@ invierte 100 pesos durante un mes? El cálculo se hará de la forma siguiente:

100*(1+12%/12) = 101, es decir ganará $1

A corto plazo puede parecer poco, pero recuerda que a largo plazo ganar intereses sobre intereses hace que el dinero se multiplique más rápido, como lo vimos antes el interés compuesto hace su magia. Pongan esto en práctica, que tu hij@ gane intereses sobre intereses, que vea cuánto gana si reinvierte y que eso lo compare con el caso en que no reinvierte.

Aprovecha para explicarle que hay varios tipos de inversiones que así funcionan. Te propongo algunas que podrías enseñarle a tu hij@:

- **Instrumentos bancarios.** Estos productos se contratan en los bancos y, en el caso de México, tienen un seguro de depósito hasta por cuatrocientos mil UDIs, que al cierre de 2021 equivalían a poco más de 2.8 millones de pesos, lo que quiere decir que si el banco quiebra a ti te devolverán como máximo esa cantidad en caso de que te tuvieras más.
  - » **Pagaré.** Cuando lo contratas le estás prestando al banco por un tiempo determinado y al final del periodo te darán lo que les prestaste más una cantidad de dinero adicional. Desde el inicio ya sabes lo que vas a ganar y el plazo puede ser desde un día en algunos casos.
  - » **CEDES (Certificados de depósito).** Son muy parecidos a los pagarés con la diferencia de que en lugar de darte al final los intereses te los abonan mes con mes, el plazo mínimo por lo general es de dos meses y además de la tasa fija te pueden dar una tasa variable.
- **Valores gubernamentales.** Los gobiernos de los países piden prestado del público ahorrador para recaudar dinero para varios propósitos, para lo cual emiten instrumentos que, por lo general, pagan una tasa fija y se expiden por periodos de tiempo (vencimientos) que pueden ser desde unas pocas semanas hasta treinta años o incluso más. En México algunos de los que se tienen son:
  - » **Certificados de la Tesorería de la Federación (cetes).** Los emite el Gobierno de México en pesos y se adquieren a precio de descuento, es decir, por debajo de su valor nominal de 10 pesos. La ganancia se obtiene de la diferencia entre el precio pagado al adquirirlo y su valor nominal al vencimiento. Los cetes tienen plazos disponibles de 28, 91, 182 y 364 días.

» **Bonos de Desarrollo del Gobierno Federal.** Pagan intereses cada seis meses a una tasa fija a lo largo de la vida del instrumento. Los plazos a los que se pueden contratar son de 3, 5, 10, 20 y hasta 30 años.

» **UDIBONOS.** Se emiten en unidades de inversión (UDIs) y se pagan en pesos. Pagan intereses cada seis meses en función de una tasa de interés fija, más una ganancia o pérdida que sube o baja según el comportamiento de las UDIs, las cuales a su vez se ajustan a la inflación.

Los valores gubernamentales en México se pueden contratar directamente en la página https://www.cetesdirecto.com/. En diferentes países hay instrumentos similares. Para contratar los de los EUA se puede hacer en https://treasurydirect.gov/.

Cómo enseñarle sobre inversiones en renta variable

Nuevamente retomemos el ejemplo de Federico Rubli con su hijo. Al introducir el tipo de cambio, lo que Federico le pagaría a su hijo dependería de los movimientos que esta variable tuviera, por lo que de inicio su hijo no sabía cuánto ganaría, y tal como ocurre en la renta variable, bien podría incrementar su dinero, pero también podría disminuir. Por ejemplo, si el tipo de cambio que se tenía en aquellos años subía de 3.1 a 3.2 pesos por dólar en el periodo que había fijado con su hijo; es decir, incrementaba 3.2 por ciento, ése sería el rendimiento que su hijo obtendría por el dinero que dejaba con él. Si su hijo había invertido 100 pesos, Federico le devolvería sus 100 pesos más 3.2 de ganancia.

En cambio, si el tipo de cambio se reducía y pasaba de 3.2 a 3.15 pesos por dólar, por ejemplo, el rendimiento sería de -1.6 por ciento con lo que si su hijo dejaba los 100 pesos, recibiría 98.4 al final del periodo; es decir, perdería dinero. Como vimos al inicio de este capítulo con información real de algunos tipos de inversiones (como dólares, Bolsa de México y de los EUA), si bien en el corto plazo puede haber reducciones, en el largo plazo tiende a haber ganancias.

¿De qué dependen los rendimientos que ganarás al invertir en renta variable? En realidad, de muchos factores: si inviertes en acciones de una empresa, dependerá del desempeño de esa empresa; si inviertes en un instrumento que siga el comportamiento de un sector, dependerá de lo que ocurra en ese sector; si inviertes en cierta moneda extranjera, dependerá de los movimientos de esa divisa. Para que tu hij@ empiece a comprender esto puedes hacer como Federico lo hacía con el suyo, que invierta contigo y que su ganancia después de cierto tiempo esté determinada por los cambios en cierta variable como el tipo de cambio, el índice de la Bolsa Mexica de Valores, algún índice de las bolsas de los EUA o de otro país, el precio de cierta acción, entre otros. Pueden revisar en internet los cambios en estas variables y junto con tu hij@ hacer el seguimiento, pues eso le ayudará mucho para tener una mayor comprensión de los mercados y de cómo funciona la economía.

Directamente podrá aprender sobre algunas inversiones en renta variable como las que aquí te muestro:

- **Acciones:** una acción es un pedacito que una empresa vende en la Bolsa para conseguir financiamiento y recaudar dinero para continuar creciendo o iniciar nuevos proyectos. Las personas al comprar una acción tienen derecho a recibir utilidades en caso de que las generen. En el capítulo 2 te recomendé el cuento *Papelitos* de Hernán Casciari, que podrías revisar con tu hij@, incluso a los grandes le puede servir para que tengan una mayor comprensión de lo que son las acciones.
- **Fondos de inversión:** imagina que tú quieres invertir en una empresa, pero el precio de su acción vale mucho y no te alcanza, y que hay otras personas que también quieren invertir en la misma empresa y tampoco les alcanza, pero juntando el dinero de todos sí podrían comprar la acción. Cada uno sería dueño de una parte, proporcional

al dinero que puso y dependiendo de cómo le vaya a la acción serán las ganancias que recibirán, las cuales se repartirán en proporción a lo que invirtieron. Pues no tendrías que andar buscando a ninguna persona para invertir juntos, hay sociedades de inversión que hacen justo eso, juntan el dinero de varias personas y con eso invierten en muchas cosas: acciones, divisas, deuda de gobiernos, bienes raíces, entre otras. Los fondos de inversión los puedes adquirir en bancos o en operadoras y distribuidoras de sociedades de inversión.

- **ETF (*Exchange-traded funds*):** es un instrumento híbrido entre un fondo de inversión y una acción. Al adquirir un ETF compras una cesta de valores (un conjunto de varios activos), al igual en un fondo de inversión tradicional, pero cotiza en bolsa igual que una acción. Por lo regular, buscan reflejar el desempeño de un índice bursátil (como el SP500 o el IPC, que vimos antes) por lo que son activos diversificados. Más adelante abordo más sobre ellos.
- **Divisas:** invertir en divisas implica comprar y vender una cantidad de cierta divisa en términos de otra. Esto se hace a través del mercado de divisas o forex (*foreign exchange*). También puedes invertir en divisas mediante fondos de inversión o invirtiendo en la bolsa directamente. Cuando alguien invierte en divisas es porque desea que la moneda que compre aumente de valor para poder venderla y obtener mayores ganancias. Su beneficio está vinculado al tipo de cambio de la moneda, que es la relación del valor de una moneda con respecto a otra. Es lo que ocurría con el hijo de Federico, esperaba ganar si el tipo de cambio (pesos por dólar) aumentaba.
- **Bienes raíces:** es común que las viviendas con el tiempo incrementan de precio, debido a que cada año más personas demandan un espacio propio. Seguramente conoces propiedades que fueron adquiridas hace unas siete u ocho décadas; si sus propietarios no las hubieran

adquirido y ese dinero lo hubiesen mantenido bajo el colchón sin obtener ningún rendimiento, hoy seguramente en lugar de una casa para lo que les alcanzaría con ese dinero sería algún electrodoméstico, un teléfono celular, o algo de ropa.

- **AFORE:** si bien las AFORE invierten tanto en renta fija como en renta variable, tú no tienes seguridad de lo que ganarás, por lo que la renta que obtienes es variable. En la página de la CONSAR (www.consar.gob.mx) puedes encontrar los rendimientos que ofrecen las AFORE.

CARACTERÍSTICAS Y EJEMPLOS DE RENTA FIJA Y RENTA VARIABLE				
	¿Conoces la tasa de interés?	**¿Sabes la cantidad que vas a ganar?**	**¿Siempre te dan lo mismo?**	**Ejemplos**
Renta fija	Sí	Sí	No	• Pagaré bancario • Certificados de depósito • Cetes • Letras del Tesoro, bonos y obligaciones del Estado
Renta variable	No	No	No	• Acciones • Fondos de inversión • ETF • Divisas • Bienes raíces • AFORE

6.5 Ayúdale a invertir desde sus primeros días

> El tiempo es a la vez el más valioso y el más perecedero de nuestros recursos.
>
> JOHN RANDOLPH.

Afortunadamente existen instrumentos financieros con los que puedes ayudar a tu hij@ a invertir desde recién nacid@ para que cuando sea adult@ tenga una mejor situación financiera. Ya te mostré antes la relevancia de invertir a largo plazo.

Seguros con componente de inversión

Estos productos los puedes contratar con aseguradoras o con bancos, y estableces una meta de ahorro con cierto rendimiento a lograr durante determinado tiempo, generalmente por lo menos diez años, y en caso de que algo te suceda (quedes inválido o fallezcas) antes del periodo pactado, tu familia puede recibir el monto total que estableció como meta; por eso es un seguro. Lo puedes utilizar tanto para objetivos personales como tu retiro, familiares como la compra de una casa o para la educación de tu hij@.

Si es el último caso, un ejercicio que te sugiero hacer es el siguiente:

- Revisa opciones de escuelas donde podría estudiar tu hij@.
- Calcula costos por nivel; preescolar, primaria, secundaria, bachillerato y universidad. Mucha de esta información es pública, se puede obtener a través de los sitios web de las escuelas o bien haciendo una llamada telefónica o una visita.
- Con lo anterior puedes obtener diferentes escenarios de costos, dependiendo de las escuelas a las que pudiera ir tu hij@ y de los niveles que le falte por cursar.
- Vacía la información en una tabla como la siguiente.

COSTOS APROXIMADOS DE LA EDUCACIÓN DE MI HIJ@				
	Escenario 1 $	**Escenario 2 $**	**Años aproximados que faltan para cubrir este costo**	**¿Cómo se puede financiar?**
Preescolar				
Primaria				
Secundaria				
Bachillerato				
Universidad				
Costo total				

Dependiendo de su edad, tu hij@ incluso te podría ayudar a realizar la investigación. Con ello, en casa tendrían mayor idea de los recursos con los que deberán contar, en qué momento los deben tener y planear las aportaciones que harán. Esto les permitirá realizar acciones como adquirir algún seguro con componente de inversión que se ajuste a lo que requieren. Por ejemplo, si es en doce años cuando estiman requerir cierta cantidad de dinero, ese es el plazo que pueden fijar en el producto que contraten y el monto requerido será la meta de ahorro.

Al cumplirse el plazo, obtendrán el monto que se hayan fijado, siempre que cumplan con los pagos a los que se hayan comprometido, y si bien se estableció para cierto propósito como la educación, no es forzoso que se destine a ese fin. Por ejemplo, si al momento en que reciben el monto acumulado, tu hij@ al igual que muchos emprendedores (como Richard Branson) decide ya no seguir estudiando, al dinero se le podría dar otro uso como el emprendimiento de tu hij@. Si deciden retirar el dinero antes del plazo establecido enfrentarán una penalización monetaria, por lo que es importante que revisen las condiciones antes de contratar la cobertura y hagan un plan adecuado en función de los ingresos y los gastos en el hogar.

Conversa con tu hij@ sobre lo importante que es la protección del patrimonio, analicen los seguros que realmente requieren, comparen y analicen opciones.

Fideicomiso educativo

Una opción a los seguros educativos son los fideicomisos educativos, los cuales son operados por bancos, quienes custodian, administran e invierten el dinero que debe enfocarse específicamente a la educación, lo que ofrece la posibilidad de beneficios fiscales. Casi siempre tienen convenios con universidades a nivel nacional e internacional, y el periodo de aportación puede ser corto, alrededor de cuatro o cinco años. Por lo regular, no incluyen seguro de vida; por tanto, el beneficiario solo recibe la cantidad aportada con sus respectivos intereses, en caso de obtenerlos.

En 2010, cuando trabajaba en una institución financiera, y aun mis conocimientos en finanzas personales eran escasos, mi amiga Irma Acosta, me platicó que le faltaban pocos años para recibir el dinero de un seguro educativo que contrató para su hijo, desde que él tenía un año. Yo le conté de esa experiencia a otro amigo "M", que trabajaba en otra área de la misma institución, cuya hija se encontraba estudiando la secundaria, incluso le sugerí contratar un producto similar. "M" me dijo que no era necesario, pues él tenía un buen trabajo y cuando su hija estuviera en la universidad, él seguramente estaría mejor financieramente. En 2021, después de varios años de no vernos me comuniqué con "M" para saber cómo estaban él y su familia, me platicó que se quedó sin trabajo ocho meses antes y aun no podía conseguir empleo, y su hija que estaba estudiando en una universidad privada tuvo que dejarla inconclusa ya que él no pudo seguir apoyándole. En esa llamada, él me recordó aquella anécdota, cuando pudo contratar un seguro educativo y no lo hizo. En cambio, Irma recibió los recursos del seguro, cuando su hijo Antonio cumplió dieciocho años, dinero que él aún mantiene invertido, ya que en familia acordaron que su hijo sería responsable de ese capital. Antonio está por concluir su carrera en una de las mejores universidades privadas de México y sus finanzas le permitirán continuar estudiando una maestría o generar un emprendimiento si así lo decide. Por suerte, yo sí seguí los pasos de Irma y desde sus primeros días de nacidos contraté seguros educativos para mis dos hijos.

Cetes para tu hij@

Antes te mostré que en un periodo de veinte años los cetes a veintiocho días ofrecieron una tasa de rendimiento promedio anual de 6.1 por ciento, superior a la inflación, por lo que han sido un buen instrumento de inversión. Son el tipo de inversión que se considera más segura, ya que le estás prestando a un gobierno (el de México) y es más difícil que quiebre un gobierno a que quiebre una empresa.

Como te comenté antes, a través de la página www.cetesdirecto.com puedes invertir en valores gubernamentales sin la intermediación de la banca, casas de bolsa u otras instituciones. Si tu hij@ es mayor de edad puede invertir directamente, solo requiere ser residente en México y tener una cuenta bancaria. Si es menor de edad puede invertir a través de ti, pero para ello tú tienes que registrarte como titular de una cuenta y después puedes abrirle una cuenta a tu hij@, incluso se puede abrir una cuenta para cualquier niño, aunque no sea tu familiar; solo requieres su CURP e invertir desde cien hasta 10 millones de pesos mexicanos y no pagas ningún tipo de comisiones y no tiene costo abrir la cuenta. Puedes programar para hacer ahorro recurrente y reinvertir de forma automática a fin de obtener mayores ganancias.

A través de la plataforma de internet o mediante una App tu hij@ y tú pueden monitorear su portafolio, ver cuánto dinero tienen y cuánto van ganando.

AFORE para tu hij@

Pero... mi hijo es menor de edad, ¿puede tener una AFORE?

Una AFORE (Administradora de Fondos para el Retiro) es una institución financiera privada que administra los fondos para el retiro de los trabajadores de México afiliados al IMSS y al ISSSTE, los cuales recibirán una vez que se jubilen para que cuenten con recursos para mantenerse después de retirados. A cada trabajador se le asigna una cuenta individual en la que se depositan sus aportaciones junto con las que realice el patrón y el gobierno. Todas las AFORE son reguladas por la Comisión Nacional del Sistema de Ahorro para el Retiro (CONSAR). Como te mostré antes, las inversiones en AFORE han sido bastante rentables, con rendimientos muy superiores a la inflación.

No solo las personas afiliadas al IMSS o al ISSSTE pueden tener una AFORE, sino también trabajadores independientes pueden ir a la AFORE de su elección y abrir su propia cuenta individual, depositar ahí y empezar a obtener rendimientos. En ese caso, todo lo que se aporte será responsabilidad de quien contrate la cuenta, así que si tu hij@ es mayor de edad puede hacerlo directamente.

En caso de que tu hij@ sea menor de dieciocho años también puede tener una cuenta; para ello, papá o mamá deben tener cuenta. Si tú ya la tienes, la cuenta de tu hij@ se puede abrir a través de ti, lo que puedes hacer acudiendo a alguna de las oficinas de tu AFORE o bien dentro de la aplicación AforeMóvil, donde deberás seleccionar la opción "Registro de menores", capturar su CURP, tomar foto de su acta de nacimiento y seleccionar si eres su padre o madre.

En la AFORE de los menores se pueden hacer depósitos al igual que en la AFORE para adultos: domiciliación bancaria, redes comerciales, depósito directo en ventanillas o Apps. La cuenta del menor estará a cargo del padre o tutor hasta que cumpla la mayoría de edad.

Como ves, ahí tienes algunos instrumentos que te pueden ayudar a que

Con constancia se puede llegar lejos.

tu hij@ invierta de forma directa, ya sea con recursos que tú le puedas dar o bien con lo que vaya obteniendo de su emprendimiento. La ventaja que tiene empezar pronto es el tiempo, ya que si reinviertes ganarás por más tiempo intereses sobre los intereses que ya ganaste, como ya lo vimos antes.

6.6 ¿Cómo enseñarle a invertir en la bolsa de valores?

> El sentido común y la simplicidad son relevantes para tener éxito financiero.
>
> JOHN C. BOGLE

En 2019, Gerardo Aparicio, director de la Escuela de la Bolsa Mexicana de Valores (BMV) estaba en su oficina y uno de los colaboradores de la institución le pidió que bajara de inmediato al Museo de la Bolsa, que se encuentra en el mismo edificio, ya que había unos niños que sabían mucho de los temas bursátiles. Él mientras se dirigía hacia el museo imaginaba cómo serían los niños; pensó que seguramente venían de una escuela donde iban pequeños con padres de altos ingresos. Al llegar, vio a niños que portaban prendas descosidas y deslavadas y que el calzado de algunos de ellos estaba roto, y se sorprendió muchísimo al ver cómo respondían acertadamente a cada una de las preguntas que les hacía el adulto que los acompañaba. —¿Cómo se llama la mujer cuya pastelería dio origen a la Bolsa Mexicana de Valores? —preguntó. —Filomena Mayeu —respondieron los niños. —¿El ETF DAX a qué país pertenece? —A Alemania, —contestaron acertadamente los pequeños. —En esta gráfica donde la tendencia es alcista, ¿cómo se llama?. —Bull Market —respondieron con mucha seguridad. —¿Cuántas empresas forman al NAFTRAC? —Treinta y cinco. Así, a cada pregunta que les hacían, los niños respondían de manera correcta.

Poco después, Gerardo Aparicio se acercó a la persona que acompañaba a los niños y le preguntó si él era su profesor en alguna escuela de la Ciudad de México, a lo cual le respondió que no. —¿Usted les enseña todo esto?—. —Sí, respondió. —¿Y cómo lo hace?. El Dr. Jorge Alberto Lozano Herrera, quien acompañaba a los niños y jóvenes, cuyas edades fluctuaban entre los cinco y quince años, le explicó cómo les había enseñado a esos pequeños (niños de la calle) en una casa hogar a invertir en la Bolsa.

Jorge Alberto Lozano, médico de profesión, desde hace ya varios años invierte en la Bolsa y considera que, si los niños aprendieran pronto a invertir podrían mejorar su situación económica a futuro, pues aun siendo pequeños se les puede enseñar sobre ese tema. La preocupación del Dr. Lozano surgió debido a que en la actualidad las pensiones en México dependen en su gran mayoría de cada persona y que, si a temprana edad invirtieran, a largo plazo podrían acumular lo suficiente para vivir mejor durante el retiro.

El Dr. Lozano me compartió cómo explica el tema a los niños y lo que a continuación te contaré se basa en gran medida en su metodología, lo cual podrás aplicar con tu hij@, así como yo también lo aplico con los míos.

Las formas de invertir

El mercado de valores puede ser considerado como un motor financiero con diferentes propósitos. Por un lado, los inversores adquieren algún instrumento de inversión para incrementar su patrimonio, mientras que las empresas obtienen una fuente de financiamiento adicional. De esta forma, la economía del país se beneficia por el mercado bursátil.

Hay dos formas de invertir en la Bolsa; gestión activa y gestión pasiva:

- **Gestión activa.** Tú directamente seleccionas las acciones de las empresas en las que vas a invertir (u otro activo financiero) y decides los porcentajes de tu dinero que vas a destinar a cada una. Se requiere realizar un mayor análisis y tener mayores conocimientos que en la gestión pasiva. A partir de tu criterio, seleccionas, por ejemplo, a las empresas cuyas acciones consideras te darán más ganancias por el tiempo en que invertirás. Tiende a tener mayor riesgo que en la gestión pasiva.

- **Gestión pasiva.** En lugar de invertir en un determinado número de acciones de empresas y estar analizando cuáles pueden ser las mejores opciones, inviertes en un instrumento que refleja el comportamiento de muchas empresas u otros activos. Por ejemplo, el NAFTRAC es un instrumento que refleja el comportamiento de la Bolsa Mexicana de Valores, y si quieres invertir en él, obtendrías los rendimientos del índice de precios y cotizaciones (IPC), cuyo desempeño en años previos te mostré al inicio de este capítulo. El IPC se compone por las acciones de 35 empresas y sus movimientos dependerán de lo que ocurra con todas ellas, por lo que, si el precio de alguna disminuye, en conjunto podría incrementar si las que restan aumentan. De igual forma, si quieres seguir el comportamiento del SP500, que agrupa a 500 empresas en EUA, puedes invertir en un instrumento llamado VOO que busca replicar su comportamiento. Como ves, ahí son muchas más empresas. Por ello, este tipo de inversión es menos riesgosa que la activa.

John Bogle, creador del primer fondo índice en 1975, y gran experto de las inversiones llegó a la conclusión de que muy pocos gestores de fondos son capaces de superar al mercado de forma consistente. Es decir que, aunque haya años en los que lo harán, a largo plazo la ganancia media del mercado casi siempre es superior, por lo que recomienda la gestión pasiva. En su bestseller *Common Sense on Mutual Funds: New Imperatives for the Intelligent Investor,* destaca que el tiempo mejora la rentabilidad y reduce los riesgos.

> Invertir en algo, que a su vez invierte en muchas empresas u otros activos, a largo plazo dará buenos resultados.

En palabras sencillas y de acuerdo con Bogle; invertir en algo, que a su vez invierte en muchas empresas u otros activos, a largo plazo le dará buenos resultados a tu hij@. Eso es lo que el Dr. Jorge Lozano les enseña a los niños: cómo realizar el segundo tipo de inversión (gestión pasiva).

Enséñale a invertir para ganar a largo plazo sin ser un experto

Todas las herramientas que te ofrezco a lo largo de este libro podrán acompañar a tu hij@ a lo largo de su vida y le servirán independientemente de lo que vaya a realizar más adelante (se dedique a la medicina, a algún negocio, a alguna ingeniería, otra), pues no se trata de volverle un experto en temas financieros sino de darle elementos básicos que le ayuden a mejorar su futuro, elementos que por cierto todas las personas deberíamos tener. Cuando las personas aplican diferentes formas de multiplicar su dinero pueden tener más libertad para dedicarse a lo que más les apasione.

Cuando las personas aplican diferentes formas de multiplicar su dinero pueden tener más libertad para dedicarse a lo que más les apasione.

Por ello, lo que aprenda tu hij@ de inicio sobre invertir en la Bolsa debe ser algo sencillo; la inversión pasiva así lo es, solo requieres adquirir un buen instrumento diversificado con el que puedas acceder a distintos mercados, poner ahí tu dinero y dejarlo que se reinvierta durante muchos años. Si bien pueden existir diferentes instrumentos, concentrémonos en los ETF porque facilitan la diversificación y es bastante sencillo invertir en ellos.

ETF (*exchange-traded funds*)

Te platicaré de un par de ellos: NAFTRAC y VOO. El primero se crea a partir de 2002 y si alguien hubiera puesto dinero en él entre ese año y 2021 habría obtenido un rendimiento anual en promedio cercano a 11 por ciento. El VOO se crea en 2010 y desde su inicio ha ofrecido un rendimiento anual promedio superior a 14 por ciento. Hay otros ETF que también replican el comportamiento de las Bolsas de los EUA como el IVV. Recuerda que los rendimientos pasados no aseguran rendimientos futuros, por lo que es probable que más adelante estos rendimientos cambien.

Otros ETF que siguen el desempeño de ciertas bolsas son EXS1 (Alemania), EWJ (Japón) o QQQ (Nasdaq, EUA). Mediante los ETF también puedes invertir en ciertos bienes como oro, plata, petróleo, divisas, activos de deuda, entre otros.

¿Cómo escoger un ETF?:

- **La historia importa.** Si bien rendimientos pasados no garantizan rendimientos futuros, el comportamiento que históricamente ha tenido un ETF nos puede dar una idea del comportamiento futuro. ¿Elegirías un ETF cuyos rendimientos históricos han sido muy bajos? Seguramente no.
- **Negociación.** Facilidad con la que se puede comprar o vender.
- **El costo.** Los costos de los ETF varían y hay algunos que pueden salirse de nuestro presupuesto. Incluso para tener aún más diversificación es preferible invertir en más de uno.
- **Mercado en el que cotiza.** Esto es importante ya que las comisiones de compra y venta cambian dependiendo del mercado en el que cotizan.
- **Las perspectivas a futuro.** ¿Invertirías en un ETF que refleja el comportamiento de la Bolsa de un país que lleva años en crisis y que no se le ve para cuándo salir? ¿En un ETF que represente a empresas que tienen perspectivas de crecimiento? Éstas son preguntas que nos podemos plantear y que nos pueden ayudar a decidir en qué invertir.

Comprar barato y vender caro

Si bien a largo plazo es rentable la inversión pasiva, las estrategias que se sigan son importantes a fin de incrementar las ganancias. Veamos uno de los ejemplos de emprendimiento que te propuse en el capítulo 3, el de los dulces: entre más barato tu hij@ compre un dulce y más caro lo venda mayor será su ganancia. Si un dulce lo comprara en tres pesos y lo vendiera en seis pesos obtendría el doble, en cambio si llegara un cliente y le ofreciera un peso y si aceptara venderlo perdería dinero; de no aceptar, no perdería. Su ganancia la incrementaría a medida que redujera el precio al que compra y que incrementara el precio al que vende.

Lo mismo ocurre en el mercado de los ETF: la ganancia será

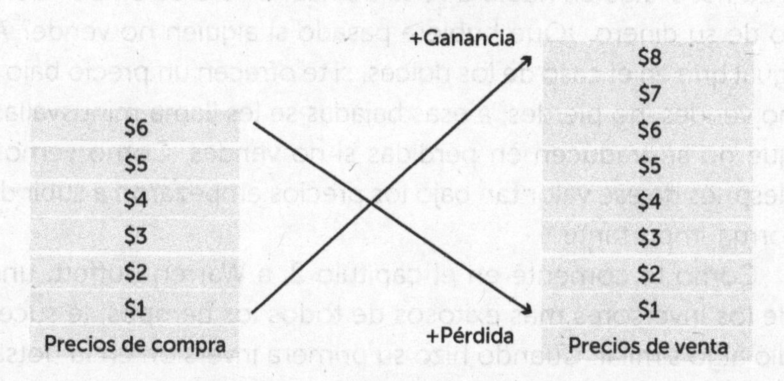

mayor entre más barato compres y más caro vendas. Veamos el VOO (uno de los ETF que te comenté antes). Si alguien hubiera comprado el 27 de junio de 2016 habría pagado 183.1 dólares por cada uno y si lo hubiera vendido el 29 de enero de 2018 habría recibido 261.5 dólares y su rendimiento hubiera sido de 42.8 por ciento. Una de las fórmulas que vimos antes nos sirve para saber cuánto dinero tendríamos en función de lo que hubiéramos invertido:

Dinero final= dinero inicial x (1+i)

Si alguien, por ejemplo, hubiera comprado 10 ETF habría invertido 1,831 dólares y de acuerdo con la fórmula obtendría:

Dinero final = 1,831.00 x (1+42.8%) = 2,615.00 dólares

Es importante ser paciente en las inversiones, aun si hay minusvalías en ciertos periodos, a largo plazo siguiendo una buena estrategia seguramente habrá ganancias.

Desde luego, a esto habría que restarle comisiones, pero sin duda la ganancia habría sido muy buena.

Veamos ahora lo ocurrido entre el 19 de febrero de 2020 y el 23 de marzo de 2020, cuando los precios de este ETF caen de forma importante, al igual que los mercados de valores en diferentes partes del mundo debido a la pandemia del COVID-19. El precio del VOO se redujo de 310.1 a 204.3. Si alguien hubiera vendido habría perdido 34 por ciento de su dinero. ¿Qué hubiera pasado si alguien no vende? Al igual que en el caso de los dulces, si te ofrecen un precio bajo y no vendes, no pierdes; a esas bajadas se les llama minusvalías, que no se traducen en pérdidas si no vendes. Como vemos, después de ese valor tan bajo los precios empezaron a subir de forma importante.

Como te comenté en el capítulo 2, a Warren Buffett, uno de los inversores más exitosos de todos los tiempos, le sucedió algo similar. Cuando hizo su primera inversión en la Bolsa, el precio de unas acciones que compró cayó al poco tiempo de haberlas adquirido, lo que hizo que rápidamente las vendiera; sin embargo, poco tiempo después su precio se disparó. Ahí aprendió lo importante de ser paciente en las inversiones, y que aun si hay minusvalías en ciertos periodos, a largo plazo siguiendo una buena estrategia seguramente habrá ganancias.

¿Qué hubiera pasado si alguien compra el 23 de marzo de 2020 y vende el 7 de septiembre de 2021? Habría tenido una ganancia de 103 por ciento en un año y medio, y habría duplicado su dinero. Esa es la diferencia de comprar barato y vender al mayor precio posible. ¿Ves que con una buena estrategia es posible maximizar tu ganancia?

Fuente: Yahoo finance. https://finance.yahoo.com/

Por lo regular, en las crisis económicas los precios tenderán a reducir y en los momentos de bonanza económica tenderán a ser más altos. Podrás enseñarle esto a tu hij@. Muchas personas hacen lo contrario; es decir, compran cuando los precios son altos y venden cuando son bajos. Lo primero ocurre porque creen que si los precios están aumentando lo seguirán haciendo (con lo que compran caro) y, lo segundo, por seguir al mercado y por desesperación. ¿Recuerdas el comportamiento de rebaño del que hablamos en el capítulo 5?, pues es muy común que ahí se presente. Cuando muchas personas ven que los precios van bajando sienten que pueden perder su dinero y, para no perder más, venden y, efectivamente, pierden. Es como si se compraran dulces caros y luego los vendieran baratos, como lo vimos antes.

¿Crees que sea complejo saber cuándo comprar? Te podrás dar cuenta a través de las noticias cuando se presente información negativa sobre la economía; cuando se hable de crisis económica, ahí será buen momento para comprar, lo precios serán relativamente bajos.

Para ganar en la Bolsa el secreto está en comprar barato y vender caro.

¿Cuándo es buen momento para vender? Esto puede ser un poco más complicado. Generalmente a largo plazo un buen ETF te dará buenos rendimientos como ya lo hemos visto. Si compras barato, puedes vender cuando los mercados estén creciendo y es muy probable que la diferencia entre el precio al que compraste y el precio al que vendiste te lleve a obtener buenos rendimientos. También en algunos casos es posible anticipar; por ejemplo, cuando el COVID-19 empezó a generalizarse era posible suponer que las economías se afectarían y que vendría una caída en los mercados, es decir, que los precios se reducirían. Para ganar en la Bolsa el secreto está en comprar barato y vender caro.

Verlo gráficamente

Todo se lo puedes explicar mediante gráficas a tu hij@, al igual que el Dr. Lozano lo hace y como yo lo he intentado hacer antes. Te puedes apoyar en herramientas gratuitas como Yahoo Finanzas, donde se puede revisar el comportamiento de diferentes ETF: saber cómo ha sido su evolución, analizar cuáles han tenido un buen comportamiento, cuáles han sido los mejores momentos para comprar, cuáles para vender. Como el mismo Dr. Lozano lo señala, la repetición y la práctica serán fundamentales.

¿Cómo empezar a invertir?

Para invertir en la Bolsa debes elegir un intermediario (casa de bolsa o bróker digital), realizar un contrato y abrir una cuenta de valores, a través de la cual se administrará tu cartera (compraventas, suscripciones, dividendos, otros). En el caso de México, puedes revisar la página de la Comisión Nacional Bancaria y de Valores para que conozcas cuáles son los intermediarios autorizados.

Tu hij@, si es menor de edad, puede invertir a través de tu cuenta. Una vez que analicen las opciones adecuadas de inversión puede tomar recursos de su alcancía de emprendimiento-inversión y empezarlos a depositar ahí. Pueden acordar que, aunque la cuenta esté a tu nombre, tanto los recursos invertidos como las ganancias son de tu hij@.

¿Cuánto necesitas para empezar a invertir? En México, en algunos casos, lo puedes hacer desde 100 pesos (cinco dólares).

Te sugiero que, una vez que abras una cuenta y ya puedas empezar a invertir, elijan los instrumentos en los que invertirán, asignen el monto en cada uno y cada semana denle seguimiento, registren en una hoja de cálculo cómo les está yendo.

Para que sea más tangible para tu hijo te sugiero que al principio se fijen un determinado periodo de inversión relativamente corto; por ejemplo, un mes y que las ganancias en ese periodo se las des en efectivo. Así, si tu hijo invirtió 100 pesos en el instrumento A y su rendimiento fue de 4 por ciento en el periodo, dale los cuatro pesos de ganancia que obtuvo y que ese dinero lo ingrese en su alcancía. De igual forma, si en un instrumento llega a haber una disminución que tu hijo te dé en efectivo la pérdida.

Después incrementa los periodos para recibir las ganancias. Por ejemplo, dos meses, tres meses, cuatro meses, etcétera, de forma que tu hij@ vaya comprendiendo cómo se gana dinero en la Bolsa, y que sepa que a largo plazo le tenderá a ir mejor, y al darle un seguimiento constante con tu apoyo, irá conociendo diferentes instrumentos y se irá dando cuenta de cuáles le generan mayores ganancias e irá comprendiendo cómo armar su propia estrategia de inversión. Revisa con tu hij@ en las noticias lo que se dice sobre los instrumentos en los que invierten, qué se espera de ellos, a fin de que tanto tú como ella o él tengan más información para decidir si incrementan o mantienen lo que invierten.

Los niños de la calle a los que les enseña el Dr. Lozano, mientras están trabajando en los semáforos (donde la mayoría lo hace) están atentos a escuchar, cuando les es posible, en las noticias, en el radio de los autos o en las pantallas de locales comerciales, cómo les va a los instrumentos en los que invierten o a otros en los que podrían invertir, y ello les ayuda a decidir hacia dónde pueden destinar su dinero.

6.7 Inversión en bienes raíces

> El 90% de todos los millonarios se vuelven dueños de bienes raíces.
>
> ANDREW CARNEGIE

En las primeras páginas de este libro te comenté sobre el sueño que tenía cuando era niño de comprarles una casa a mis padres y que lo logré hasta los treinta años. Después de esa primera casa, adquirí otra, luego otra y ahora tengo varios bienes inmuebles, ¿por qué?, porque son buenos instrumentos de inversión.

En la siguiente gráfica te presento los índices de precios de la vivienda para EUA, los países de la zona euro y los países que integran la OCDE. Como ahí se observa, en el periodo comprendido entre el 2000 y 2020 los precios de las viviendas en promedio se duplicaron en todos los casos, ello a pesar de la crisis hipotecaria a nivel mundial que tuvo sus mayores efectos

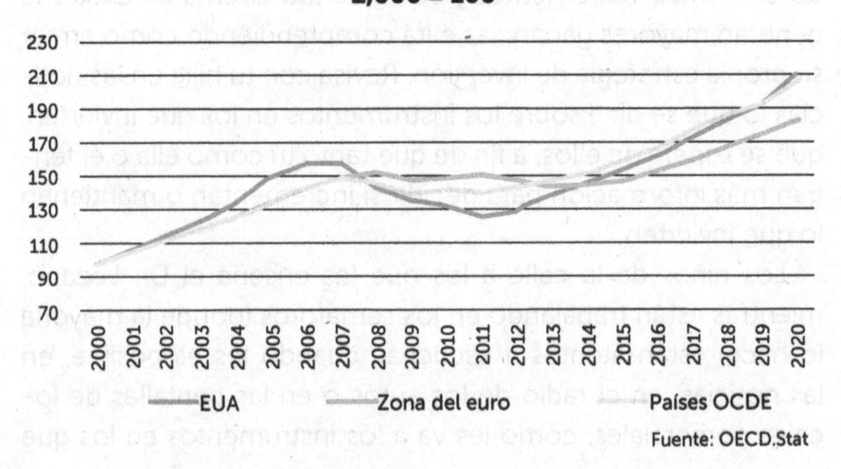

entre 2008 y 2009. En todos estos países los precios de las viviendas en promedio crecieron muy por encima de la inflación, por lo que si alguien hubiera comprado una vivienda a inicios del periodo y luego la hubiera vendido al final de este habría hecho una inversión rentable.

En la siguiente gráfica aparece el índice de precios de la vivienda en México de la Sociedad Hipotecaria Federal. Como ahí se muestra, los precios de la vivienda año con año tienen una tendencia creciente; la tasa de crecimiento promedio anual entre 2005 y 2020 que han tenido es de 6.3% a nivel nacional, lo cual significa que si hoy una vivienda cuesta 100,000 pesos el siguiente año costará 106,300. Desde luego, hay ciudades o estados donde el crecimiento de los precios es mayor. Si vas a invertir en bienes raíces, esto es algo importante que debes considerar.

Veamos algunos números. Si, por ejemplo, alguien que solicitara un millón con CAT (que además de la tasa de interés incluye otros costos asociados al crédito) de 11 por ciento a pagar en veinte años, tendría una mensualidad de alrededor de 10,300 (ésta solo es una cifra aproximada, pues al final dependerá de las condiciones del crédito) y pagaría poco más de 2.4 millones, es decir, más del doble solicitado. Eso es en lo que se fijan muchas personas y los desanima a invertir en estos instrumentos.

Veamos cuánto valdría la vivienda al terminar de pagar el crédito. A una tasa de crecimiento en el precio de la vivienda de 6.3 por ciento cada año, al plazo del crédito la vivienda valdría 3.4 millones de pesos. Habría una diferencia cercana a un millón con respecto al pago realizado por el crédito, aunque habrá que descontar gastos notariales, de mantenimiento del inmueble, impuestos, otros. Si además obtienes un ingreso por la renta del inmueble, podrías ganar incluso más de un millón adicional, dependiendo del esquema de renta. Sin duda son buenos instrumentos de inversión.

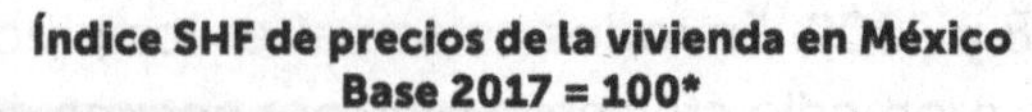

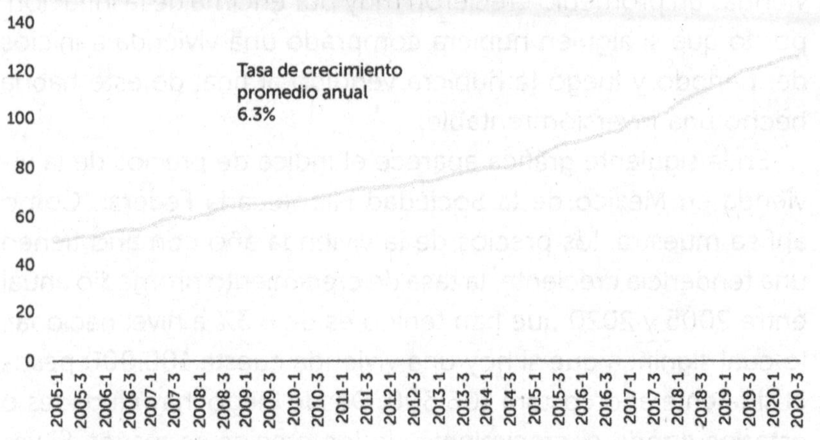

¿Cómo podrías incrementar aún más la rentabilidad?

- **Si solicitas un crédito, paga lo menos posible por él.** Los bancos te darán mejores condiciones en función de tu *score* o calificación crediticia. ¿Qué es eso? Es como una nota de la escuela que, entre más alta sea, indica que eres mejor pagador y, por tanto, eres más confiable para que te presten. En cambio, si tu calificación es baja, los bancos sentirán menos confianza de prestarte y, aunque puede ser que sí lo hagan, las condiciones serán menos favorables para ti y te cobrarán una mayor tasa de interés, por ejemplo. En el capítulo siguiente abordo más sobre este tema. Tu calificación será en función de la puntualidad con la que pagues tus créditos, el número de créditos que tengas, tu antigüedad en el uso de crédito, entre otros factores, por lo que puede mejorar entre mejor desempeño tengas. Así que entre mejor pagues tus créditos, podrás pagar menos por los que uses. Si bien las condiciones podrán ser similares entre los diferentes bancos, ya que todos ellos pueden tener tu calificación habrá algunos que te den mejores condiciones, por lo que como hemos visto antes, acá también es importante comparar para pagar lo menos posible. Tu *score* crediticio lo puedes consultar con las sociedades de información crediticia como veremos más adelante.

- **Si solicitas un crédito, entre más pronto lo pagues menos dinero por intereses pagarás.** Los intereses de un crédito hipotecario se calculan sobre el saldo insoluto (lo que tienes pendiente por pagar). Por ejemplo, si aún debes 100 mil y pagas 10,000, el siguiente cálculo de interés será por 90,000. Así que cada que puedas es importante abonar al crédito, ya que de esta forma el cálculo de intereses siguiente se hará sobre la cantidad que resta después del pago que hiciste; así sea un pago pequeño, pagarás menos intereses.
- **Comprar en zonas de alta demanda.** En las zonas donde las viviendas son más demandadas los precios tienden a subir, lo cual hace que la diferencia entre el precio al que compras y el precio al vendes puede ser más alta y así ganar más.
- **Para pagar más pronto, lo recomendable es no utilizar toda tu capacidad de crédito.** Si utilizas toda o casi toda tu capacidad, limitas tus posibilidades de hacer pagos anticipados, de pagar más pronto tu crédito y de pagar menos dinero.
- **Comprar un terreno y vender o rentar casas.** Aquí tienes otra fórmula que le podrías enseñar a tu hij@ para ganar más. Es mejor construir y vender a comprar algo construido y luego venderlo. ¿Por qué crees que muchos millonarios hacen esto? Compran algún terreno, construyen, luego venden o rentan y multiplican sus ganancias.
- **Con tus bienes raíces puedes obtener mejores créditos.** Si posees una casa, podrías obtener un préstamo con garantía hipotecaria en el que ofreces tu casa como garantía de que pagarás. Dado que estás ofreciendo un bien, además de tu firma, las tasas de interés en estos préstamos suelen ser más bajas. Pero si no pagas, la institución

que te prestó puede rematar tu casa por medio de una ejecución hipotecaria.

El juego te puede ayudar a enseñarle a tu hij@

- El clásico juego de mesa *Monopoly* (Monopolio) puede ayudarle a tu hij@ a aprender sobre inversiones en bienes raíces. Se basa en el intercambio y la compraventa de bienes raíces, cuyo objetivo es poseer la mayor cantidad de propiedades y ganar con ellas. Pierde quien se declara en bancarrota y sus gastos superan a sus ingresos. Mediante este juego tu hij@ puede aprender que puede ganar dinero al tener propiedades, ya sea al construir, venderlas o rentarlas, y que con propiedades pequeñas donde construyes te puedes hacer de propiedades más grandes, como ocurre en la realidad.

IDEAS PARA LLEVAR

Actividades sugeridas para construir el pilar 3

Para todos en casa:

» Platiquen sobre ejemplos de algunas personas que han multiplicado su dinero y qué hicieron para lograrlo.

» Conversen sobre cómo se puede multiplicar el dinero que se tiene en casa. Que todos en casa aporten ideas.

» Conozcan diferentes opciones que existen para invertir el dinero, compárenlas y elijan las que puedan ser adecuadas para los miembros del hogar, siempre y cuando comprendan el instrumento donde están poniendo su dinero.

» Analicen los montos por nivel educativo que se tendrán que gastar en cada hij@ y la fecha aproximada en que se deberá contar con los recursos para cada nivel educativo.

» Revisen los seguros con componente de inversión, y los fideicomisos educativos y analicen si pueden ser opciones adecuadas para financiar los gastos educativos.

» Que los adultos en casa tengan una cuenta para invertir en la Bolsa. Practiquen la gestión pasiva invirtiendo en instrumentos como los ETF. A través de estas cuentas, además de poder obtener ganancias importantes a largo plazo, les podrán enseñar a los menores a invertir.

» A través de las cuentas de los padres, los hijos menores de edad pueden invertir. Den un seguimiento periódico a los instrumentos en los que inviertan y registren sus movimientos. Cada determinado tiempo hagan un corte y para que sea algo tangible págales en efectivo a tus hijos sus respectivas ganancias en ese periodo, de igual forma, si hay pérdidas que te den el dinero en efectivo. Poco a poco amplíen los periodos de inversión.

- Revisen con frecuencia en las noticias lo que se dice de los instrumentos en los que invierten a fin de tener más información para tomar decisiones futuras de inversión.
- En el caso de las personas en México, analicen la opción de que los miembros de la familia cuenten con AFORE para empezar a invertir a través de aportaciones voluntarias. Incluso los menores de edad pueden tener una cuenta a su nombre.
- En el caso de las personas en México, analizar la opción de que los miembros de la familia cuenten con una inversión en Cetes. También los menores de edad pueden tener una cuenta a su nombre.
- Jueguen en familia *Monopoly* para aprender sobre inversiones en bienes raíces.
- Con regularidad, conversen sobre lo que ocurre con la economía del país y con las economías de otros países.

A partir de los tres años:

- Siembra con tu hij@ alguna planta, explícale cómo se reproduce: que depositas una semilla en la tierra, le pones agua, la cuidas y, después de cierto tiempo, crece.
- Conversa con tu hij@ que el dinero también puede crecer, después de cierto tiempo al igual que la planta, que hay que ponerlo en algún lugar y cuidarlo para que incremente.
- Jueguen al banco. Diseñen sus propias monedas y billetes y que las deje cierto tiempo, después del cual puede recibir un poco más de dinero y que ese dinero le permita comprar algo dentro del juego.

A partir de los cinco años:

- Jueguen el juego de la inversión en casa. Tú toma el papel de las instituciones financieras. Pídele prestado

a tu hij@ de su alcancía de emprendimiento-inversión, y entre más tiempo y más dinero te preste, que reciba más dinero como ganancia. Acuerden cuándo le devolverás el dinero y la ganancia.

» Con este juego estarás trabajando conceptos como inversión e interés, y el tipo de inversión de renta fija, que no es necesario que se lo expliques, lo aprenderá de forma natural. También trabajarás el autocontrol y que vea que la inversión puede ser parte de su vida.

A partir de los siete años:

» Incorpora al juego de la inversión contratos en papel, como los contratos que se firman con las instituciones financieras, en los que se especifique la fecha en la que pagarás por el dinero que te prestó, el monto que le devolverás y las ganancias que obtendrá.

» Después empieza a trabajar la renta variable y que el dinero que vaya a ganar dependa de la variación porcentual en cierta variable, durante el tiempo que invierte contigo el dinero. Por ejemplo, si el tipo de cambio aumenta 5 por ciento en el periodo que tu hij@ invierte contigo, que gane ese porcentaje. Ejemplo: si invirtió 100 pesos le deberás devolver 105.

» Habla con tu hij@ sobre lo que es la Bolsa, explícale que al igual que en un negocio de dulces entre más barato compres y más caro vendas, más ganancia obtienes.

» Muéstrale a través de gráficos como suben y bajan los precios y cuáles son los momentos más adecuados para comprar y vender.

» Que tu hij@ invierta en la Bolsa, lo puede hacer con tu cuenta. Analiza con ella o él en qué invertir, pueden empezar por los ETF porque facilitan la diversificación y es relativamente sencillo invertir en ellos. Den

un seguimiento constante a su inversión, registren sus movimientos.

- Empiecen por fijar tiempos cortos, por ejemplo, de un mes donde puedan hacer un corte y ahí le das sus ganancias en Bolsa en efectivo y de igual forma, si hay pérdidas que te dé el dinero en efectivo. Después amplía el periodo donde intercambien pérdidas y ganancias en efectivo, de forma que tu hijo aprenda que entre mayor sea el plazo las probabilidades de ganancia incrementan.

A partir de los once años:

- Que tu hij@ conozca cuánto ganaría dependiendo de las cantidades que invierta y el tipo de interés que reciba. Que compare escenarios si reinvierte y si no reinvierte para que observe y aprenda las diferencias que existen.
- Si ya está invirtiendo en Cetes o en AFORE, que tu hij@ monitoree periódicamente sus inversiones y vea cómo va avanzando.
- Que haga diferentes proyecciones con diferentes inversiones. En este capítulo puedes encontrar algunos ejemplos y se puede apoyar en las fórmulas que viste en este capítulo: interés simple, compuesto e interés compuesto con aportaciones.
- A esta edad puede seguir invirtiendo en Bolsa mediante tu cuenta. Los periodos para intercambiar en efectivo contigo sus ganancias o pérdidas pueden ser mayores (seis meses, un año, otro). Apóyalo para que tenga un seguimiento constante a los movimientos en su inversión.

A partir de los catorce años:

- Tu hij@ podría analizar los precios en bienes raíces, revisar cómo evolucionan, calcular cuánto habrían ganado de haber invertido en determinados periodos y zonas.
- Monitorear sus inversiones y analizar cuáles han sido más rentables.
- Puede empezar a diseñar estrategias de inversión. Por ejemplo: "De los 5,000 que tengo, invertiré 3,000 en el instrumento A, 2,000 en el B y 1,000 en el C".

A partir de los dieciocho años:

- Tu hijo por su cuenta puede realizar diferentes inversiones.
- Puede tener una AFORE a su nombre aun cuando trabaje por su cuenta o no trabaje. A esta edad ya podría tener cierto monto si es que lo apoyaste en sus años previos.
- Puede tener su propia cuenta de cetes.
- Puede invertir por su cuenta en Bolsa.
- Debe informarse sobre los diferentes tipos de inversiones y analizar cuáles pueden ser más adecuadas para ella o él.
- Le ayudará mucho leer libros sobre inversiones como *El Inversionista de Enfrente* de Moris Dieck o *Pequeño cerdo capitalista*. Inversiones de Sofía Macías.

7

LO QUE TU HIJ@ DEBE SABER SOBRE LAS DEUDAS

> El misterio de la vida no es un problema a resolver,
> sino una realidad a experimentar.
>
> FRANK HERBERT

En septiembre de 2019 di una plática en la Bolsa Mexicana de Valores. Uno de los asistentes me preguntó cómo le podría enseñar sobre las deudas a su hija, ya que él tuvo tarjetas de crédito, se endeudó mucho y por largo tiempo las estuvo pagando, pero no le gustaría que le pasara algo así a su hija. Yo le sugerí que antes de abordar con su pequeña el tema de endeudamiento trabajara los otros temas que planteo en este libro, ya que considero que este último se puede comprender con mayor facilidad si se han empezado a fortalecer los tres pilares.

Empecemos por dilucidar qué es una deuda. En palabras simples, es lo que debes (lo que tienes que pagar). Por ejemplo, si pides 400 pesos, y no te cobran intereses, tu deuda es de 400, pero si tienes que pagar, por ejemplo, 40 pesos de intereses, tu deuda será de 440. Eso es lo que tendrás que pagar en el tiempo en el que te comprometiste a hacerlo. Así que los montos de una deuda suelen ser mayores al préstamo que pides porque incluyen los intereses y, quizás, otros pagos como las comisiones.

Hay otro término que se relaciona con las deudas: el crédito. A diferencia de un préstamo donde te dan todo el dinero en una sola exhibición, en el crédito puedes utilizar el dinero según lo vayas requiriendo, tal como ocurre con una tarjeta de crédito donde tienes un monto del que puedes disponer, pero no necesariamente ocupas todo.

Saber manejar las deudas puede ayudar a tu hij@ a administrar mejor el dinero (pilar 2) y también hacerlo crecer (pilar 3).

Cuando yo era niño, mi papá constantemente visitaba a la señora Ulbia, nuestra vecina, para pedirle prestado. Mi papá llegaba con mi mamá y yo escuchaba que le decía: —Esta vez me lo prestó con el 10 por ciento—; en otras ocasiones decía: —Esta vez con el 20 por ciento—. Al principio yo ignoraba a qué se refería, pero como eso se repitió muchas veces, y en ocasiones mi papá llegó a mencionar que eso era el rédito; fui entendiendo que era la cantidad adicional que mi papá tenía que pagar por el dinero que le prestaban, es decir, los intereses.

La forma como la señora Ulbia le cobraba a mi papá era la siguiente: en el caso del 10 por ciento si mi papá pedía 100 pesos él tenía que pagar, además del préstamo, 10 adicionales cada mes. Si el plazo para pagar era de un año tendría que pagar 120 adicionales, es decir ¡Una tasa de interés anual de 120 por ciento! En el caso del 20 por ciento la tasa de interés anual sería de ¡240 por ciento! Estoy seguro de que mi papá ignoraba toda la cantidad de dinero que perdió por no tener una adecuada administración.

Lo que hacía era pedir dinero prestado, pagaba más de lo que le prestaban (mucho más) y se quedaba con mucho menos, ya que el dinero que pedía era para consumir y no para invertir. Esta es también la situación de muchas personas en México y en otras partes del mundo, que por no tener una adecuada administración recurren a las deudas y por

> Muchas personas, por no tener una adecuada administración, recurren a las deudas y por desconocimiento, terminan pagando grandes cantidades por el dinero que piden.

desconocimiento terminan pagando grandes cantidades por el dinero que piden.

En ocasiones, los pagos parecen ser pequeños ya que no se hacen los cálculos de todo lo que se pagará. Por ejemplo, 20 pesos al mes de interés por un préstamo de 100 pesos, pudiera parecer poco, si no se considera que al final podrías terminar pagando más del doble de lo que pediste. En algunos casos te pueden dar cifras semanales y se ven todavía más pequeñas: "Solo pagarás 5 pesos cada semana adicional a los 100 pesos que te prestamos". Esto lleva a muchas personas a meterse en serios problemas financieros. Son cuentas sencillas las que se tienen que hacer, pero en ocasiones no se realizan por falta de conocimientos, pero en la mayoría de los casos, aunque se tenga el conocimiento, no se tiene el hábito de analizar o, como vimos en el capítulo 5, se suelen hacer comparaciones superficiales.

Con todo lo que has visto a lo largo de este libro, ayudarás a tu hij@ a saber tomar decisiones financieras de forma adecuada y, en el caso de los préstamos, a obtener el mayor provecho de ellos. De eso se trata este capítulo.

> **Los préstamos son una herramienta muy valiosa para la construcción del patrimonio, pero tienen un costo y, si se usan de forma inadecuada, pueden afectar negativamente.**

En diciembre de 2019 conversé con un colega mío, Ricardo García-Conde, en su oficina y hablamos de varios temas: la situación económica del país y a nivel mundial, las expectativas para 2020 y al final hablamos de los préstamos, especialmente de cómo algunas personas los emplean adecuadamente y otras llegan a endeudarse hasta el punto en que pierden casi todo su patrimonio. En ese momento, él se levantó de la silla, abrió un cajón y sacó una cuerda (soga). —¿Qué es esto? —me preguntó. —Una cuerda —le respondí. Ahí me dio la explicación más sencilla que he escuchado de lo que son los préstamos a través de una analogía: "los préstamos son como las cuerdas, tienen muchos usos, te pueden servir para amarrar, para cargar, para escalar, pero también para ahorcar". Efectivamente, a través de un préstamo puedes escalar al construir y hacer crecer tu patrimonio; sin embargo, hay quienes no los usan de forma adecuada y se pueden llegar a "ahorcar" con tantas deudas.

Tus hijos deben aprender eso: que los préstamos son una herramienta muy valiosa para la construcción de su patrimonio, pero tienen un costo y, si se usan de forma inadecuada, pueden afectarles negativamente.

7.1 Deudas ganadoras y deudas perdedoras

> Mientras se gana algo, no se pierde nada.
>
> Miguel de Cervantes Saavedra

La mayoría de las personas, al pedir préstamos, terminan pagando más y se quedan con menos, como le ocurría a mi papá. Por ejemplo, alguien pide 1,000 pesos para un aparato eléctrico, luego paga 1,300 y después de usarlo, si lo quisiera vender, difícilmente obtendría los mil pesos del préstamo, quizás lo vendería en 800 pesos, así que después de cierto tiempo sería 500 pesos más pobre. Este ejemplo lo podremos trasladar a bienes de mayor magnitud. ¿Qué te parece un automóvil? Si has comprado un bien a crédito, te sugiero hacer las cuentas para saber cómo fue tu balance.

> Endeudarte en realidad no es malo, lo malo puede ser en qué empleas el dinero que pides prestado y cómo lo pagas.

Algunas personas que trabajan los temas de finanzas personales recomiendan que las personas no se endeuden. Yo no estoy de acuerdo con ello. ¿Qué pasaría si alguien pide prestados mil pesos, paga 1,100 y algo hace que esos mil pesos que pidió se conviertan en 1,300? Tendría doscientos más de lo que pagó. ¿Le recomendarías que no se endeudara? Gracias a esa deuda y cómo la manejó ganó esos 200 pesos. Endeudarte en realidad no es malo, lo malo puede ser en qué empleas el dinero que pides prestado y cómo lo pagas.

En el capítulo anterior te presenté algunos números de lo que ocurre cuando alguien pide prestado para invertir en bienes raíces. Al terminar de pagar se puede quedar con más dinero y ese es un ejemplo de lo que yo llamo una deuda ganadora. Otro ejemplo es cuando solicitas un préstamo para un negocio en el que obtienes más de lo que contrajiste con la deuda. Precisamente las deudas ganadoras son aquellas donde te quedas con más dinero del que pagas, como en la imagen que te muestro enseguida.

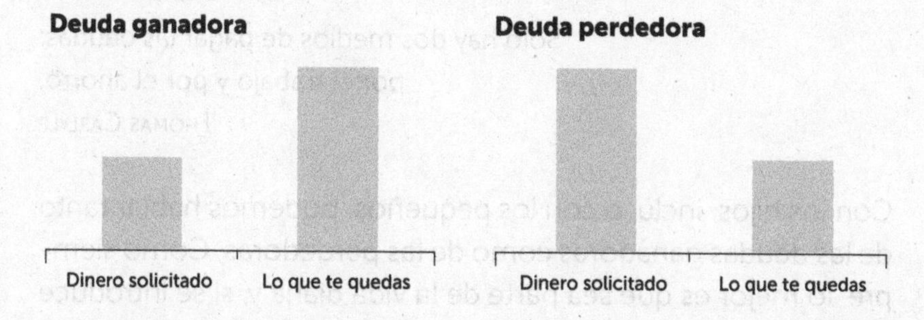

En el segundo capítulo te mostré las historias de algunos multimillonarios. Cuando ellos se endeudaron fue para invertir e incrementar su riqueza; es decir, tomaron deudas ganadoras. Esto es lo más importante que tienen que aprender tus hijos sobre las deudas: que con ellas pueden hacer crecer su patrimonio y cómo hacerlo.

La mayoría de las personas que piden dinero prestado se quedan con menos de lo que pidieron, ya que lo ocupan para consumir y terminan siendo más pobres. En el capítulo 5 te hablé de la paradoja del gasto. Las deudas, en muchos casos, derivan de una mala administración del dinero y se gasta más de lo que se gana; lo paradójico es que, debido a ello, posteriormente se

> La mayoría de las personas que piden dinero prestado se quedan con menos de lo que pidieron, ya que lo ocupan para consumir y terminan siendo más pobres.

pierde dinero (por el costo del préstamo) y se termina gastando menos. Estas son las deudas perdedoras.

Este tipo de deudas no necesariamente es malo; por ejemplo, puedes estar dispuesto a asumir cierto costo por tener un bien que te brinda satisfacción o tranquilidad, en lugar de tenerlo después de cierto tiempo. Lo importante es conocer el costo, saber que lo puedes asumir y estar consciente de lo que obtienes.

7.2 ¿Cómo puedes tratar el tema de las deudas con tu hij@?

> Solo hay dos medios de pagar las deudas:
> por el trabajo y por el ahorro.
>
> THOMAS CARLYLE

Con los hijos, incluso con los pequeños, podemos hablar tanto de las deudas ganadoras como de las perdedoras. Como siempre, lo mejor es que sea parte de la vida diaria y, si se introduce el juego, es mejor.

Ya te he platicado que mis hijos son aún pequeños. Mi esposa y yo, en ocasiones, jugamos con ellos a la tienda y el dinero que ocupamos son monedas y billetes que ellos diseñaron. En una ocasión, yo era el tendero y lo que en realidad vendía eran sus propios juguetes; todos tenían precio y puse una mesita con ellos en la que tenía la caja registradora a donde ellos se debían dirigir para pagar. Yo, como tendero, les podía dar trabajo, acomodando o repartiendo objetos y con lo que ganaban me podían comprar más juguetes. Al principio ellos tenían cierta cantidad de dinero con la que podían comprar, pero si se les acababa podían trabajar conmigo o ir al banco a pedir un préstamo. Mi esposa era la banquera que les prestaba y también les daba la opción de que, si dejaban su dinero por cierto tiempo en el banco, se los regresaba con una cantidad adicional, la cual era mayor entre más tiempo lo dejaran.

La primera ocasión que jugamos mi hijo tenía cinco años, quería comprar muchos juguetes y no le alcanzaba con lo que tenía. La primera opción que él tomó fue pedir un préstamo en el banco y compró los juguetes. El banco le cobró y como no tenía dinero tuvo que ir conmigo a pedir trabajo y con lo que ganaba iba y pagaba en el banco.

Después, ya no le gustó estar haciendo actividades solo para ir a pagar al banco y sin poder comprarse más juguetes. Nos decía: —¿Y por qué tengo que seguir trabajando? Nosotros le decíamos que todavía debía y que él se había comprometido a pagar. Se dio cuenta de que, si bien al principio él tenía más juguetes que su hermana de tres años, después tenía que hacer otras actividades y ya no podía seguir comprando y que habría sido mejor opción no gastarse todo, trabajar primero y, en lugar de pedir un préstamo al banco, dejar ahí su dinero para que después le dieran más. Esto es lo que después hizo en los juegos siguientes. Comprendió que pedir prestado tiene un costo y que con el trabajo se pagan las deudas.

Mi hija, al principio, no se gastó todo lo que tenía. Cuando vio que ya le quedaba poco dinero dejó de comprar y una parte la metió al banco para que le dieran más y también trabajó para ganar más. Mi esposa le ofreció un préstamo, pero lo rechazó diciendo que iba a tener que trabajar más, como lo estaba haciendo su hermano.

De esta forma tan sencilla tratamos con nuestros hijos las deudas. En los juegos posteriores, ya no se endeudaban tanto y trabajaban o metían su dinero al banco para comprar más.

Ahí tienes un ejemplo de cómo enseñar el tema a los niños cuando son pequeños, quizás hasta los siete años. El juego de la inversión que te presenté en el capítulo 6 te servirá también para que comprendan, incluso desde los cinco años, que cuando alguien usa el dinero de otra persona tiene que pagar un costo.

> Si después de solicitar un préstamo te quedaste con más dinero del que pagaste, entonces adquiriste una deuda ganadora.

Conversa con tus hijos, sin importar su edad, sobre lo que son las deudas, historias que conozcas tanto buenas como malas con las deudas. Coméntales sobre tu experiencia. Al respecto, te sugiero realizar el ejercicio "Rompiendo tabúes hablando de mis errores financieros" que te presenté en las primeras páginas de este libro para tratar de forma adecuada estos temas con tus hijos. Se tiene que tratar esa temática de forma natural con el objetivo no de hacerles sentir miedo en el uso de los créditos, sino que sepan cómo obtener el mayor provecho de ellos.

Conversa con tus hijos sobre lo que son las deudas ganadoras y las perdedoras y cómo pueden ayudarles a hacer crecer su dinero o cuándo les pueden afectar negativamente. Enséñales que analicen: "Si después de solicitar un préstamo me quedo con más dinero del que voy a pagar, entonces adquirí una deuda ganadora".

Mi amiga Lily, a partir de la adolescencia, empezó a tener un paradigma negativo de las tarjetas de crédito. Ella vivió una vida cómoda durante toda su infancia y parte de su adolescencia; sin embargo, en 1990 su papá sufrió un recorte masivo en la empresa en la que trabajaba y, aunque tenía ahorros, éstos no fueron suficientes para solventar la forma de vida a la que estaba acostumbrada su familia. Sin éxito para contratarse en otra empresa y sin hacer los ajustes presupuestarios de la nueva situación económica familiar, a don Pepe se le hizo fácil utilizar sus tarjetas de crédito para ir resolviendo las situaciones del día a día.

Solicitar un crédito sin tener la solvencia para hacerle frente es un error muy común. Recordemos que a principios de los años 90 (tiempo en el que se desarrolla esta historia) los créditos y las tarjetas de crédito en México se otorgaban con muy pocos requisitos y sin que el banco verificara la solvencia del cliente, con un aval

> Si tú (mamá, papá) tienes una mala percepción sobre las deudas es muy importante que también aprendas su manejo para que puedas guiar a tus hijos a hacer un buen uso de ellas.

(alguien que se compromete al pago de lo adeudado en nombre de quien pide el préstamo) a veces resultaba suficiente.

Claro que el sistema financiero en México tuvo una gran lección sobre estas prácticas crediticias, ya que para 1995 el país vivió una de las crisis financieras más importantes en donde el sistema bancario estuvo a punto de colapsar, y uno de los grandes problemas a resolver fue el incremento de la cartera vencida de los bancos; es decir, muchas personas que habían solicitado préstamos no los pudieron pagar debido a que las tasas de interés se dispararon y las deudas crecieron aún más.

Don Pepe, después de utilizar sus tarjetas sin control por varios años, continuó pagando, pero aun así su deuda se hizo más y más grande y nunca pudo terminar de pagarla. Este es un ejemplo de la trampa del gasto (de la que te hablé en el capítulo 5) en la que quedan atrapadas muchas personas toda su vida. Esa no será la situación de tu hij@ si fortalece los tres pilares a los que me he referido a lo largo de este libro.

Cuando compres usando un crédito, conversálo en casa. Platiquen sobre lo que pagarán al final, hagan los cálculos, analicen si es una deuda ganadora o perdedora. Tus hijos adolescentes te pueden apoyar a hacer estos cálculos, analicen qué pasaría si pagan antes o si se atrasan en los pagos.

También reta a tus hijos a hacer propuestas: "Si pedimos un préstamo, ¿cómo le podríamos hacer para obtener más dinero del que pagaríamos?". Analicen opciones entre todos en casa, pues haciéndolo puedes enseñar a tus hijos a pensar cómo hacer crecer su patrimonio incluso con dinero prestado.

7.3 Enséñale a tu hij@ adolescente cómo funcionan las tarjetas de crédito

> Crédito… es el único testimonio perdurable de la confianza del hombre en el hombre.
>
> JAMES BLISH

Seguramente has escuchado historias negativas respecto de las tarjetas de crédito: personas que, como don Pepe, nunca pudieron pagar sus deudas o personas que llegaron a perder gran parte de su patrimonio. En su mayoría, estos casos se deben a un desconocimiento de cómo funcionan las tarjetas de crédito, las cuales son en realidad instrumentos que, utilizados de forma adecuada, te pueden brindar muchos beneficios.

Ventajas de una tarjeta de crédito

Explícale a tu hij@ los beneficios de contar con una tarjeta de crédito:

1. Compras hoy y pagas después. Puedes obtener algún bien y disfrutar ahora de él sin necesidad de esperar a juntar el dinero.
2. Tienes hasta 50 días de financiamiento sin pagar intereses. Existen fechas adecuadas para comprar y pagar para obtener esos días de financiamiento y no pagar intereses. Más adelante lo veremos.
3. Evitas traer dinero en efectivo. Te permite pagar sin necesidad de traer contigo el dinero, evitando los riesgos que ello implica.
4. Te permiten realizar compras en comercios establecidos y virtuales a lo largo de todo el mundo. Incluso existen tarjetas digitales, que son copias de tu tarjeta físicas, solo que, con números únicos, válidos para una única compra, que te permiten comprar sin tener que dar los datos de tu tarjeta física.

5. Te pueden servir para solventar emergencias, gastos inesperados, viajes, otros.
6. Domicilias el pago de servicios. Automáticamente se carga a la tarjeta el pago de un servicio como la luz o el teléfono.
7. Descuentos y promociones. Hay comercios asociados con los bancos con los que puedes obtener descuentos o promociones como los meses sin intereses.
8. Seguros. Te pueden ofrecer seguros contra clonación o fraude, en algunas compras te pueden extender la garantía de los productos, seguros contra accidentes cuando viajas, seguros de autos al rentar un vehículo, entre otros.
9. Historial crediticio. Sirven para que los bancos te conozcan y, si eres buen pagador, te prestarán en mejores condiciones (esto lo profundizaremos un poco más adelante).
10. Te puede ayudar a administrar mejor tus gastos. En tu estado de cuenta está la información de en qué has gastado, lo que te sirve para saber qué gastos puedes reducir, así como para organizar algunas compras futuras.
11. Servicios. Algunas tarjetas te ofrecen asistencia personal para realizar diferentes tipos de reservaciones, orientación durante tus viajes o asistencia médica y legal en emergencias fuera del país.
12. Recompensas. Hay tarjetas que te devuelven dinero; es decir, por las compras que realizas puedes recibir un porcentaje que puedes usar para realizar otras compras, obtener productos o experiencias o cubrir costos de la tarjeta.

Costos de una tarjeta de crédito

Las tarjetas tienen algunos costos que es importante que tu hij@ conozca. Algunas personas los desconocen y llegan a pagar mucho por el financiamiento que reciben.

En enero de 2018 di una plática para empleados de una empresa de alimentos donde explicaba cómo usar adecuadamente una tarjeta de crédito. Pedí a los asistentes que comentaran buenas prácticas en el uso de las tarjetas. Una señora con mucha seguridad levantó la mano y mencionó que ella usaba bien su tarjeta porque solo la empleaba para retirar dinero y no para hacer compras. Le expliqué que usar una tarjeta de crédito para disponer efectivo no era la mejor forma de emplearla, pues por la disposición del efectivo ella tenía que pagar una comisión y, adicionalmente, intereses diarios por el uso del dinero, que tenía que pagar desde el día en que lo recibía hasta el día en que lo liquidara todo. Ella no había revisado su estado de cuenta e ignoraba lo que pagaba; la invité a que lo hiciera. A la semana se comunicó conmigo para decirme lo sorprendida que estaba por lo que había estado pagando. Ella creía que esa era una buena práctica y estaba gastando más dinero que si hubiera utilizado otras opciones de financiamiento como un crédito de nómina o uno personal.

Acá te presento algunos costos que incluyen:

- **Intereses.** Es muy conocido que las tarjetas cobran intereses, aunque en muchas ocasiones se desconoce la tasa que se paga y cómo se aplica esa tasa. Más adelante realizo una breve explicación de cómo evitar este costo.
- **Anualidad.** Es la cantidad que te cobran por el derecho de uso y acceso a la línea de crédito vigente en la tarjeta.
- **Reposición del plástico por robo o extravío.** Cuando solicitas un nuevo plástico debido a un robo o por pérdida te cobrarán cierta cantidad.
- **Aclaraciones improcedentes de la cuenta.** Casi siempre, este cargo aplica cuando al hacer una aclaración por cargo no reconocido se comprueba que la compra se realizó con autorización del tarjetahabiente.
- **Pago tardío y falta de pago**. Cuando tienes una deuda y pagas después de la fecha establecida o no haces algún pago en el mes te cobrarán una penalización.
- **Disposición de efectivo**. Este es el punto que comenté antes con un ejemplo.

En México, los usuarios tenemos la opción de revisar el costo anual total o CAT, el cual considera todos los costos que implica un crédito, se expresa en porcentaje y es una buena herramienta de información para tomar decisiones sobre el costo de una tarjeta de crédito.

Muchas personas desconocen que existen estos costos y mes con mes incurren en algunos de ellos, lo cual genera pagar mucho más del dinero del que dispusieron para comprar. En estos casos, si se hace un balance entre lo que la tarjeta les devuelve a través de las recompensas y lo que pagan por su uso, puede haber una gran diferencia y se podría tener un esquema como el siguiente:

Esquema típico en el uso de una tarjeta de crédito

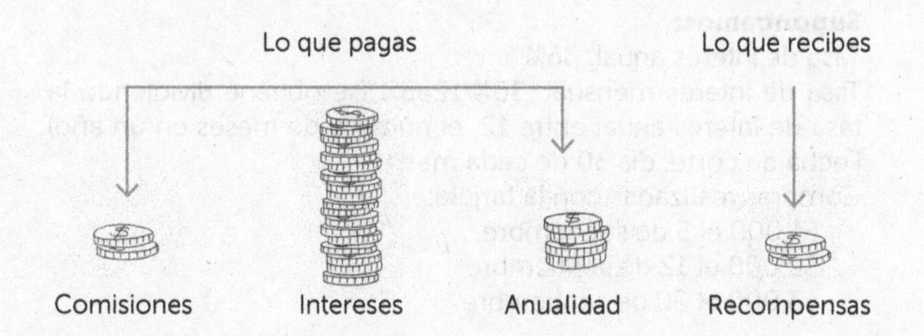

La buena noticia es que si sabes usar adecuadamente una tarjeta de crédito te puedes evitar muchos de sus costos. Ahora veremos cómo ese esquema puede cambiar si tu hij@ aprende a usar como se debe una tarjeta.

¿Cómo se calculan los intereses en una tarjeta de crédito?

En el estado de cuenta aparece la tasa de interés que te cobran y esa es la que se aplicará para calcular el cargo por lo que dispones para realizar tus compras.

Así como cuando vas a un restaurante y te traen tu cuenta al terminar de comer, el banco también te dará tu cuenta de lo que compraste dentro de un periodo (casi siempre es un mes) cada determinado día que es la **fecha de corte** (la misma cada mes) y es muy importante tenerla presente, ya que te servirá para usar mejor la tarjeta. A diferencia del restaurante donde tienes que pagar tan pronto te traen la cuenta, el banco te dará 20 días para liquidar tus consumos; ese día límite para pagar se conoce como **fecha de pago**. Si no liquidas todo lo que debes, te cobrarán intereses. Cada periodo inicia después de la fecha de corte y termina con la siguiente fecha de corte.

Veamos el cobro de intereses con un ejemplo:

¿CÓMO SE CALCULAN LOS INTERESES EN UNA TARJETA DE CRÉDITO?

Ejemplo práctico

Supongamos:

Tasa de interés anual: 36%
Tasa de interés mensual: 36%/12=3% (se obtiene dividiendo la tasa de interés anual entre 12, el número de meses en un año)
Fecha de corte: día 30 de cada mes
Compras realizadas con la tarjeta:

- $1,000 el 5 de septiembre
- $2,000 el 12 de septiembre
- $3,000 el 20 de septiembre

Los intereses se cobran con base en el saldo promedio diario, que es igual a la suma de saldos diarios entre el número de días en un periodo. El saldo diario es lo que le debiste cada día al banco. En el ejemplo, un periodo termina el 30 de septiembre e inicia el 1 de octubre y este otro periodo terminará el 30 de octubre como se muestra en la tabla siguiente.

Saldo promedio diario= Suma de saldos diarios / Número de días en un periodo

En el ejemplo, a partir del 5 de septiembre se le deben $1,000 al banco, monto que incrementa a $3,000 con la compra de $2,000 realizada el 12 de septiembre. El saldo diario incrementa a $6,000 a partir del 20 de septiembre cuando se hace una compra por $3,000.

El día 30 de septiembre es la fecha de corte y a partir de ahí el banco dará 20 días para realizar el pago, por lo que si el 20 de octubre, como máximo, se pagan los $6,000 que se deben no se pagará un solo centavo de interés; sin embargo, si en este caso solo se abona la mitad ($3,000), ¿los intereses que le cobrarán serán solo por $3,000? NO, veamos por qué.
La suma de saldos diarios entre el 1 de octubre y el 30 de octubre es $147,000: al dividir ese monto entre el número de días del periodo (30) se obtiene $4,900. Sobre esta cantidad (y no sobre los $3,000 que no se han liquidado) se calculan los intereses. Habrá que multiplicar el interés mensual por este monto y a ello se le deberá agregar el IVA (impuesto al valor agregado):

3% X $4,900=$147 + IVA

Esta cantidad ahora formará parte del saldo diario en el periodo siguiente.

EJEMPLO DE CÁLCULO DE SALDO PROMEDIO DIARIO					
		Compras	**Abonos**	**Saldo diario**	**Saldo promedio diario al corte**
	01-sep			0	
	02-sep			0	
	03-sep			0	
	04-sep			0	
	05-sep	$ 1,000.00		1,000	
	06-sep			1,000	
	07-sep			1,000	
	08-sep			1,000	
	09-sep			1,000	
	10-sep			1,000	
	11-sep			1,000	
	12-sep	$ 2,000.00		3,000	
	13-sep			3,000	
	14-sep			3,000	
	15-sep			3,000	
	16-sep			3,000	
	17-sep			3,000	
	18-sep			3,000	
	19-sep			3,000	
	20-sep			3,000	
	21-sep			3,000	
	22-sep			3,000	
	23-sep			3,000	
	24-sep			3,000	
	25-sep	$ 3,000.00		6,000	
	26-sep			6,000	
	27-sep			6,000	
	28-sep			6,000	
	29-sep			6,000	
corte	30-sep			6,000	
Suma de saldos del periodo				**82,000**	**$2,733.3**

EJEMPLO DE CÁLCULO DE SALDO PROMEDIO DIARIO					
		Compras	**Abonos**	**Saldo diario**	**Saldo promedio diario al corte**
	01-oct			6,000	
	02-oct			6,000	
	03-oct			6,000	
	04-oct			6,000	
	05-oct			6,000	
	06-oct			6,000	
	07-oct			6,000	
	08-oct			6,000	
	09-oct			6,000	
	10-oct			6,000	
	11-oct			6,000	
	12-oct			6,000	
	13-oct			6,000	
	14-oct			6,000	
	15-oct			6,000	
	16-oct			6,000	
	17-oct			6,000	
	18-oct			6,000	
	19-oct			6,000	
Fecha de pago	20-oct		$ 3,000.00	3,000	
	21-oct			3,000	
	22-oct			3,000	
	23-oct			3,000	
	24-oct			3,000	
	25-oct			3,000	
	26-oct			3,000	
	27-oct			3,000	
	28-oct			3,000	
	29-oct			3,000	
Fecha de corte	30-oct			3,000	
Suma de saldos del periodo				**147,000**	**$4,900**

¿Se puede usar una tarjeta de crédito sin pagar intereses?

Sí. Como vimos en el ejemplo anterior, de haberse pagado los 6,000 pesos a más tardar el 20 de octubre, no se habrían pagado intereses. Todas las tarjetas de crédito te dan ese beneficio, las puedes usar sin pagar intereses. ¿En dónde está el secreto? En pagar todo el saldo antes de la fecha de pago.

Alguien podría argumentar que podría ser muy complicado pagar todo. Ahora te compartiré un truco para que no sea tan complicado.

En la siguiente tabla te presento los días de financiamiento que se tendrían en función de la fecha en la que se realiza una compra con la tarjeta de crédito, a partir de los datos que vimos antes. Para la compra realizada el día 25 de septiembre, se tendrían los 5 días para la fecha de corte más los 20 días para llegar a la fecha de pago, es decir 25 días de financiamiento, si en esos 25 días se liquida el total no se pagan intereses. Para la compra realizada el 12 de septiembre en total se tendrían 38 días para poder pagar todo y evitar los intereses.

¿Qué habría pasado si se compra el día 1 de septiembre? Se tendrían 29 días para llegar a la fecha de corte más 20 días adicionales para llegar a la fecha de pago, es decir se tendrían 49 días para poder pagar.

Si se hubiera comprado un día después de la fecha de corte, el 31 de agosto, se habrían tenido 50 días para pagar. Esto es una gran ventaja que tienen las tarjetas de crédito, te ofrecen hasta 50 días para pagar una compra. ¿Te parece un gran beneficio? Quien recibe un ingreso de forma quincenal habría tenido la oportunidad de pagar el día 15 de septiembre; si se le hubiera complicado pagar todo, habría tenido el 30 de septiembre y todavía el 15 de octubre. Esto es otra muestra de lo importante que es saber gastar.

> Una tarjeta de crédito es tan buen producto financiero que, si sabes cómo, puedes usarla toda la vida sin pagar intereses.

Así que ya lo sabes; el mejor momento para comprar con una tarjeta de crédito es un día después de la fecha de corte. Así tendrás hasta 50 días de financiamiento. Si tu hij@ aprende muy bien esto, planea sus compras con la tarjeta de crédito, ahorra y sabe gastar, podrá usar tarjetas de crédito toda su vida sin pagar intereses.

DÍAS DE FINANCIAMIENTO EN FUNCIÓN DE LA FECHA DE COMPRA			
Fecha de compra	**Número de días para la fecha de corte**	**Número de días adicionales para pagar**	**Total de días financiados**
25 de septiembre	5 días (30 sep)	20 días (20 oct)	25 días
12 de septiembre	18 días (30 sep)	20 días (20 oct)	38 días
1 de septiembre	29 días (30 sep)	20 días (20 oct)	49 días
31 de agosto	30 días (30 sep)	20 días (20 oct)	50 días

¿Ves la importancia de manejar correctamente las fechas del estado de cuenta?

Tener una tarjeta de crédito significa contar con una línea de crédito revolvente; es decir, te asegura que tendrás una determinada cantidad de dinero durante cierto periodo de la que puedes disponer en repetidas ocasiones hasta por un monto máximo autorizado, llamado límite de crédito. Una ventaja de este tipo de crédito es que puede ser utilizado y pagado en múltiples ocasiones sin necesidad de hacer un nuevo contrato.

Lo más importante en este tipo de crédito es pagarlo a tiempo, ya sea de manera total o parcial, pero debe hacerse. Si no es posible pagar el total de la deuda, lo recomendable es realizar pagos parciales mayores al pago mínimo, que, si bien generan intereses, te ayudan a reducir más rápido la deuda. Es importante realizar estos pagos antes de la fecha límite de pago, ya que los intereses se calculan con base en el saldo diario, como vimos antes.

Pago mínimo

Realizar el pago mínimo no es tan recomendable, ya que, si bien mantiene tu cuenta al corriente y es la opción que te permite pagar la menor cantidad entre las opciones de pago que te ofrecen las instituciones financieras (pago total, pago para no generar intereses, pago mínimo) es la que al final te lleva a pagar más. Veamos un ejemplo.

En el caso de México el Banco Central establece que el pago mínimo será por la cantidad que resulte mayor entre.

1. 1.25% de la línea de crédito
2. 1.5% del saldo + los intereses de ese monto con IVA

EJEMPLO DE CÁLCULO DEL PAGO MÍNIMO EN UNA TARJETA DE CRÉDITO	
Saldo: $3,000 Límite de crédito: $10,000 Tasa de interés anual: 36% Tasa de interés mensual: 3%	
1. 1.25% de la línea de crédito	1.25% de $10,000= $125
2. 1.5% del saldo + los intereses de ese monto con IVA	1.5% de $3,000 = $45 +Intereses (3% de $3,000) = $90 +IVA (16% de $90) = $14.4 Total = $149.4

En este caso el pago mínimo será de 149.40 pesos, de los cuales 45 (el 30 por ciento del total) son para el pago de los 3,000 del saldo, el resto (70 por ciento) es para pagar intereses e IVA. De pagar solo esa cantidad la deuda quedaría en 2,955 y de continuar pagando el mínimo en los meses siguientes y suponiendo que la deuda no incrementa, una persona se podría tardar 47 meses en pagar su deuda total y al final pagaría más de 6,000; es decir, el doble del dinero que gastó. Así que será bueno que tu hij@ sepa que siempre será mejor pagar más del mínimo.

Meses sin intereses

Una opción de compra muy popular es a través de las promociones de meses sin intereses, la cual es una forma de realizar compras sin tener que desembolsar el total de golpe, pero ¿cómo funcionan?

Por ejemplo, si tu hij@ tuviera una línea de crédito de 10,000 pesos y quiere comprar una computadora del mismo monto a 12 meses sin intereses, es común pensar que el primer mes le cargarán 1,000 pesos y tendrá 9,000 disponibles. ¡Pero no!

El cargo para meses sin intereses se realiza completo, por lo que su línea de crédito estará agotada, pero los pagos van diferidos. En este caso, mientras vaya pagando, su línea de crédito se irá liberando.

Es importante considerar que en esta modalidad de pago también se debe pagar puntual porque si hay retrasos en el pago sí se cobrarán intereses y el beneficio desaparecerá. Por ello, se deberá cubrir el pago mínimo más meses sin intereses, monto que aparecerá en el estado de cuenta; es decir, además del pago mínimo se debe cubrir la mensualidad correspondiente de las compras hechas a meses sin intereses, para conservar el beneficio. No obstante, lo más recomendable será realizar el pago para no generar intereses. Muchas personas por no revisar su estado de cuenta pagan únicamente el mínimo y terminan pagando mucho dinero en intereses en las diferentes compras que realizaron inicialmente con promociones de meses sin intereses.

El primer acercamiento al crédito para muchas personas es a través de una tarjeta de crédito. Quizás será el primer instrumento al que tus hijos tendrán acceso antes de otorgarles créditos con montos y plazos mayores, y es muy importante que la usen de manera responsable toda vez que un buen uso de ella los llevará a condiciones más favorables para créditos futuros.

Recompensas que ofrece una tarjeta de crédito

Algunas tarjetas de crédito te devuelven un porcentaje de las compras que realizas ya sea en efectivo, puntos, millas para viajar en avión, entre otras. A estos beneficios se les conoce como recompensas o sistemas de lealtad. La cantidad que te devolverán depende del monto de tu compra y del tipo de tarjeta que tengas. Por lo general, las tarjetas donde te piden demostrar mayores ingresos te ofrecerán un mayor porcentaje en recompensas.

Hay tarjetas que anuncian: "Te ofrecemos 20 por ciento de todas tus compras en puntos". ¿Eso significa que si compraste 100 pesos te regresarán 20? No. Los puntos suelen ser el equivalente a un monto más pequeño en dinero, por ejemplo, un punto puede valer 10 o 20 centavos dependiendo del programa de recompensa que tengas, por lo que en realidad obtienes el 1 o 2 por ciento de cada compra que realizas con tu tarjeta.

Veamos un pequeño ejemplo para conocer lo que esto puede representar. Si cada mes gastas 10,000 con tu tarjeta de crédito y si te devolvieran el 1 por ciento de esa cantidad, en un año estarías recibiendo 1,200; en cambio, si te devolvieran el 2 por ciento recibirías 2,400 al año. En caso de que tengas una tarjeta de crédito, ¿cuánto pagas de anualidad? Con tus mismas compras puedes cubrir una alta proporción de esa comisión o incluso toda.

RECOMPENSA OBTENIDA EN UNA TARJETA DE CRÉDITO POR COMPRAS DE $10,000 AL MES		
	Porcentaje devuelto por cada compra	
	1%	**2%**
Mensual	$ 100	$ 200
Anual	$ 1,200	$ 2,400

En una tarjeta de crédito que tiene un programa de recompensas, entre más compras con ella, tiende a devolverte una mayor cantidad. Muchos adultos se dejan llevar por esto y terminan gastando de más creyendo que se beneficiarán más.

El secreto no está en comprar con tu tarjeta de crédito más allá de lo que requieres, sino en usarla para tus gastos que ibas a realizar y están en tu presupuesto. Hay quienes recomiendan no usar una tarjeta de crédito para comprar la despensa, por ejemplo, o para comprarte una pizza o unos tacos. Si tú pagas todas tus compras antes de la fecha de pago no pagarás intereses como lo vimos antes, y las compras aun cuando sean en bienes perecederos te pueden dar puntos, que se convierten en dinero, por lo que puedes incrementar tus recompensas sin pagar de más. Por lo tanto, el esquema que vimos antes se transforma en uno como el siguiente:

Esquema de alguien que aprovecha al máximo una tarjeta de crédito

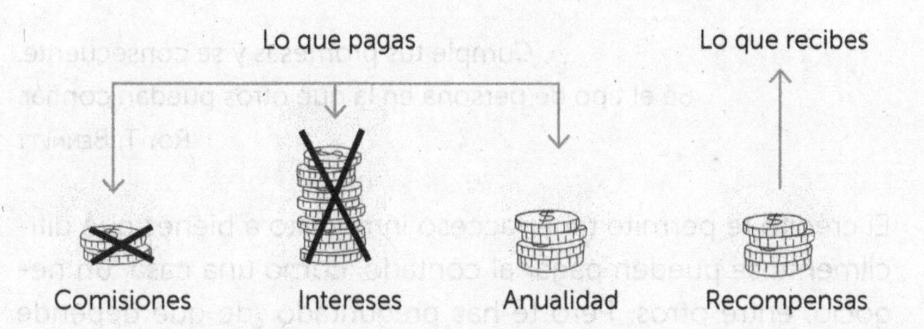

Por ello, antes de elegir una tarjeta de crédito es importante conocer qué te ofrece, qué y cómo te cobra, a fin de que puedas aprovechar al máximo sus beneficios. Te sugiero hacer un ejercicio con tu hij@: comparen diferentes tarjetas de crédito, aun cuando no tengan planeado adquirir alguna. Pueden usar como referencia el cuadro siguiente. Hagan un cálculo aproximado de lo que pagarían y lo que recibirían ante ciertos escenarios de compra.

TABLA PARA ELEGIR UNA TARJETA DE CRÉDITO						
Nombre de la tarjeta / Institución	Requisitos para tenerla	Anualidad	Otras comisiones que cobra	Tasa de interés que cobra	Seguros que ofrece	Recompensas que ofrece (% real por cada compra)

7.4 El historial crediticio, una carta de presentación

> Cumple tus promesas y sé consecuente.
> Sé el tipo de persona en la que otros puedan confiar.
>
> Roy T. Bennett

El crédito te permite tener acceso inmediato a bienes que difícilmente se pueden pagar al contado, como una casa, un negocio, entre otros. Pero te has preguntado ¿de qué depende que te aprueben o rechacen una solicitud de crédito?

¿Te acuerdas cuando te dije que tras la crisis del 1994 México aprendió a no dar créditos a diestra y siniestra? Para evitar el aumento en la cartera vencida se fundó en 1996 el Buró de crédito, una institución privada de información crediticia que se dedica a recopilar la información de las personas y empresas respecto del uso y pago de sus créditos, la cual se integra en un expediente llamado historial crediticio. En diferentes países existen instituciones similares. En EUA están Equifax, Experian y TransUnion.

Cuando quieres tramitar un crédito con cualquier institución financiera lo primero que van a hacer es revisar tu historial crediticio porque con base en él deciden si te prestan o no.

Tu historial crediticio es un reporte escrito que contiene el registro de los créditos que has solicitado durante los últimos seis años, tales como tarjetas de crédito, créditos hipotecarios, televisión de paga, telefonía fija o celular, otros, y en él se refleja tu solvencia y grado de responsabilidad con dichos compromisos.

En México, además de Buró de Crédito, Círculo de Crédito también registra tu historial crediticio, reporte que es una carta de presentación ante las instituciones financieras para acceder a nuevos créditos; de ahí la importancia de mantenerlo siempre de forma positiva para alcanzar las metas propuestas.

Si estás leyendo este libro es porque tienes una idea clara de formar hoy a futuros adultos responsables de sus recursos financieros. El crear un historial crediticio sano es una buena manera de comenzar a hacerlo. Cuando tu hij@ comience a utilizar el crédito, ya sea en una tarjeta o algún otro instrumento, te sugiero le recomiendes lo siguiente:

1. Evaluar si lo que va a adquirir con el crédito es muy necesario y si se encuentra dentro de sus posibilidades de pago.
2. Señalar en su presupuesto el monto de los pagos que deberá realizar para cubrir las deudas y los días en los que los debe hacer.
3. Pagar puntualmente su crédito. Al presentar atrasos frecuentes, además de pagar intereses y recargos, afectará su historial crediticio.
4. Si reside en México solicitar al Buró de Crédito o al Círculo de Crédito el reporte de crédito especial (RCE) en el cual podrán ver su historial crediticio; es gratuito una vez al año.

Recuerda que el historial crediticio es una carta de presentación ante las instituciones financieras, lo que es considerado para tener o no la posibilidad de acceder a nuevos créditos que le podrán permitir a tu hij@ alcanzar en menor tiempo sus metas.

Beneficios de un historial crediticio sano

1. Es una puerta al financiamiento

Cuando tu hij@ goce de un historial crediticio sano tendrá mayores posibilidades de obtener financiamientos en el futuro, por lo que siempre hay que procurar seguir buenas prácticas financieras para que su historial no tenga marcas negativas.

Por otro lado, tendrá la seguridad de que cuando necesite un préstamo lo podrá conseguir; por ejemplo, esto es importante cuando surge alguna emergencia.

Piensa que es importante disponer de esa opción y se puede lograr manteniendo buenos hábitos financieros. Además, siempre es más ventajoso tener historial que no tenerlo; es decir, si no ha solicitado nunca ningún préstamo también puede que tenga dificultades para recibir financiamiento al no tener forma de demostrar cómo es su comportamiento crediticio.

2. Consigue mejores condiciones

Otra de las ventajas principales de un historial de crédito sano es que tu hij@ puede disponer de mejores condiciones a la hora de solicitar financiamiento.

En el caso de don Pepe, si bien daba pagos para sus deudas, manejaba varias tarjetas de crédito y entonces a veces pagaba solo una u otra, lo que hacía que se fuera retrasando con muchos plazos o que tuviera deudas pendientes. Seguramente, después de 1996 don Pepe reportaba un manejo negativo en el Buró de Crédito, su score crediticio era bajo y, a la hora de pedir un crédito, su solicitud era rechazada o tenía que pagar unas tasas de interés muy elevadas porque inspiraba poca confianza de pago a las entidades financieras.

En el caso de tener un buen historial crediticio, tu hij@ conseguirá tasas de interés más bajas y se convertirá en un cliente confiable para los bancos. Será como esos chicas o chicos de la escuela que son atractivos para muchos.

3. Opciones de negociación

Un buen historial crediticio es una carta de presentación no solo para solicitar créditos, sino que, a la hora de hacer negocios, en muchos casos tu hij@ tendrá que demostrar su solvencia y capacidad de pago. Además, es mucho más difícil entablar una relación de negocios con un socio potencial si su historial crediticio es malo, porque no se tendrá la certeza de que pueda afrontar los gastos.

Un negocio crece con dinero y el dinero se consigue con confianza.

Por otro lado, hacer negocios muchas veces requiere de grandes inversiones a las que solo se les puede hacer frente si se tiene la posibilidad de ser financiado. Un negocio crece con dinero y el dinero se consigue con confianza.

4. Oportunidades de trabajo

Muchos empleos que requieren de un manejo de importantes cantidades de dinero establecen, como uno de sus requisitos disponer de un historial crediticio positivo. Si no se tiene esa carta de presentación, es probable que tu hij@ pierda la opción de conseguir ese gran puesto de trabajo para su crecimiento personal y profesional. Es importante demostrar responsabilidad con el dinero para que otros confíen.

Además, una persona que tiene deudas pendientes no aporta buena imagen para una empresa ni de cara al público, por lo que habrá empresas que no querrán poner en riesgo su imagen por contratar a alguien con mal historial crediticio.

5. Seguridad emocional

Un buen historial crediticio dará también seguridad emocional. Saber que sus finanzas están en orden y que no se tienen deudas sin control es una de las ventajas principales para tener tranquilidad. Ello sin duda valdrá el esfuerzo de enseñarle a tu hij@ a ser responsable y cumplir con sus pagos de forma puntual.

7.5 Capacidad de pago de deudas

> El ideal no es que un niño acumule conocimientos, sino que desarrolle capacidad.
>
> JOHN DEWEY

¿Te acuerdas del primer gran error de don Pepe y cómo comenzaron a crecer sus deudas cuando sin empleo utilizó sus tarjetas de crédito para solventar sus gastos? Eso quiere decir que no tenía la posibilidad de obtener el dinero suficiente para cubrir sus deudas y ¡claro! pensó que en algún momento obtendría el ingreso al que estaba acostumbrado y que, entonces, podría cubrir sus gastos y sus deudas, pero no fue así. Debemos tener muy claro que solo debemos considerar pedir un préstamo cuando tengamos el ingreso suficiente para hacerle frente.

La primera gran lección que se desprende del caso de don Pepe es no pedir un crédito sin tener la forma de pagarlo en el plazo comprometido.

Cuando se trata de créditos a largo plazo, como un crédito hipotecario, en donde el riesgo de no contar con el ingreso suficiente para encararlos durante el tiempo que duren es grande, entonces se puede activar el seguro de desempleo que ayuda a seguir pagando por ciertos meses aun sin recibir ingresos.

Todos tenemos una cierta capacidad para pagar deudas; es decir, un monto máximo que podemos destinar mes con mes y que depende de nuestros ingresos y nuestros gastos. Muchas personas desconocen esa capacidad y se endeudan más allá de ella metiéndose en serios problemas.

> Todos tenemos una cierta capacidad para pagar deudas; es decir, un monto máximo que podemos destinar mes con mes.

Hay una fórmula que podrías enseñarle a tu hij@ para que conozca su capacidad de pago de deudas mes con mes que, si bien podría variar de persona a persona, nos da una medida para reducir el riesgo de incurrir al no pago de las mismas, y te la presento a continuación:

CP= [Im – Gf] x 0.3

Donde:

CP = Capacidad de pago de deudas
Im = Ingresos mensuales
Gf = Gastos fijos mensuales

Se considera que la capacidad de pago de deudas debe ser de hasta 30 por ciento del ingreso personal o familiar, después de descontar los gastos fijos. ¿Qué son los gastos fijos? Los gastos que se requiere hacer con regularidad, como el pago de los servicios de agua, luz, teléfono, la renta o la hipoteca de la vivienda, las colegiaturas, la despensa, otros. Para conocerlos es importante el registro de gastos, del que te conté anteriormente.

Consideremos un ejemplo en el que tu hij@ llega a tener un ingreso de 10,000 pesos mensuales, y que sus gastos fijos ascienden a 6,000. Lo que le quedaría de su ingreso después de restar estos gastos son 4,000. Esta cantidad es la que debe multiplicar por 0.30 para obtener su capacidad de pago de deudas:

$4,000 x 0.3 = $1,200

Así, no debería destinar a pagar mensualmente más allá de esta cantidad en deudas. Si aplica esta fórmula, no pondrá en riesgo sus finanzas.

A veces se llega a tomar decisiones apresuradas por el calor de la publicidad y de las ofertas que manejan las tiendas, pero si tenemos claras las reglas financieras podremos manejar nuestro dinero de la mejor manera posible.

Recuerda que el crédito es una gran herramienta financiera y para usarlo bien es importante respondernos unas preguntas: ¿Con cuánto endeudarnos?, ¿cómo nos puede ayudar a incrementar nuestro patrimonio?, ¿cuánto podemos pagar? y ¿por cuánto tiempo?

IDEAS PARA LLEVAR

Para todos:

» Conversen regularmente sobre lo que son los préstamos, las implicaciones que tienen, dialoguen sobre en qué casos es conveniente pedirlos y en cuáles es mejor emplear sus ahorros.

» Dialoguen sobre casos de personas que a través de préstamos lograron incrementar su patrimonio.

» Comenta con tus hijos sobre tu experiencia con los préstamos y el aprendizaje que esto te dejó.

» Explícale a tu hij@ qué son las deudas ganadoras y las deudas perdedoras.

» Calculen cuál es la capacidad de pago de deudas del hogar en función de los ingresos que reciben y los gastos que realizan.

» Antes de que soliciten un préstamo evalúen si realmente lo requieren, si tienen posibilidades de pago, conozcan con claridad cuánto y cómo pagarían y si se trata de una deuda ganadora.

» Cuando tengan una deuda paguen siempre de forma puntual, de ser posible no utilicen toda la capacidad de endeudamiento y traten de hacer los pagos antes del plazo convenido.

» Los adultos en casa consulten con regularidad su historial crediticio. En México es gratuito una vez al año.

A partir de los tres años:

» A través de cuentos, como el clásico de *Pedro y el lobo*, reflexionen sobre la importancia que tiene el que las personas confíen en nosotros.

» Comenta con tu hij@ cómo se siente cuando presta un juguete y si le gusta que se lo regresen. De igual forma

cómo se siente cuando le prestan un juguete y por qué es importante regresarlo.

» Jueguen a la tienda y véndele a tu hij@ algunos bienes a crédito como sus propios juguetes. Que los pague realizando ciertas actividades. Ello le servirá para aprender que las deudas se pagan y que tienen un costo.

A partir de los seis años:

» Juega con tu hij@ a pedirle prestado y regrésale cierto monto adicional para que vaya entendiendo el concepto del interés; de esta manera lo motivarás a seguir ahorrando y aprenderá sobre los préstamos.

» Juega con tu hij@ al banco. Que ella o él sea dueñ@, pídele prestado y que te diga qué pedirá de garantía, que por su cuenta y con tu apoyo descubra la importancia de hacerlo.

» Comenta con tu hij@ que los préstamos tienen un costo; que además de devolver lo que te prestaron tienes que dar una cantidad adicional.

» Platica con tu hijo sobre cosas que hayas comprado a crédito, cómo te benefició y cómo las pagaste.

» Conversa con tu hij@ sobre cómo funcionan los bancos, de dónde obtienen recursos para mantener sus instalaciones y pagar a quienes laboran ahí.

A partir de los doce años:

» Analiza con tu hij@ diferentes tipos de deudas ganadoras y perdedoras.

» Explícale la relación entre el riesgo y la tasa de interés. Cuando le prestas a una persona desconocida no sabes si es un buen pagador, por ello el riesgo de que no te pague puede ser alto y, con ello, la tasa de interés; de lo contrario, si prestas dinero a una persona a la que

le tienes mucha confianza la tasa de interés podrá ser menor.

- Cuando vayas a hacer compras a crédito lleva a tu hijo para que vea cómo se realizan; haz hincapié en la diferencia del precio de contado y a crédito, pues de esta manera entenderá con mayor claridad que el crédito tiene un costo.
- Comparen los costos y beneficios que ofrecen las diferentes tarjetas de crédito.
- Ponle ciertos ejercicios y que te ayude a calcular tasas de interés o lo montos que pagarás en total, en función de los pagos que se deben realizar. Por ejemplo, si cada semana pagas cinco pesos por 100 que te prestaron, ¿cuánto pagarás de interés en un año? O si pides 10,000 y cada mes debes pagar 1,100, ¿cuánto pagarás en total en un año?

A partir de los dieciséis años:

- Muéstrale a tu hij@ qué es el historial crediticio y por qué es importante que sus notas ahí sean positivas.
- Comparte con tu hij@ tu historial y dialoga sobre cómo lo podrías mejorar.
- A partir de lo visto en este capítulo, enséñale a tu hij@ cómo funcionan las tarjetas de crédito, muéstrale cómo no pagar intereses, enséñale cuándo es el mejor momento para realizar compras. Muéstrale cómo evitar las comisiones y aprovechar los beneficios.
- Enséñale cómo se calcula la capacidad de pago de deudas. Pídele que te ayude a calcular la del hogar.

A partir de los dieciocho años:

- A esta edad ya puede tramitar su primera tarjeta de crédito bancaria (hay algunas específicamente para

jóvenes o podría empezar con una adicional a la tuya). Si hicieron las actividades anteriores, no tendrá ningún problema en usarla de forma adecuada, ya que conocerá sus principales características y podrá aprovechar al máximo los beneficios que ofrecen las tarjetas.

» Otra opción para acercarse al crédito es mediante una tarjeta de crédito departamental, las cuales se otorgan en tiendas de este tipo. Aunque suelen tener tasas de interés más elevadas que las bancarias, tu hij@ podrá evitar el pago de intereses con la información vista en este capítulo.

» Recomiéndale que solo use una tarjeta o máximo dos, pues llenarse de tarjetas puede afectar el manejo de deudas y su historial crediticio.

» Tu hij@ podría usar toda la vida una tarjeta de crédito sin tener que pagar intereses.

CONCLUSIÓN

Ya tienes cómo enseñarle a tu hij@ los tres pilares de la riqueza financiera que le podrían llevar a ser millonari@ en el futuro. Tómalo con mucha seriedad y aplica todas estas herramientas en casa.

Llevo muchos años aprendiendo y enseñando sobre educación financiera y he podido constar que si se aprende bien sobre el dinero aun cuando las condiciones iniciales, como fue mi caso, son desfavorables es posible tener una gran estabilidad financiera en la vida adulta.

Como se ha documentado en diferentes estudios, las personas que llegan a ser más exitosas son las que de adultas poseen una serie de cualidades como optimismo, perseverancia, autoconfianza, creatividad, determinación, autocontrol, curiosidad, además de la inteligencia. La buena noticia es que los seres humanos nacemos con una alta dotación de muchas de ellas, por lo que si las mantenemos podemos tener logros relevantes.

Tu rol como mamá o papá será fundamental para que tu hij@ viva la vida que desee, que logre esos sueños que desde temprana edad se plantee. Saber sobre dinero será fundamental para que siendo adulto no tenga que trabajar por él sino por los múltiples beneficios que el trabajo ofrece.

Deseo que apoyes a tu hij@ a lograr sus sueños, pues esto le ayudará no solo a sí mismo sino también a las personas que le rodean. Si logra objetivos importantes, podrá ayudar a otros individuos a que ellos también logren los suyos.

BIBLIOGRAFÍA

Akbas M, Ariely D, Robalino D, Weber M, «How to Help Poor Informal Workers to Save a Bit: Evidence from a Field Experiment in Kenya», *IZA DP* 10024(2016).

Alcaide, F, *Aprendiendo de los mejores. Tu desarrollo personal es tu destino*, Planeta, Barcelona, 2016.

Armellino D, Trivedi M, Law I, Singh N, Schilling ME, Hussain E, et al., «Replicating changes in hand hygiene in a surgical intensive care unit with remote video auditing and feedback», *American Journal of Infection Control*, 41 (2013), [10] pp. 925-927.

Asociación Mexicana de Afores, *Ahorro y futuro: Una perspectiva de género*, AMAFORE, México, 2015.

Benavides, L, *Cuentos para ser humano: Cuentos, películas y canciones con valores*, Editorial CCS, Madrid, 2012.

Bernabeu, N y Goldstein, A, *Creatividad y aprendizaje. El juego como herramienta pedagógica*, Narcea S.A. de Ediciones, Madrid, 2016.

Bogle, J., *Common sense on mutual funds: New imperatives for the intelligent investor.* John Wiley & Sons, Nueva York, 1999.

Bolles, R, *¿De qué color es tu paracaídas? Un manual práctico para personas que buscan empleo o un cambio de profesión*, Aguilar, Barcelona, 2012.

Borghino, M, *El arte de hacer preguntas: El método socrático para triunfar en la vida y en los negocios*, Grijalbo, México, 2017.

Chacón, A. y Peña, P., *Cómo cambiar historias*, Fondo de Cultura Económica, México 2015.

Comisión Nacional Bancaria y de Valores (CNBV) e Instituto Nacional de Estadística y Geografía (INEGI), *Encuesta Nacional de Inclusión Financiera (ENIF) 2018*, INEGI, México, 2018.

Dieck, M, *El inversionista de enfrente*, Altea, México, 2020.

Duckworth AL, Seligman MEP, «Self-discipline outdoes IQ in predicting academic performance of adolescents», *Psychol Sci.*, 16 (2005), [12] pp. 939–944.

Eker, T. H., *Los Secretos de la Mente Millonaria*, Sirio, Málaga, España, 2005.

Financial Health Institute, «Financial health & financial stress in human services», en: https://www.financialhealthinstitute.com/financial-health-financial-stress-in-human-services/, 2020.

Gertler, P, Heckman, J, Pinto, R, Zanolini, A, Vermeersch Ch, Walker, S, Chang, S y Grantham-McGregor, S, «Labor Market Returns to Early Childhood Stimulation: a 20-year Followup to an Experimental Intervention in Jamaica», *NBER Working Paper*, 19185 (2013), en: https://www.nber.org/papers/w19185.

Giner, M, *Mi hijo aprende jugando*, Larousse, Barcelona, 2010.

Graham, B, *El inversor inteligente*.: Deusto, Barcelona, 2007.

Guillebeau, Ch, *The $100 Startup: Reinvent the way you make a living, do what you love, and create a new future*. Macmillan, Nueva York, 2012.

Heckman, JJ, Stixrud, J, y Urzúa, S, «The Effects of Cognitive and Noncognitive Abilities on Labor Market Outcomes and Social Behavior», *Journal of Labor Economics*, 24 [3 Jul] (2006) pp. 411-448.

Hernández Moreno, J y Rojas Rubín, M, *El niño que tocó las estrellas*, Grupo Editorial Patria, México, 2016.

Hill, N, *Piense y hágase rico*, Penguin Random House Grupo Editorial, Santiago, Chile, 2012.

Hill, N. y Williamson, J, *Tan bueno como el oro*, Grupo Editorial Tomo, México, 2014.

Hoffman, R y Casnocha, B, *El mejor negocio eres tú,* Conecta, México, 2013.

Housel, M., *Cómo piensan los ricos: 18 claves imperecederas sobre riqueza y felicidad,* Planeta. España, 2021.

Kahneman, D, *Pensar rápido, pensar despacio,* Debate, Madrid, 2012.

Larivée, S, «Las Inteligencias Múltiples de Gardner. ¿Descubrimiento del Siglo o Simple Rectitud Política?» *Rev Mex Invest Psic,* 2[2] (2010) pp. 115-126.

Macías, S, *Pequeño cerdo capitalista: inversiones para hippies, yuppies y bohemios,* Aguilar, México, 2013.

Meltzoff, AN, «Infant imitation and memory: Nine-month olds in immediate and deferred tests», *Child Development,* 59 (1988) pp. 217-225.

Nickerson, RS, «Enhancing Creativity», en Monreal, C, *Qué es la creatividad.* Madrid, Biblioteca nueva, 2000.

OECD, «PISA 2018 Results: Are Students Smart about Money», *PISA, OECD Publishing,* en https://doi.org/10.1787/48ebd1ba-en, (volumen IV), Paris, 2020.

Orozco Corona, ME, Rocío Espinosa Montiel, R, Fonseca Godínez, CE, Roberto Vélez Grajales, R, *Informe Movilidad Social en México 2019: Hacia la igualdad regional de oportunidades.* Centro de Estudios Espinosa Yglesias, México, 2020.

Resnick, L, y Hall, M, «Learning organizations for sustainable education reform», en Cambridge, MA, *DAEDALUS: Journal of the American Academy of Arts and Sciences,* 1998 pp. 89–118.

Rockefeller, J. *Autobiografía de un titán. Autobiografía de un titán: John D. Rockefeller y los secretos de su imperio,* Ediciones Meyo, Edición Kindle, 2019.

Samsó, R, *Sabiduría financiera. El dinero se hace en la mente,* Ediciones Instituto Expertos, Barcelona, 2020.

Schmill, V, *Disciplina inteligente: Manual de estrategias actuales para una educación en el hogar basada en valores,* Producciones Educación Aplicada, México, 2017.

Sosenski, S, Educación económica para la infancia: el ahorro escolar en México (1945-1925), en *Historia Mexicana* [en línea].

2014, LXIV(2), 711-645[fecha de Consulta 28 de Enero de 2020]. ISSN: 0172-0185. Disponible en: https://www.redalyc.org/articulo.oa?id=60046996004.

Thaler, RH y Sunstein, CR, *Nudge: Improving Decisions About Health, Wealth, and Happiness*, Yale Univ. Press, New Haven, 2008.

Tough, P, *How Children Succeed: Grit, Curiosity, and the Hidden Power of Character*, Mariner Books, Nueva York, 2013.

Whitebread, D y Sue B, *Habit Formation and Learning in Young Children. Money Advice Service*, 2013, en: https://www.moneyadviceservice.org.uk/files/the-money-advice-service-habitformation-and-learning-in-young-children- may2013.pdf.

Winnicott, DW, *Realidad y juego*. Gedisa, Barcelona, 1982.

Páginas web

https://es-us.finanzas.yahoo.com/

https://finance.yahoo.com/

https://financialhealthinstitute.com/

http://imco.org.mx/comparacarreras/

https://www.cetesdirecto.com/

https://www.consar.gob.mx/gobmx/aplicativo/siset/Series.aspx?cd=147&cdAlt=False

https://treasurydirect.gov/